应用型本科财务管理、会计学专业精品系列教材

税 法

主 编 彭 伟

北京理工大学出版社
BEIJING INSTITUTE OF TECHNOLOGY PRESS

内 容 简 介

近年来，我国税收制度不断完善，在增值税、所得税等的改革方面取得了一系列重大进展。本教材根据税收法律和征管的实际情况，结合作者多年税法课程的教学经验，探讨税法的基本原理及操作实务。

本教材系统地介绍了我国现行税收法律体系和各主要税种，讲述了各税种的基本原理、征税范围、应纳税额的计算、税收优惠、税收征收管理。全书分为十章，共讲述十七个税种，全书包括税法概述、增值税、消费税法、城市维护建设税法、教育费附加、烟叶税、关税、企业所得税、个人所得税、资源税、城镇土地使用税、耕地占用税、土地增值税、房产税、车船税、契税、印花税和车辆购置税。

本教材既可以作为税收、财务管理、会计专业学生学习税法课程的教材，也可以作为在职的会计人员和税务人员培训用书。

版权专有　侵权必究

图书在版编目（CIP）数据

税法／彭伟主编. —北京：北京理工大学出版社，2020.12（2022.8 重印）

ISBN 978-7-5682-9290-0

Ⅰ．①税… Ⅱ．①彭… Ⅲ．①税法-中国-教材 Ⅳ．①D922.22

中国版本图书馆 CIP 数据核字（2020）第 238222 号

出版发行 /	北京理工大学出版社有限责任公司
社　　址 /	北京市海淀区中关村南大街 5 号
邮　　编 /	100081
电　　话 /	（010）68914775（总编室）
	（010）82562903（教材售后服务热线）
	（010）68948351（其他图书服务热线）
网　　址 /	http：//www.bitpress.com.cn
经　　销 /	全国各地新华书店
印　　刷 /	河北盛世彩捷印刷有限公司
开　　本 /	787 毫米×1092 毫米　1/16
印　　张 /	14.5
字　　数 /	333 千字
版　　次 /	2020 年 12 月第 1 版　2022 年 8 月第 2 次印刷
定　　价 /	46.00 元

责任编辑／王晓莉
文案编辑／王晓莉
责任校对／刘亚男
责任印制／李志强

图书出现印装质量问题，请拨打售后服务热线，本社负责调换

前 言

税法是财经类专业学生的专业必修课。近几年来，随着结构性减税的深入进行，我国对主要税种不断地进行改革，如"营改增"的全面实施、个人所得税的改革等，增值税、营业税、消费税、个人所得税等的缴纳均发生了较大的变化。为了帮助企业管理人员和学生及时、深刻、全面地理解和掌握税法的基本理论和国家最新的税收政策，编者精心编撰了本教材。

本教材主要有以下几个方面的特点。

（1）及时性。本教材所采用的是2020年8月31日前我国正式出台的税收政策，总结和归纳了我国最新的税收政策。

（2）实用性。根据应用型人才培养教育的教学要求和特点，适应学校转型的需要，简化相关理论部分的介绍，注重将税收理论与实务相结合，突出对案例的讲解，提高学生的实践能力，每一章后配有本章小结和业务实训练习。

（3）专业性。本教材的编者均是高等学校具有多年教学经验的专业教师，具有丰富的教育教学经验。

本教材可以作为高等学校财经类专业和各类成人教育的教材，也可以作为广大会计人员、税收征管和稽查人员、企业管理人员的学习参考书。

本书由彭伟老师主编。

由于编者水平有限，加之税法仍在不断改革，书中难免会有错误和疏漏，不足之处恳请读者赐教。

编 者
2020年9月

目 录

第一章 税法概述 (1)
第一节 税法概述 (1)
第二节 税法基本理论 (5)
第三节 我国现行税法体系 (9)
本章小结 (12)
业务实训练习 (12)

第二章 增值税 (14)
第一节 增值税概述 (14)
第二节 征税范围、纳税义务人与税率 (19)
第三节 增值税应纳税额的计算 (35)
第四节 出口货物和服务的退（免）税 (45)
第五节 税收优惠 (46)
第六节 增值税的征收管理 (49)
本章小结 (50)
业务实训练习 (51)

第三章 消费税法 (56)
第一节 消费税概述 (56)
第二节 纳税义务人与征税范围 (58)
第三节 税目与税率 (60)
第四节 应纳税额的计算 (65)
第五节 出口货物退（免）税 (73)
第六节 征收管理 (74)
本章小结 (75)

业务实训练习 …………………………………………………………………(75)

第四章　城市维护建设税法和教育费附加及烟叶税 ……………………(80)
　　第一节　城市维护建设税 ………………………………………………(80)
　　第二节　教育费附加 ……………………………………………………(83)
　　第三节　烟叶税 …………………………………………………………(84)
　　本章小结 …………………………………………………………………(85)
　　业务实训练习 ……………………………………………………………(85)

第五章　关税法 ………………………………………………………………(88)
　　第一节　关税概述 ………………………………………………………(88)
　　第二节　征税对象与纳税义务人 ………………………………………(92)
　　第三节　进出口税则与税率 ……………………………………………(92)
　　第四节　关税完税价格 …………………………………………………(95)
　　第五节　应纳税额的计算 ………………………………………………(99)
　　第六节　税收优惠 ………………………………………………………(100)
　　第七节　征收管理 ………………………………………………………(102)
　　本章小结 …………………………………………………………………(104)
　　业务实训练习 ……………………………………………………………(104)

第六章　企业所得税法 ………………………………………………………(106)
　　第一节　企业所得税概述 ………………………………………………(106)
　　第二节　纳税义务人、征税对象与税率 ………………………………(108)
　　第三节　应纳税所得额的计算 …………………………………………(109)
　　第四节　资产的税务处理 ………………………………………………(118)
　　第五节　应纳税额的计算 ………………………………………………(122)
　　第六节　企业所得税的税收优惠 ………………………………………(127)
　　第七节　企业所得税的源泉扣缴 ………………………………………(131)
　　第八节　企业所得税的征收管理 ………………………………………(132)
　　本章小结 …………………………………………………………………(133)
　　业务实训练习 ……………………………………………………………(134)

第七章　个人所得税法 ………………………………………………………(137)
　　第一节　个人所得税概述 ………………………………………………(137)
　　第二节　纳税义务人与所得来源地确定 ………………………………(139)
　　第三节　征税对象 ………………………………………………………(141)
　　第四节　税率与应纳税所得额的确定 …………………………………(143)
　　第五节　个人所得应纳税额的计算 ……………………………………(150)

第六节　税收优惠 ……………………………………………………………… (158)
　　第七节　征收管理 ……………………………………………………………… (159)
　　本章小结 ………………………………………………………………………… (166)
　　业务实训练习 …………………………………………………………………… (166)

第八章　资源税类税法 …………………………………………………………… (169)
　　第一节　资源税法 ……………………………………………………………… (169)
　　第二节　城镇土地使用税法 …………………………………………………… (176)
　　第三节　耕地占用税法 ………………………………………………………… (181)
　　第四节　土地增值税法 ………………………………………………………… (184)
　　本章小结 ………………………………………………………………………… (191)
　　业务实训练习 …………………………………………………………………… (192)

第九章　财产税法 ………………………………………………………………… (195)
　　第一节　房产税法 ……………………………………………………………… (195)
　　第二节　车船税法 ……………………………………………………………… (198)
　　第三节　契　税　法 …………………………………………………………… (202)
　　本章小结 ………………………………………………………………………… (205)
　　业务实训练习 …………………………………………………………………… (206)

第十章　行为税法 ………………………………………………………………… (208)
　　第一节　印花税法 ……………………………………………………………… (208)
　　第二节　车辆购置税法 ………………………………………………………… (216)
　　本章小结 ………………………………………………………………………… (219)
　　业务实训练习 …………………………………………………………………… (219)

参考文献 …………………………………………………………………………… (221)

第一章 税法概述

教学目标

- 掌握税收的概念及特征
- 掌握税法的构成要素
- 掌握税法的原则
- 了解税法分类及税收的立法体系

案例导入

资料一：有位记者在美国总统大选期间采访一位老人，问她为何要投票选举主张增税的候选人，这位老妇人指着负责投票站治安的警察道："如果政府没有税收，谁来为他们支付工资呢？"

资料二：《中国税务》杂志曾经披露，某税务机关在依法向一名取得应税收入的演员征收个人所得税时，遭到了该纳税人的拒绝，其理由是"我朋友的父亲是市委书记"。

思考：结合以上资料，谈谈你对税收的认识。

第一节 税法概述

一、税收的基本知识

（一）税收的概念

税收是国家（或政府）凭借政治权力强制征纳而取得的收入。税收是国家为实现其公共职能，凭借其政治权力，参与国民收入分配，依法强制地、无偿地取得财政收入的一种方式。税收的概念可以从以下四个方面来理解。

（1）征税的主体是国家。除了国家，任何机构和个人均无权征税。

（2）国家征税的目的在于履行其公共职能。

（3）国家征税凭借的是政治权力。税收征收的主体只能是代表社会全体成员行使公共权力的政府，与公共权力相对应的，是政府管理社会和为民众提供公共产品的义务。

（4）税收是一个分配范畴，是国家参与调节国民收入分配的一种手段，是国家财政收入的主要形式。

（二）税收的特征

税收具有强制性、无偿性和固定性三个特征。

1. 强制性

强制性是指国家征税是凭借政治权力，以国家强制力为后盾，用法律、法规的形式来实现的。任何单位和个人，只要取得属于法定应该纳税的收入，拥有应该纳税的财产，或发生应该纳税的行为，都必须无条件地履行纳税义务，否则将会受到法律的制裁。

2. 无偿性

无偿性是指税款一经征收，便由纳税人向国家做单向的转移，即为国家所有，形成国家财政收入，归国家自主支配和使用。国家征税之后，既不向纳税人支付任何报酬，也不提供某种特殊的权利或相应的服务。税收的无偿性是相对的。对具体的纳税人来说，纳税后并未获得任何报酬，但在市场经济下，从财政活动的整体来看，即从全体纳税人的角度看，税收是对政府为全体纳税人提供公共物品和服务成本的补偿，由于政府必须向全社会提供相应的公共产品，税收作为公共产品的价格又反映出有偿性的一面。

3. 固定性

固定性是指国家在征税之前，就以法律的形式制定了税收制度，规定了各项税制要素，把每种税的征税对象、纳税人及征收数额或比例都事先规定下来，并按这些预定的标准进行征收。税法一旦公布施行，征纳双方就必须严格遵守。因此税收的固定性又可称为税收的法定性。但是，对税收的固定性不能绝对化，随着社会经济条件的变化，具体的征税标准是可以改变的。比如，国家可以修订税法，调高或调低税率等，这只是变动征收标准，这与税收的固定性并不矛盾。

以上三个特征是互相联系、缺一不可的，同时具备这三个特征的才叫税收。税收的强制性决定了税收的无偿性，而无偿性同纳税人的经济利益关系重大，因而要求税收的固定性。税收的特征是税收区别于其他财政收入形式（如上缴利润、国债收入、规费收入、罚没收入等）的基本标志。

（三）税收的作用

1. 税收是财政收入的主要来源

组织财政收入是税收的基本职能。国家为实现其职能，维持国家机器的运转，需要大量的财政资金。国家可以采取多种方式、通过各种渠道来实现财政收入，其中最有效、最可靠的就是征税，税收固有的特性能够满足国家对财政收入在数量和时间方面的要求，是世界各国政府组织财政收入的基本形式。

2. 税收是调控经济运行的重要手段

经济决定税收，税收反作用于经济。这既反映了经济是税收的来源，也体现了税收对经济的调控作用。税收作为经济杠杆，通过增税与减免税等手段来影响社会成员的经济利益，引导企业、个人的经济行为，对资源配置和社会经济发展产生影响，从而达到调控宏观经济的目的。政府运用税收手段，既可以调节宏观经济总量，也可以调节经济结构。

3. 税收是调节收入分配的重要工具

从总体来说，税收作为国家参与国民收入分配最主要、最规范的形式，可规范政府、企业和个人之间的分配关系。国家可以采取多种税收手段，加大对部分高收入群体、高消费行为的征税力度，对社会财富进行再分配，以缩小贫富差距，缓和贫富不均所带来的社会矛盾。如个人所得税实行超额累进税率，具有高收入者适用高税率、低收入者适用低税率或不纳税的特点，有助于调节个人收入分配，促进社会公平；消费税对特定的消费品征税，能达到调节收入分配和引导消费的目的。

再分配的方法很多，如最低薪金制度、农产品价格维持制度，但是通过税收的方法，即对富者征收较高的税款以满足各种社会保障给付，被认为是最恰当的，理由是：第一，与其他方法相比，具有较少的摩擦，对市场经济的干涉程度较小；第二，按这种方法进行再分配的效果，不仅能够作用于特定职业者，而且能作用于全体社会成员。

4. 税收具有监督经济活动的作用

税收涉及社会生产、流通、分配、消费等各个领域，能够综合反映国家经济运行的质量和效率。既可以通过税收收入的增减及税源的变化，及时掌握宏观经济的发展趋势，也可以在税收征管活动中了解微观经济状况，发现并纠正纳税人在生产经营及财务管理中存在的问题，从而促进国民经济持续、健康的发展。

此外，由于税收管辖权是国家主权的组成部分，是国家权益的重要体现，所以在对外交往时，税收还具有维护国家权益的重要作用。

二、税法的概念与特征

（一）税法的概念

税法是国家制定的用以调整国家与纳税人之间在征纳税方面的权利与义务关系的法律规范的总称，是国家依法征税、纳税人依法纳税的行为准则，其目的是保障国家利益和纳税人的合法权益，维护正常的税收秩序，保证国家的财政收入。

(二) 税法的特征

1. 法律体系的系统性

（1）量的综合性。税法不是单一的法律，而是由实体法和程序法构成的综合法律体系，内容涉及课税的基本原则、征纳双方的权利与义务、税收管理规则、法律责任、解决税务争议的法律规范等，包括立法、行政执法、司法等方面。

（2）质的规范性。税收的固定性直接决定了税法结构的规范性，一般国家会实行一税一法，即按照单个税种立法，作为征税时具体操作的法律依据；各个税种虽然不同，但就基本的税收要素而言，每部税法都是一致的。

2. 法律内容的技术性

税法中存在大量的技术性法律规范。为满足税法与相关法律制度的协调，保证税收征管的有效，在税法规范的设计中体现出较强技术性。例如税率、税目、税收的计算公式，税收的起征点与免征额等。在实务中，税法法律内容的技术性表现为税收征纳会涉及大量的数学计算。

3. 法律规范的义务性

义务性规范是相对于授权性规范而言的，是指直接要求人们从事或不从事某种行为的法律规范，即直接规定人们某种义务的法规，其具有强制性，所规定的行为方式明确而肯定，不允许任何个人或机关随意改变或违反。

税收法律规范的义务性并不是对纳税人权利的否定。单从税法角度看，虽然税法规范是义务性规范，纳税人是以履行纳税义务为主的，但税法依然规定了大量纳税人的权利，我国当前税法所规定的纳税人权利大体上是程序性的。

尽管如此，仅从税法角度看，纳税人的权利与义务还是不对等。从整个财政角度看，纳税人对国家的财政支出享有很多监督的权利，但这些权利是由税法以外的其他授权性法律赋予的。税法调整的是财政收入中的税收关系，并不涉及财政支出，纳税人监督财政支出的权利，更多的是在调整财政支出关系的法律，如《中华人民共和国预算法》（以下简称《预算法》）中规定的。因此，纳税人权利与义务的统一只能从财政法的整体范围来考虑。

三、税收与税法的关系

税收与税法密不可分，税收是税法所确定的具体内容，税法是税收的法律表现形式，两者既有联系又有区别。

1. 税收与税法的联系

税收活动必须严格依照税法的有关规定进行，税法是税收的法律依据和法律保障。税收与税法密不可分。在现代法治国家，税收与税法是一一对应的，即有税收必有税法，无法不成税。

2. 税收与税法的区别

税收是经济学概念，税法是法学概念。税收是一种经济活动，属于经济基础范畴；而税法是一种法律制度，属于上层建筑。

第二节　税法基本理论

一、税法的原则

（一）税法的基本原则

1. 税收法定原则

税收法定原则也称税收法定主义、税收法律主义，是指税法主体的权利与义务必须由法律加以规定，税法的各类构成要素必须且只能由法律予以明确规定，征纳主体的权利与义务只以法律规定为依据，没有法律依据，任何主体不得征税或减免税收。税收法定原则是法治思想在税收领域中的集中体现，是税法最为重要的基本原则。

一是税种法定。任何税种的开征必须由法律予以规定，没有法律的明确规定，任何行政机关不能以税收的名义向公民进行任何征收。

二是税收要素法定。在税种法定的前提下，该税种的具体税收要素必须由法律明确规定。任何税种的征收，都必须符合法律规定的税收要素。

三是税收程序法定。税种法定和税收要素法定是税收法定原则对税收关系的实体性要求，而税收程序法定是税收法定原则对税收活动的程序性要求，即税收关系中的实体权利与义务所依据的程序要素必须经法律规定，并且征纳双方都必须遵守法定程序。

2. 税收公平原则

税收公平原则是近代法的基本原理（即平等性原则）在课税思想上的具体体现，与其他税法原则相比，税收公平原则渗入了更多的社会要求。税收公平包括横向公平（即情况相同的相同对待）和纵向公平（即情况不同的不同对待）。

税收负担必须根据纳税人的负担能力分配，负担能力相等，税负相同；负担能力不等，税负不同。负担能力大的应多纳税，负担能力小的应少纳税，没有负担能力的不纳税。

从纳税人所处的生产和经营环境看，由于客观环境优越而取得超额收入或级差收益者应多纳税，反之则少纳税。

从税负平衡看，不同地区、不同行业间及多种经济成分之间的实际税负必须尽可能公平。

3. 税收效率原则

国家征税必须以最小的费用获取最大的税收收入，并利用税收的经济调控作用最大限度地促进资源的有效配置和经济的有效运行。

一是税收的行政效率，即征税过程本身的效率，要求税收在征收和缴纳过程中耗费的成本最小。税收的行政效率，可以用税收成本率，即税收的行政成本占税收收入的比率来反映，有效率是指以最小的税收成本获取最大的税收收入。

二是税收的经济效率，即征税应当有利于促进经济效率的提高，或者对经济效率的不利影响最小。税收的经济效率是税收效率原则的更高层次。经济决定税收，税收又反作用于经济。税收分配必然对经济的运行和资源的配置产生影响，这是客观规律。如果这种影响仅限于征税本身所产生的负担，就属于正常，符合经济效率原则；如果除此以外又产生了其他影响，主要是额外负担和额外收益，则不符合经济效率原则。

（二）税法的适用原则

1. 法律优位原则

法律优位原则也称行政立法不得抵触法律原则，是指法律的效力高于行政立法效力。当效力低的税法与效力高的税法发生冲突时，效力低的税法是无效的。

2. 法律不溯及既往原则

法律不溯及既往原则是指法律的效力不得溯及法律实施之前所发生的事项。税收新法实施之前的行为不适用新法，而只沿用旧法。

3. 新法优于旧法原则

新法优于旧法原则是指对于同一税收事项如果有不同规定的新旧两种法律，则新法的效力高于旧法的效力。

4. 特别法优于普通法原则

特别法优于普通法原则是指对于同一税收事项有一般法律规定和特别法律规定时，特别法律规定的效力高于一般法律规定。

5. 实体从旧、程序从新原则

实体从旧、程序从新原则是指对新旧两种法律中有关税收实体和税收程序的规定分别以纳税义务发生时和报缴税款时是否有效为标准来判断其效力。其具体含义为：实体税法不具备溯及力，而程序性税法在特定条件下具备一定溯及力，即对于一项新税法公布实施以前存在的事实和行为以及由此产生的纳税义务，原则上适用旧法，遵循法律不溯及既往原则；对于在新税法公布实施之后发生的纳税义务在新税法公布实施以后进入税款征收程序的，原则上缴纳税款时适用新税收程序，遵循新法优于旧法的原则。

6. 程序优于实体原则

程序优于实体原则是关于税收争讼法的原则，指在诉讼发生审理税收案件时，税收程序法优于实体法，即纳税人通过税务行政复议或税务行政诉讼寻求法律保护的前提条件之一，是必须先履行税务行政机关确定的纳税义务，而不管这项纳税义务实际上是否完全发生，否则税务行政复议机关或司法机关对纳税人的申请或起诉不予受理。程序优于实体原则的目的在于维护税收的公益性及税收征收的公平性，以保证税款及时、稳定和有效地取得。

二、税法的构成要素

税法是由众多的单行税法组成的，虽然各单行税法的调整对象不同，但从内容和结构上看，它们有一些相对固定的共同要素，这些要素就是税法的构成要素。

（一）纳税主体

纳税主体也就是纳税义务人，通常简称为纳税人，是指依照税法规定直接负有纳税义务的自然人、法人和其他组织。

纳税主体不同于税法主体。税法主体既包括纳税主体，也包括征税主体。

纳税人不同于扣缴义务人。法律、法规规定负有代扣代缴、代收代缴税款义务的单位和个人为扣缴义务人。扣缴义务人只是负有代扣税款并向国库缴纳的义务，自身并没有缴纳这一税款的义务。如《中华人民共和国所得税法》（以下简称《个人所得税法》）规定，个人所得税以所得人为纳税人，以支付所得的单位或者个人为扣缴义务人。

纳税人和负税人既有联系又有区别。纳税人是直接向税务机关缴纳税款的单位和个人，负税人是实际负担税款的单位和个人。纳税人如果通过一定途径把税款转嫁或转移出去，就不再是负税人；否则，纳税人同时也是负税人。

我国税法也有属人兼属地原则，即凡我国公民，在我国居住的外籍人员，以及在我国注册登记的法人，或虽未在我国设立机构、场所，但有来源于我国收入的外国企业、公司、经济组织等，均适用我国税法。

（二）征税对象

征税对象，又称征税客体、课税对象，它是税法规定的征税针对的目的物，即对什么征税。征税对象反映了征税的基本范围和界限，是区别不同税种的主要标志。比如，所得税以企业或个人的所得为征税对象，资源税以土地、矿藏等各种资源为征税对象。

税目是征税对象在质与量上的具体化，即各个税种所规定的具体征税项目，是税种细分的结果，反映了征税的广度，明确了具体的征税范围。大多数税种规定了税目，但有些税种的征税对象简单、明确，没有另行规定税目的必要，如房产税等。

计税依据（税基），是计算应纳税额的依据，基本上可以分为两类：一是计税金额，这是采用从价计征方法时计算应纳税额的依据；二是计税数量，这是采用从量计征方法时计算应纳税额的依据。

税源，是指税款的最终来源。具体到每一税种，征税对象与税源可能不一致。

（三）税率

税率是应纳税额与征税对象之间的比例，是计算应纳税额的尺度，代表了征税的深度。税率是衡量税负高低的重要指标，是税法结构中的核心要素。

1. 比例税率

比例税率是指对于同一征税对象，无论其数额大小，都按同一比例计算其应纳税额的一种税率。我国的增值税、企业所得税等税种采用这种税率形式。具体形式包括以下三种。

（1）单一比例税率，即同一税种下的所有征税对象都适用同一个比例税率。如我国当前的车辆购置税实行10%的税率。

（2）差别比例税率，即根据课税对象或纳税人的不同性质规定不同征税比例的税率。如根据不同产品、不同部门、不同行业、不同地区和不同纳税人分别规定不同的税率。主要有产品差别比例税率，如我国现行的消费税；地区差别比例税率，如我国现行的城市维护建设税，等等。

（3）幅度比例税率，即对同一征税对象，税法只规定最高税率和最低税率，具体由各地方政府在该幅度内根据本地区的具体情况来确定本地区所适用的税率。如契税实行3%~5%的幅度税率，各省、自治区、直辖市人民政府可以在该幅度内，按照本地区的实际情况决定所适用的税率。

2. 定额税率

定额税率也称固定税额、固定税率，是指按征税对象的一定计量单位直接规定固定税额，而不规定征收比例的一种税率制度。一般适用于从量计征的税种，如我国现行资源税、城镇土地使用税、车船税、消费税（部分）等。

3. 累进税率

累进税率是指税率随着征税对象的数额增大而逐级提高的一种税率。累计税率因计算方法和依据不同，又可分为全额累进税率、超额累进税率、超率累进税率等。其中，全额累进税率因违背公平原则，一般已不采用。

超额累进税率是根据数额的大小，将征税对象划分为几个等级，不同等级适用不同的税率，递增征税，数额越大，税率越高，是分别以征税对象数额超过前级的部分为基础计算应纳税款的累进税率。我国目前采用这种税率的是个人所得税：一是工资、薪金所得，稿酬所得，劳务报酬所得和特许权使用费所得，实行七级超额累进税率；二是个体工商户的生产、经营所得和企事业单位承包经营、承租经营所得，实行五级超额累进税率。

超率累进税率与超额累进税率的原理相同，只是税率累进的依据不是征税对象的数额，而是征税对象的某种比率。目前我国采用此种税率的是土地增值税，实行四级超率累进税率。其累进的依据是增值额与扣除项目金额的比率。

（四）纳税环节

纳税环节是指税法规定的在商品流转过程中应当缴纳税款的环节。根据不同税种的具体情况，应该从有利于税款征收、税源控制等原则出发，来确定纳税环节。例如，流转税在生产和流通环节纳税，所得税在收入的分配环节纳税。按照纳税环节的多少，可将税收课征制度分为两类：一次课征制和多次课征制。

一次课征制是指同一税种在商品流转的全过程中只选择某一环节课征的制度，是纳税环节的一种具体形式。如我国现行的资源税只选择在生产销售环节一次性缴纳，以后的流通环节不再纳税。

多次课征制是指同一税种在商品流转全过程中选择两个或两个以上环节课征的制度。如我国现行的增值税在货物生产、批发和零售等多个环节征税。

(五) 纳税期限

纳税期限是指纳税义务发生后,纳税人缴纳税款的期限。纳税期限是由纳税义务计算期、纳税申报期和税款缴纳期三个期限按先后次序组成的。

纳税义务计算期说明纳税人应该多长时间计缴一次税款,反映了计税的频率,在广义上又可以分为按期计算和按次计算。纳税申报期是指税法规定的,在纳税计算期满后纳税人进行申报,以确定具体税额的期限。税款缴纳期则是指税法规定的,纳税人在纳税申报期确定其应纳税款后,应该缴纳税款的期限。法定缴纳期限作为纳税义务消灭时效的起算日,其翌日则作为滞纳金计算期间的起算日。很多税种的纳税申报期与税款缴纳期是重合的,并且笼统地规定为申报缴纳期。

纳税期限与纳税义务的发生时间是不同的。前者是一定的期间,而后者则是一个时间点;并且只有在纳税义务发生后,才会有纳税期限的问题。

(六) 纳税地点

纳税地点主要是指根据各税种纳税对象的纳税环节和有利于对税款的源泉控制而规定的纳税人的具体纳税地点。

(七) 减免税

减免税主要是指对某些纳税人和征税对象采取减少征税或免予征税的特殊规定。

(八) 罚则

罚则主要是指对纳税人违反税法的行为采取的处罚措施。

(九) 附则

附则一般规定与该法紧密相关的内容,如该法的解释权、生效时间等。

第三节 我国现行税法体系

一、税法体系概述

从法律角度说,一个国家在一定时期内、一定体制下以法定形式规定的各种税收法律法规的总和,称为税法体系。但从税收工作的角度说,税法体系往往被称为税收制度,而一个国家的税收制度是指在既定的管理体制下设置的税种以及与这些税种的征收、管理有关的,具有法律效力的各级成文法律、行政法规、部门规章等的总和。换句话说,税法体系就是通常所说的税收制度(简称税制)。

二、税法的分类

税法体系中,各税法按征税对象、权限划分、适用范围、职能作用不同,可分为不同类型。

（一）按照税法征收对象的不同分类

按照税法征收对象的不同，可分为流转税类税法，所得税类税法，财产、行为税类税法，资源税类税法和特定目的税类。

1. 流转税类税法

流转税类税法主要包括增值税、消费税和关税。这类税法的特点是与商品生产、流通、消费有密切联系。对什么商品征税，税率多高，对商品经济活动都有直接影响，易于发挥对经济的宏观调控作用。

2. 所得税类税法

所得税类税法主要包括企业所得税、个人所得税等税法。其特点是可以直接调节纳税人收入，发挥税收公平税负、调整分配关系的作用。

3. 财产、行为税类税法

财产、行为税类税法主要是对财产的价值或某种行为课税，包括房产税、印花税等税法。

4. 资源税类税法

资源税类税法主要是为保护和合理使用国家自然资源而课征的税。我国现行的资源税、城镇土地使用税等税种，均属于资源税类的范畴。

5. 特定目的税类

特定目的税类包括城市维护建设税、烟叶税等，其目的是对某些特定对象和特定行为发挥特定的调节作用。

（二）按照主权国家行使税收管辖权的不同分类

按照主权国家行使税收管辖权的不同，可分为国内税法、国际税法、外国税法。

国内税法一般是按照属人或属地原则，或属人兼属地原则，规定一个国家的内部税收制度。国际税法是指国家间形成的税收制度，主要包括双边或多边国家间的税收协定、条约和国际惯例等，一般而言，其效力高于国内税法。外国税法是指外国各国家制定的税收制度。

（三）按照税收收入归属和征管管辖权限不同分类

按照税收收入归属和征管管辖权限不同，可分为中央税、地方税和中央与地方共享税。

1. 中央税

中央税是指由国家最高权力机关或经其授权的机关进行税收立法，且税收管理权和收入支配权归属于中央政府的一类税。中央税属于中央政府的财政收入，由国家税务局征收管理，如我国现行的消费税、关税、海关代征的进口环节增值税、车辆购置税等。

2. 地方税

地方税是指由国家最高权力机关或经其授权的机关立法，但税收管理权和收入支配权归属于地方政府的一类税。地方税属于各级地方政府的财政收入,由地方税务局征收管理,如我国现行的城镇土地使用税、耕地占用税、土地增值税、房产税、车船税等。

3. 中央与地方共享税

中央与地方共享税是指由国家最高权力机关或经其授权的机关立法,税收管理权属于中央政府,但税收收入支配由中央政府和地方政府按一定比例分成的一类税。中央与地方共享税属于中央政府和地方政府共同收入,目前主要由国家税务总局征收管理,如我国现行的增值税、企业所得税、个人所得税、资源税、城市维护建设税、印花税等。这类税直接涉及中央与地方的共同利益。

(四) 按照计税依据的不同分类

按照计税依据不同,可分为从价税、从量税和复合税。

1. 从价税

从价税是指以课税对象的价格为依据,按一定比例计征的一类税。从价税实行比例税率和累进税率,税收负担比较合理,如我国现行的增值税、营业税、关税和各种所得税等税种。

2. 从量税

从量税是指依据课税对象的数量(重量、面积、体积、件数等),按固定税额计征的一类税。从量税实行定额税率,其税额随课税对象数量的变化而变化,具有计算简便的优点,但税负水平是固定的,所以不太合理。因此我国目前税制中只有资源税、车船税、城镇土地使用税等少量税种采用从量税。

3. 复合税

复合税是对某一货物或物品既征收从价税,又征收从量税,即采用从量税和从价税同时征收的一种方法,如我国现行消费税中的卷烟和白酒。

(五) 按照税收负担能否转嫁分类

按照税收负担能否转嫁,可分为直接税和间接税。

1. 直接税

直接税是指纳税人本身承担税负,不发生税负转嫁关系的一类税,如所得税和财产税等。

2. 间接税

间接税是指纳税人本身不是负税人,可将税负转嫁给他人的一类税,如流转税和资源税等。

(六) 按照税收与价格的关系不同分类

按照税收与价格的关系不同,可分为价内税和价外税。

1. 价内税

凡税款构成价格组成部分的，称为价内税。价内税是指税款在应税商品价格内，作为商品价格的一个组成部分的一类税。其特点是税随价转，税收收入随价格的变化而变化。税收与价格配合，可以直接调节生产，间接调节消费。

2. 价外税

凡税款作为价格之外附加的，称为价外税。价外税是指税款不在应税商品价格之内，不作为商品价格的一个组成部分的一类税。其特点是价随税转，税负直接转嫁。税收配合价格，可以直接调节消费，间接调节生产。

本章小结

税收是国家为实现其公共职能，凭借其政治权力，参与国民收入分配，依法强制地、无偿地取得财政收入的一种方式。

税法构成要素一般包括纳税人、征税对象、税率、纳税环节、纳税期限、纳税地点、减免税、罚则、附则。

业务实训练习

一、单项选择题

1. 税收的（　　）特征是区别于其他财政收入形式的最本质特征。
   A. 强制性　　　　　B. 无偿性　　　　　C. 固定性　　　　　D. 经常性
2. 下列税种中，属于财产、行为税类的税种是（　　）。
   A. 增值税　　　　　B. 印花税　　　　　C. 关税　　　　　　D. 资源税
3. 下列税种中，属于财产、行为税类的是（　　）。
   A. 车辆购置税　　　B. 城镇土地使用税　C. 工商税　　　　　D. 关税
4. 对税法所作的下列分类中，以税法内容的不同作为分类标准的是（　　）。
   A. 税收法律、税收行政法规、税收规章　　B. 税收实体法和税收程序法
   C. 税收基本法和税收单行法　　　　　　　D. 税收一般法和税收特别法
5. 我国目前采用超率累进税率的是（　　）。
   A. 土地增值税　　　B. 个人所得税　　　C. 企业所得税　　　D. 消费税
6. 下列税法的构成要素中，核心要素是（　　）。
   A. 纳税人　　　　　B. 征税对象　　　　C. 税率　　　　　　D. 计税依据
7. 增值税实行（　　）税率。
   A. 定额　　　　　　B. 比例　　　　　　C. 累进　　　　　　D. 平均
8. 我国目前采用定额税率的税种是（　　）。
   A. 房产税　　　　　B. 车船税　　　　　C. 增值税　　　　　D. 城市维护建设税

9. 税收法律关系中的权利主体是指（　　）。
   A. 征税方　　　　B. 纳税方　　　　C. 征纳双方　　　　D. 国家税务总局
10. 下列税种属于中央税并由国家税务总局管辖的是（　　）。
    A. 增值税　　　　B. 消费税　　　　C. 个人所得税　　　　D. 企业所得税

二、多项选择题

1. 计税依据是计算应纳税额的标志或依据，可分为（　　）。
   A. 从价计征　　　B. 从量计征　　　C. 选择计征　　　D. 复合计征
2. 属于税收基本特征的是（　　）。
   A. 强制性　　　　B. 无偿性　　　　C. 固定性　　　　D. 收益性
3. 下列属于流转税的是（　　）。
   A. 关税　　　　　B. 增值税　　　　C. 资源税　　　　D. 消费税
4. 下列项目属于中央和地方共享税的是（　　）。
   A. 对证券交易征收的印花税　　　　B. 增值税
   C. 资源税　　　　　　　　　　　　D. 关税
5. 我国现行税法规定的税率有（　　）。
   A. 定额税率　　　B. 比例税率　　　C. 超额累进税率　　D. 超率累进税率
6. 构成税法的三个最重要要素有（　　）。
   A. 纳税人　　　　B. 征税对象　　　C. 税率　　　　　D. 税目
7. 下列采用比例税率的有（　　）。
   A. 契税　　　　　B. 企业所得税　　C. 资源税　　　　D. 土地增值税
8. 下列税种中，由海关负责征收管理的有（　　）。
   A. 车辆购置税　　B. 关税　　　　　C. 进口增值税　　D. 烟叶税
9. 下列属于行为税的税种是（　　）。
   A. 印花税　　　　B. 土地增值税　　C. 城市维护建设税　D. 车辆购置税
10. 按征税对象性质分类，可将税收分为（　　），这是我国常用的一种分类方法。
    A. 商品和劳务税　B. 所得税　　　　C. 资源税　　　　D. 财产、行为税

第二章

增值税

▰\ 学习目标

- 了解增值税的概念、计税原理及特点
- 掌握增值税征税范围、纳税人的划分及应纳税额的计算方法
- 熟悉增值税征收管理办法
- 掌握增值税出口退税的计算

▰\ 案例导入

某商场以"买一赠一"方式销售家电,买一件2 000元的电器,送一件400元的小家电,如果选择赠送方式,需要按2 400元缴纳增值税;如果商场以折扣方式销售,将两件产品卖给顾客,并给予顾客400元的折扣,其中2 000元的电器按15%折扣后销售,400元的小家电按25%折扣以后出售,顾客实际支付2 000元,则商场按2 000元缴纳增值税。

思考:结合以上资料,你还有其他方案可以使商场少纳税吗?

第一节 增值税概述

一、增值税的概念

增值税(Value-added Tax,简称VAT)是以商品在流转过程中产生的增值额为计税依据而征收的一种税。在我国,增值税是指对在中华人民共和国境内销售货物、进口货物以及提供劳务、服务的单位和个人,就其实现的增值额为征税对象,并实行税款抵扣制的一种流转税。

(一) 关于增值额

所谓增值额，是指生产者或经营者在一定期间从事工业制造、商业经营和提供劳务过程中，新创造的那部分价值。它是纳税人在一定时期内，所取得的商品销售（或劳务）收入额大于购进商品（或取得劳务）所支付金额的差额。

(二) 增值额一般不直接以增值额为计税依据

从以上对"增值额"这一概念的分析来看，纯理论的增值额对计算增值税并没有实际意义，而仅仅是对增值税本质的一种理论，因此各国都是根据法定增值额计算增值税的。但是，实施增值税的国家无论以哪种法定增值额为征税基数，在实际计算增值税税款时都不直接以增值额为计税依据，也就是说，各国计算增值税时都不是先求出各生产经营环节的增值额，然后再据此计算增值税，而是采取从销售总额的应纳税款中扣除外购项目已纳税款的税款抵扣法。可见，"增值额"这一概念在实际计税中并不直接发挥作用。

不直接通过增值额计算增值税的原因是，确定增值额在实际工作中是一件很困难的事，难以做到。这是因为：①企业实行的财务会计制度不同，确定增值项目与非增值项目的标准也不尽相同，在实际工作中容易造成争执，难以执行；②增值额本身就是一个比较模糊的概念，很难准确计算，如，企业支付的各种罚款、没收的财物或接收的捐赠等是否属于增值额有时难以确定。

二、增值税的性质及其计税原理

(一) 增值税的性质

增值税以增值额为征税对象，以销售额为计税依据，同时实行税款抵扣的计税方式，这一计税方式决定了增值税是属于流转税性质的税种。作为商品劳务税，增值税同对特定消费品征收的消费税有很多共同的方面。

（1）增值税是以全部流转额为计税销售额。实行增值税的国家无论采取哪种类型的增值税，在计税方法上都是以货物或劳务的全部销售额为计税依据，这同消费税是一样的，所不同的只是增值税还同时实行税款抵扣制度，是一种只就未税流转额征税的新型流转税。

（2）增值税税负具有转嫁性。增值税实行价外征税，经营者出售商品时，税款附加在价格之上转嫁给购买者，随着商品流通环节的延伸，税款最终由消费者承担。

（3）增值税按产品或行业实行比例税率，而不采取累进税率。这一点与其他流转税一样，但与所得税则完全不同。增值税的主要作用在于广泛征集财政收入，而非调节收入差距，因此不必也不应采用累进税率。

(二) 增值税的计税原理

增值税的计税原理是通过增值税的计税方法体现出来的。增值税的计税方法是以每一生产经营环节上发生的货物或劳务的销售额为计税依据，然后按规定税率计算出货物或劳务的整体税负，同时通过税款抵扣方式将外购项目在以前环节已纳的税款予以扣除，从而完全避免重复征税。该原理具体体现在以下几方面。

（1）增值税按全部销售额计算税款，但只对货物或劳务价值中新增价值部分征税。

（2）增值税实行税款抵扣制度，对以前环节已纳税款予以扣除。

（3）增值税税款随货物的销售环节转移，最终消费者是全部税款的承担者，但政府并不直接向消费者征税，而是在生产经营的各个环节分段征收，各环节的纳税人并不承担增值税税款。

三、增值税的分类

实施增值税的国家，按照允许抵扣项目范围的大小，一般把增值税分为三种类型。

1. 生产型增值税

生产型增值税允许纳税人的销售收入中可以扣除外购的生产资料（用于生产、经营的原材料、燃料、动力等物质资料）的价值，以其余额作为法定增值额，但不允许从销售额中扣除所购入的固定资产及折旧，征税对象（法定增值额）等于工资、租金、利息、利润和折旧之和，其内容就整个社会来说大体相当于国民生产总值。因此，在三种增值税中应税的征税对象相对最多，税基最大，对生产影响最深，对经济的干扰程度最大。

生产型增值税不允许在计算增值税时扣除外购固定资产的价值，对这部分价值存在重复征税的问题，所以是一种不彻底的增值税，不利于鼓励投资。但正因为如此，它可以抑制企业的固定资产投资，保证国家的财政收入。目前，只有巴基斯坦、多米尼加、海地等少数发展中国家采用生产型增值税。

2. 收入型增值税

收入型增值税除允许从销售额中扣除外购物资的价值外，还允许扣除外购用于生产经营的固定资产的折旧额，这个法定增值额就整个社会来说，相当于国民收入，所以称为收入型增值税。在三种增值税中其税基相对较大，对生产影响较大，对经济的干扰程度居中。

理论上，收入型增值税是一种标准的增值税，不存在重复征税问题，但由于外购固定资产价值是以计提折旧的方式分期转入产品价值的，转入部分并没有逐笔对应的外购凭证，故给凭发票扣税的计算方法带来困难，从而影响了这种方法的广泛运用。

3. 消费型增值税

消费型增值税允许将外购物质资料的价值和用于生产经营的固定资料的价值在购置当期全部一次扣除，即纳税企业用于生产的全部外购生产资料都不在课税之列。作为课税基数的法定增值额相当于纳税人当期的全部销售额扣除外购的全部生产资料价款后的余额，从全社会来看只相当于消费资料部分，所以称为消费型增值税。在三种增值税中其增值额最小，税基最小，对生产的干扰程度最小。

我国从2009年1月1日起，正式施行消费型增值税。

四、增值税的特点

1. 征税范围广，税源充裕

从生产经营的横向关系来看，无论工业、商业、劳务还是服务，只要有增值额就要纳税；从生产经营的纵向关系来看，每一货物、劳务和服务无论经过多少生产经营环节，都要按各环节发生的增值额逐次纳税。

2. 不重复征税，具有中性税收的特征

所谓中性税收，是指税收对经济行为包括企业生产决策、生产组织形式等，不产生影响，由市场对资源配置发挥基础性、主导性作用。政府在建立税制时，以不干扰经营者的投资决策和消费者的消费选择为原则。增值额具有中性税收的特征，是因为增值税只对货物或劳务销售额中没有征过税的那部分增值额征税，对销售额中属于转移过来的、以前环节已征过税的那部分销售额则不再征税，从而有效地排除了重复征税因素。此外，增值税税率档次少，一些国家只采取一档税率，即使采取二档或三档税率，其绝大部分货物一般也是按统一的基本税率征收。这不仅使绝大部分货物的税负一样，而且使同一货物在经历的所有生产和流通环节的整体税负一样。这种情况使增值税对生产经营活动以及消费行为基本不发生影响，从而使增值税具有了中性税收的特征。

例如，甲方销售货物给乙方并收取 5 000 元，该货物的成本为 3 000 元，乙方再以 7 000 元的价格销售给丙方。此时，对于甲方来说，他只需对 2 000（5 000-3 000）元的部分缴纳增值税；对于乙方来说，他也只需对 2 000（7 000-5 000）元的部分缴纳增值税，而不是对 5 000 元和 7 000 元缴纳增值税。甲方销售货物给乙方和乙方销售货物给丙方，都是对增值额征税。甲方要开具增值税专用发票给乙方抵扣，同时乙方要开具增值税专用发票给丙方抵扣，这样就避免了重复征税。

3. 逐环节征税，逐环节扣税，最终消费者是全部税款的承担者

作为一种新型的商品劳务税，增值税保留了传统间接税按流转额全值计税和道道征税的特点，同时实行税款抵扣制度，即在逐环节征税的同时，实行逐环节扣税。在这里，各环节的经营者作为纳税人只是把从买方收取的税款抵扣自己支付给卖方的税款后的余额缴纳给政府，而经营者本身实际上并没有承担增值税税款。这样，随着各环节交易活动的进行，经营者在出售货物的同时也出售了该货物所承担的增值税税款，直到货物卖给最终消费者时，货物在以前环节已纳的税款连同本环节的税款也一同转嫁给了最终消费者。可见，增值税税负具有逐环节向前推移的特点，作为纳税人的生产经营者并不是增值税的真正负担者，最终消费者是全部税款的负担者。

4. 价外计税

在计税时，作为计税依据的销售额中不包含增值税税额，这样有利于形成均衡的生产价

格,并有利于税负转嫁的实现。这是增值税与传统的以全部流转额为计税依据的其他流转税的一个重要区别。

五、营改增试点改革

营业税改征增值税(以下简称营改增)是指以前缴纳营业税的应税项目改成缴纳增值税。增值税只对产品或者服务的增值部分纳税,营改增减少了重复纳税的环节,是党中央、国务院根据经济社会发展形势,从深化改革的总体部署出发做出的重要决策,目的是加快财税体制改革,进一步减轻企业赋税,调动各方积极性,促进服务业尤其是科技等高端服务业的发展,促进产业和消费升级,培育新动能,深化供给侧结构性改革。

营改增在全国的推开,大致经历了以下三个阶段。

第一阶段:部分行业,部分地区。经国务院批准,2011年11月16日,财政部、国家税务总局联合下发了《营业税改征增值税试点方案》,明确从2012年1月1日起,在上海交通运输业和部分现代服务业开展营业税改征增值税试点工作。2012年7月25日,国务院召开常务会议,决定扩大营业税改征增值税试点范围。自2012年8月1日起,营业税改征增值税试点范围由上海市分4批次扩大至北京、江苏、安徽、福建、广东、天津、浙江、湖北8省市。

第二阶段:部分行业,全国范围。2013年8月1日,交通运输业和部分现代服务业营改增试点在全国范围内推开。同时,广播影视作品的制作、播映、发行等,也开始纳入试点。2013年12月12日,财政部和国家税务总局印发了《关于将铁路运输和邮政业纳入营业税改征增值税试点的通知》,明确从2014年1月1日起,将铁路运输和邮政服务业纳入营业税改征增值税试点,至此交通运输业全部纳入营改增范围。2014年4月30日,财政部、国家税务总局印发了《关于将电信业纳入营业税改征增值税试点的通知》,明确从2014年6月1日起,将电信业纳入营改增试点范围。

第三阶段:所有行业,全国范围。2016年3月18日,国务院召开常务会议,决定全面推开营改增试点,进一步减轻企业税负,将建筑业、房地产业、金融业、生活服务业全部纳入营改增试点范围。2016年3月24日,财政部、国家税务总局公布了《营业税改征增值税试点实施办法》《营业税改征增值税试点有关事项的规定》《营业税改征增值税试点过渡政策的规定》《跨境应税行为适用增值税零税率和免税政策的规定》。2016年4月29日,国务院印发《全面推开营改增试点后调整中央与地方增值税收入划分过渡方案》,中央分享增值税的50%,地方按税收缴纳地分享增值税的50%,过渡期暂定2年至3年。自2016年5月1日起,营业税改征增值税试点全面推开,并将所有企业新增不动产所含增值税纳入抵扣范围,确保所有行业税负只减不增。至此,营业税退出历史舞台,增值税制度更加规范。这是自1994年分税制改革以来,我国财税体制的又一次深刻变革。

第二节 征税范围、纳税义务人与税率

一、征税范围

（一）征税范围的一般规定

根据《中华人民共和国增值税暂行条例》（以下简称《增值税暂行条例》）、《中华人民共和国增值税暂行条例实施细则》（以下简称《增值税暂行条例实施细则》）和营改增的相关规定，凡在中华人民共和国境内销售货物或者提供加工、修理修配劳务以及进口货物、提供应税服务，都属于增值税的征税范围。

1. 在境内销售、进口货物

货物是指有形动产，包括电力、热力、气体在内。销售货物，是指有偿转让货物的所有权。"有偿"，不仅指从购买方取得货币，还包括取得货物或者其他经济利益。

进口货物，是指申报进入我国海关境内的货物，包括国外产制和我国已出口而转销国内的货物、国外捐赠的货物，以及进口者自行采购的货物、用于贸易行为的货物、自用或用于其他方面的货物。

2. 在境内提供应税劳务

应税劳务是指纳税人提供的加工、修理修配劳务。

加工，是指受托加工货物，即委托方提供原料及主要材料，受托方按照委托方的要求，制造货物并收取加工费的业务；修理修配，是指受托对损伤和丧失功能的货物进行修复，使其恢复原状和功能的业务，如修理汽车、电器等。

提供应税劳务是指有偿提供加工、修理修配劳务，单位或者个体工商户聘用的员工为本单位或者雇主提供加工、修理修配劳务不包括在内。

3. 销售服务

销售服务是指提供交通运输服务、邮政服务、电信服务、建筑服务、金融服务、现代服务和生活服务。

知识链接

应税服务的具体范围

一、销售服务

1. 交通运输服务

交通运输服务是指利用运输工具将货物或者旅客送达目的地，使其空间位置得到转移的业务活动，包括陆路运输服务、水路运输服务、航空运输服务、管道运输服务。

(1) 陆路运输服务。陆路运输服务是指通过陆路（地上或地下）运送货物或者旅客的运输业务活动，包括铁路运输服务和其他陆路运输服务；铁路运输服务是指通过铁路运送货物或旅客的运输业务活动；其他陆路运输服务是指铁路运输以外的陆路运输业务活动；包括公路运输、缆车运输、索道运输、地铁运输、城市轻轨运输等；出租车公司向使用本公司自有出租车的出租车司机收取的管理费用，按陆路运输服务征收增值税。

(2) 水路运输服务。水路运输服务是指通过江、河、湖、川等天然、人工水道或海洋航道运送货物或旅客的运输业务活动。

水路运输分为程租、期租业务。程租业务，是指远洋运输企业为租船人完成某一特定航次的运输任务并收取租赁费的业务；期租业务，是指远洋运输企业将配备有操作人员的船舶承租给他人使用一定期限，承租期内听候承租方调遣，不论是否经营，均按天向承租方收取租赁费，发生的固定费用均由船东负担的业务。

(3) 航空运输服务。航空运输服务是指通过空中航线运送货物或旅客的运输业务活动。

航空运输的湿租业务，是指航空运输企业将配备有机组人员的飞机承租给他人使用一定期限，承租期内听候承租方调遣，不论是否经营，均按一定标准向承租方收取租赁费，发生的固定费用均由承租方承担的业务。

航天运输服务，按照航空运输服务征收增值税。航天运输服务是指利用火箭等载体将卫星、空间探测器等空间飞行器发射到空间轨道的业务活动。

(4) 管道运输服务。管道运输服务是指通过管道设施输送气体、液体、固体物质的运输业务活动。

无运输工具承运业务，按照交通运输服务缴纳增值税。无运输工具承运业务是指经营者以承运人身份与托运人签订运输服务合同，收取运费并承担承运人责任，然后委托实际承运人完成运输服务的经营活动。

2. 邮政服务

邮政服务是指中国邮政集团及其所属邮政企业提供邮件寄递、邮政汇兑和机要通信等邮政基本服务的业务活动。包括邮政普遍服务，邮政特殊服务和其他邮政服务。

(1) 邮政普遍服务。邮政普遍服务是指函件、包裹等邮件寄递，以及邮票发行、报刊发行和邮政汇兑等业务活动。函件，是指信函、印刷品、邮资封片卡、无名址函件和邮政小包等；包裹，是指按照封装上的名址递送给特定个人或单位的独立封装的物品，其重量不超过 50 kg，任何一边的尺寸不超过 150 cm，长、宽、高合计不超过 300 cm。

(2) 邮政特殊服务。邮政特殊服务是指义务兵平常信函、机要通信、盲人读物和革命烈士遗物的寄递等业务活动。

(3) 其他邮政服务。其他邮政服务是指邮册等邮品销售、邮政代理等业务活动。

中国邮政速递物流股份有限公司及其子公司（含各级分支机构），不属于中国邮政集团公司所属邮政企业。

3. 电信服务

电信服务是指利用有线、无线的电磁系统或光电系统等各种通信网络资源，提供语音通话服务，传送、发射、接收或者应用图像、短信等电子数据和信息的业务活动，包括基础电信服务和增值电信服务。

（1）基础电信服务是指利用固网、移动网、卫星、互联网，提供语音通话服务的业务活动，以及出租或出售带宽、波长等网络元素的业务活动。

（2）增值电信服务是指利用固网、移动网、卫星、互联网、有线电视网络，提供短信和彩信服务、电子数据和信息的传输及应用服务、互联网接入服务等业务活动。

（3）卫星电视信号落地转接服务，按照增值电信服务计算缴纳增值税。

根据国家税务总局公告2015年第90号（《关于营业税改征增值税试点期间有关增值税问题的公告》）的规定，自2016年2月1日，纳税人通过楼宇、隧道等室内通信分布系统，为电信企业提供的语音通话和移动互联网等无线信号室分系统传输服务，分别按照基础电信服务和增值电信服务缴纳增值税。

4. 建筑服务

建筑服务是指各类建筑物、构筑物及其附属设施的建造、修缮、装饰，线路、管道、设备、设施等的安装以及其他工程作业的业务活动，包括工程服务、安装服务、修缮服务、装饰服务和其他建筑服务。

（1）工程服务。工程服务是指新建、改建各种建筑物、构筑物的工程作业，包括与建筑物相连的各种设备或支柱、操作平台的安装或装设工程作业，以及各种窑炉和金属结构工程作业。

（2）安装服务。安装服务是指生产设备、动力设备、起重设备、运输设备、传动设备、医疗实验设备以及其他各种设备、设施的装配、安置工程作业，包括与被安装设备相连的工作台、梯子、栏杆的装设工程作业，以及被安装设备的绝缘、防腐、保温、油漆等工程作业。

固定电话、有线电视、宽带、水、电、燃气、暖气等经营者向用户收取的安装费、初装费、开户费、扩容费以及类似收费，按照安装服务缴纳增值税。

（3）修缮服务。修缮服务是指对建筑物、构筑物进行修补、加固、养护、改善，使之恢复原来的使用价值或延长其使用期限的工程作业。

（4）装饰服务。装饰服务，是指对建筑物、构筑物进行修饰装修，使之美观或具有特定用途的工程作业。

（5）其他建筑服务。其他建筑服务是指上列工程作业之外的各种工程作业服务，如钻井（打井）、拆除建筑物或构筑物、平整土地、园林绿化、疏浚（不包括航道疏浚）、建筑物平移、搭脚手架、爆破、矿山穿孔、表面附着物（包括岩层、土层、沙层等）剥离和清理等工程作业。

物业服务企业为业主提供的装修服务，按照"建筑服务"缴纳增值税。

纳税人将建筑施工设备出租给他人使用并配备操作人员的，按照"建筑服务"缴纳增值税。

5. 金融服务

金融服务是指经营金融保险的业务活动。包括贷款服务、直接收费金融服务、保险服务和金融商品转让。

（1）贷款服务。贷款是指将资金贷与他人使用而取得利息收入的业务活动。

各种占用、拆借资金取得收入、金融商品持有期间（含到期）利息（保本收益、报酬、资金占用费、补偿金等）收入、信用卡透支利息收入、买入返售金融商品利息收入、融资融券收取的利息收入，以及融资性售后回租、押汇、罚息、票据贴现、转贷等业务取得的利息及利息性质的收入，按照贷款服务缴纳增值税。

"保本收益、报酬、资金占用费、补偿金"，是指合同中明确承诺到期本金可全部收回的投资收益。金融商品持有期间（含到期）取得的非保本的上述收益，不属于利息或利息性质的收入，不征收增值税。

融资性售后回租，是指承租方以融资为目的，将资产出售给从事融资性售后回租业务的企业后，从事融资性售后回租业务的企业将该资产出租给承租方的业务活动。

以货币资金投资收取的固定利润或保底利润，按照贷款服务缴纳增值税。

（2）直接收费金融服务。直接收费金融服务是指为货币资金融通及其他金融业务提供相关服务并且收取费用的业务活动，包括提供货币兑换、账户管理、电子银行、信用卡、信用证、财务担保、资产管理、信托管理、基金管理、金融交易场所（平台）管理、资金结算、资金清算、金融支付等服务。

（3）保险服务。保险服务是指投保人根据合同约定，向保险人支付保险费，保险人对于合同约定的可能发生的事故因其发生所造成的财产损失承担赔偿保险金责任，或者当被保险人死亡、伤残、疾病或达到合同约定的年龄、期限等条件时承担给付保险金责任的商业保险行为，包括人身保险服务和财产保险服务。人身保险服务是指以人的寿命和身体为保险标的的保险业务活动；财产保险服务是指以财产及其有关利益为保险标的的保险业务活动。

（4）金融商品转让。金融商品转让是指转让外汇、有价证券、非货物期货和其他金融商品所有权的业务活动；其他金融商品转让包括基金、信托、理财产品等各类资产管理产品和各种金融衍生品的转让；纳税人购入基金、信托、理财产品等各类资产管理产品持有至到期，不属于金融商品转让。

6. 现代服务

现代服务是指围绕制造业、文化产业、现代物流产业等提供技术性、知识性服务的业务活动，包括研发和技术服务、信息技术服务、文化创意服务、物流辅助服务、租赁服务、鉴证咨询服务、广播影视服务、商务辅助服务和其他现代服务。

（1）研发和技术服务。研发和技术服务包括研发服务、合同能源管理服务、工程勘察勘探服务、专业技术服务。

①研发服务也称技术开发服务,是指就新技术、新产品、新工艺或新材料及其系统进行研究与试验开发的业务活动。

②合同能源管理服务是指节能服务公司与用能单位以契约形式约定节能目标,节能服务公司提供必要的服务,用能单位以节能效果支付节能服务公司投入及其合理报酬的业务活动。

③工程勘察勘探服务是指在采矿、工程施工前后,对地形、地质构造、地下资源蕴藏情况进行实地调查的业务活动。

④专业技术服务是指气象服务、地震服务、海洋服务、测绘服务、城市规划、环境与生态监测服务等专项技术服务。

(2) 信息技术服务。信息技术服务是指利用计算机、通信网络等技术对信息进行生产、收集、处理、加工、存储、运输、检索和利用,并提供信息服务的业务活动,包括软件服务、电路设计及测试服务、信息系统服务、业务流程管理服务和信息系统增值服务。

①软件服务是指提供软件开发服务、软件维护服务、软件测试服务的业务行为。

②电路设计及测试服务是指提供集成电路和电子电路产品设计、测试及相关技术支持服务的业务行为。

③信息系统服务是指提供信息系统集成、网络管理、桌面管理与维护、信息系统应用、基础信息技术管理平台整合、信息技术基础设施管理、数据中心、托管中心、信息安全服务、在线杀毒、虚拟主机等业务行为,包括网站对非自有的网络游戏提供的网络运营服务。

根据国家税务总局公告2015年第90号(《关于营业税改征增值税试点期间有关增值税问题的公告》)的规定,自2016年2月1日起,纳税人通过蜂窝数字移动通信用塔(杆)及配套设施,为电信企业提供的基站天线、馈线及设备环境控制、动环监控、防雷消防、运行维护等塔类站址管理业务,按照"信息技术基础设施管理服务"缴纳增值税。

④业务流程管理服务是指依托计算机信息技术提供的人力资源管理、财务经济管理、审计管理、税务管理、物流信息管理、经营信息管理和呼叫中心等服务的活动。

⑤信息系统增值服务是指利用信息系统资源为用户附加提供的信息技术服务,包括数据处理、分析和整合、数据库管理、数据备份、数据存储、容灾服务、电子商务平台等。

(3) 文化创意服务。文化创意服务,包括设计服务、知识产权服务、广告服务和会议展览服务。

①设计服务是指把计划、规划、设想通过视觉、文字等形式传递出来的业务活动,包括工业设计、造型设计、服装设计、环境设计、平面设计、包装设计、动漫设计、网游设计展示设计、网站设计、机械设计、工程设计、广告设计、创意策划、文印晒图等。

②知识产权服务是指处理知识产权事务的业务活动,包括对专利、商标、著作权、软件、集成电路布图设计的登记、鉴定、评估、认证、检索服务。

③广告服务是指利用图书、报纸、杂志、广播、电视、电影、幻灯、路牌、招贴、橱窗、霓虹灯、灯箱、互联网等各种形式为客户的商品、经营服务项目、文体节目或通告、声

明等委托事项进行宣传和提供相关服务的业务活动,包括广告代理和广告的发布、播映、宣传、展示等。

④会议展览服务是指为商品流通、促销、展示、经贸洽谈、民间交流、企业沟通、国际往来等举办或组织安排的各类展览和会议的业务活动。

宾馆、旅馆、旅社、度假村和其他经营性住宿场所提供会议场地及配套服务的活动,按照"会议展览服务"缴纳增值税。

(4) 物流辅助服务。物流辅助服务,包括航空服务、港口码头服务、货运客运场站服务、打捞救助服务、装卸搬运服务、仓储服务和收派服务。

①航空服务,包括航空地面服务和通用航空服务。航空地面服务是指航空公司、飞机场、民航管理局、航站等向在境内航行或在境内机场停留的境内外飞机或其他飞行器提供的导航等劳务性地面服务的业务活动,包括旅客安全检查服务、停机坪管理服务、机场候机厅管理服务、飞机清洗消毒服务、空中飞行管理服务、飞机起降服务、飞机通信服务、地面信号服务、飞机安全服务、飞机跑道管理服务、空中交通管理服务等;通用航空服务是指为专业工作提供飞行服务的业务活动,包括航空摄影、航空培训、航空测量、航空勘探、航空护林、航空吊挂播撒、航空降雨、航空气象探测、航空海洋监测、航空科学实验等。

②港口码头服务是指港务船舶调度服务、船舶通信服务、航道管理服务、航道疏浚服务、灯塔管理服务、航标管理服务、船舶引航服务、理货服务、系解缆服务、停泊和移泊服务、海上船舶溢油清除服务、水上交通管理服务、船只专业清洗消毒检测服务和防止船只漏油服务等为船只提供服务的业务活动。

港口设施经营人收取的港口设施保安费按照"港口码头服务"征收增值税。

③货运客运场站服务是指货运客运场站提供的货物配载服务、运输组织服务、中转换乘服务、车辆调度服务、票务服务、货物打包整理、铁路线路使用服务、加挂铁路客车服务、铁路行包专列发送服务、铁路到达和中转服务、铁路车辆编解服务、车辆挂运服务、铁路接触网服务、铁路机车牵引服务等业务活动。

④打捞救助服务是指提供船舶人员救助、船舶财产救助、水上救助和沉船沉物打捞服务的业务活动。

⑤装卸搬运服务是指使用装卸搬运工具或人力、畜力将货物在运输工具之间、装卸现场之间或者运输工具与装卸场之间进行装卸和搬运的业务活动。

⑥仓储服务是指利用仓库、货场或其他场所所代客贮放、保管货物的业务活动。

⑦收派服务是指接受寄件人委托,在承诺的时限内完成函件和包裹的收件、分拣、派送服务的业务活动。收件服务是指寄件人收取函件和包裹,并运送到服务提供方同城的集散中心的业务活动;分拣服务是指服务提供方在其集散中心对函件和包裹进行归类、分发的业务活动;派送服务是指服务提供方从其集散中心将函件和包裹送达同城的收件人的业务活动。

(5) 租赁服务。租赁服务包括融资租赁服务和经营性租赁服务。

①融资租赁服务是指具有融资性质和所有权转移特点的租赁业务活动。出租人根据承租

人所要求的规格、型号、性能等条件购入有形动产或不动产租赁给承租人,合同期内设备所有权属于出租人,承租人只拥有使用权,合同期满付清租金后,承租人有权按照残值购入租赁物,以拥有其所有权。不论出租人是否将租赁物残值销售给承租人,均属于融资租赁。按照标的物的不同,融资租赁服务可分为有形动产融资租赁服务和不动产融资租赁服务。融资性售后回租不按照本税目缴纳增值税。

②经营性租赁服务是指在约定时间内将有形动产或不动产转让他人使用且租赁物所有权不变更的业务活动。按照标的物的不同,经营租赁服务可分为有形动产经营租赁服务和不动产经营租赁服务。

将建筑物、构筑物等不动产或飞机、车辆等有形动产的广告位出租给其他单位或个人用于发放广告,按照"租赁服务"缴纳增值税。

车辆停放服务、道路通行服务(包括过路费、过桥费、过闸费等)按照不动产经营租赁服务缴纳增值税。

水路运输的光租业务、航空运输的干租业务,属于经营性租赁。光租业务是指远洋运输企业将船舶在约定的时间内出租给他人使用,不配备操作人员,不承担运输过程中发生的各项费用,只收取固定租赁费的业务活动;干租业务是指航空运输企业将飞机在约定的时间内出租给他人使用,不配备机组人员,不承担运输过程中发生的各项费用,只收取固定租赁费的业务活动。

(6) 鉴证咨询服务。鉴证咨询服务包括认证服务、鉴证服务和咨询服务。

①认证服务是指具有专业资质的单位利用检测、检验、计量等技术,证明产品、服务、管理体系符合相关技术规范、相关技术规范的强制性要求或标准的业务活动。

②鉴证服务是指具有专业资质的单位受托对相关事项进行鉴证,发表具有证明力的意见的业务活动,包括会计鉴证、税务鉴证、法律鉴证、职业技能鉴定、工程造价鉴证、工程监理、资产评估、环境评估、房地产土地评估、建筑图纸审核、医疗事故鉴定等。

③咨询服务是指提供信息、建议、策划、顾问等服务的活动,包括金融、软件、技术、财务、税收、法律、内部管理、业务运作、流程管理、健康等方面的咨询。

翻译服务和市场调查服务按照"咨询服务"缴纳增值税。

(7) 广播影视服务。广播影视服务包括广播影视节目(作品)的制作服务、发行服务和播映(含放映,下同)服务。

①广播影视节目(作品)制作服务是指进行专题(特别节目)、专栏、综艺、体育、动画片、广播剧、电视剧、电影等广播影视节目和作品制作的服务。具体包括与广播影视节目和作品相关的策划、采编、拍摄、录音、音视频文字图片素材制作、场景布置、后期的剪辑、翻译(编译)、字幕制作、片头制作、片尾制作、片花制作、特效制作、影片修复、编目和确权等业务活动。

②广播影视节目(作品)发行服务是指以分账、买断、委托、代理等方式,向影院、电台、电视台、网站等单位和个人发行广播影视节目(作品)以及转让体育赛事等活动的

报道及播映权的业务活动。

③广播影视节目（作品）播映服务是指在影院、剧院、录像厅及其他场所播映广播影视节目（作品），以及通过电台、电视台、卫星通信、互联网、有线电视等无线或有线装置播映广播影视节目（作品）的业务活动。

(8) 商务辅助服务。商务辅助服务包括企业管理服务、经纪代理服务、人力资源服务、安全保护服务。

①企业管理服务是指提供总部管理、投资与资产管理、市场管理、物业管理、日常综合管理等服务的业务活动。

②经纪代理服务是指各类经纪、中介、代理服务，包括金融代理、知识产权代理、货物运输代理、代理报关、法律代理、房地产中介、职业中介、婚姻中介、代理记账、拍卖等。

货物运输代理服务是指接受货物收货人、发货人、船舶所有人、船舶承租人或船舶经营人的委托，以委托人的名义，为委托人办理货物运输、装卸、仓储和船舶进出港口、引航、靠泊等相关手续的业务活动。

代理报关服务是指接受进出口货物的收货人、发货人委托，代为办理报关手续的业务活动。

③人力资源服务是指提供公共就业、劳务派遣、人才委托招聘、劳动力外包等服务的业务活动。

④安全保护服务是指提供保护人身安全和财产安全，维护社会治安等的业务活动，包括场所住宅保安、特种保安、安全系统监控以及其他安保服务。

纳税人提供武装守护押运服务，按照"安全保护服务"缴纳增值税。

(9) 其他现代服务。其他现代服务是指除研发和技术服务、信息技术服务、文化创意服务、物流辅助服务、租赁服务、鉴证咨询服务、广播影视服务和商务辅助服务以外的现代服务。

纳税人对安装运行后的电梯提供的维护保养服务，按照"其他现代服务"缴纳增值税。

7. 生活服务

生活服务是指为满足城乡居民日常生活需求提供的各类服务活动，包括文化体育服务、教育医疗服务、旅游娱乐服务、餐饮住宿服务、居民日常服务和其他生活服务。

(1) 文化体育服务。文化体育服务包括文化服务和体育服务。

①文化服务是指为满足社会公众文化生活需求提供的各种服务，包括文艺创作、文艺表演、文化比赛，图书馆的图书和资料借阅，档案馆的档案管理，文物及非物质遗产保护，组织举办宗教活动、科技活动、文化活动，提供游览场所。

②体育服务是指组织举办体育比赛、体育表演、体育活动，以及提供体育训练、体育指导、体育管理的业务活动。

纳税人在游览场所经营索道、摆渡车、电瓶车、游船等取得的收入，按照"文化体育服务"缴纳增值税。

(2) 教育医疗服务。教育医疗服务包括教育服务和医疗服务。

①教育服务是指提供学历教育服务、非学历教育服务、教育辅助服务的业务活动。学历教育服务是指根据教育行政管理部门确定或认可的招生和教学计划组织教学，并颁发相应学历证书的业务活动，包括初中教育、初级中等教育、高等中级教育、高等教育等；非学历教育服务包括学前教育、各类培训、演讲、讲座、报告会等；教育辅助服务包括教育测评、考试、招生等服务。

②医疗服务是指提供医学检查、诊断、治疗康复、预防、保健、接生、计划生育、防疫服务等方面的服务，以及与这些服务有关的提供药品、医用材料器具、救护车、病房住宿和伙食的业务。

(3) 旅游娱乐服务。旅游娱乐服务包括旅游服务和娱乐服务。

①旅游服务是指根据旅游者的要求，组织安排交通、游览、住宿、餐饮、购物、文娱、商务等服务的业务活动。

②娱乐服务是指为娱乐活动同时提供场所和服务的业务。具体包括：歌厅、舞厅、夜总会、酒吧、台球、高尔夫球、保龄球、游艺（包括射击、狩猎、跑马、游戏机、蹦极、卡丁车、热气球、动力伞、射箭、飞镖）。

(4) 餐饮住宿服务。餐饮住宿服务包括餐饮服务和住宿服务。

①餐饮服务是指通过同时提供饮食和饮食场所的方式为消费者提供饮食消费服务的业务活动。提供餐饮服务的纳税人销售的外卖食品，按照"餐饮服务"缴纳增值税。

②住宿服务是指提供住宿场所及配套服务等的活动，包括宾馆、旅馆、旅社、度假村和其他经营性住宿场所提供的住宿服务。纳税人以长（短）租形式出租酒店式公寓并提供配套服务的，按照"住宿服务"缴纳增值税。

(5) 居民日常服务。居民日常服务是指主要为满足居民个人及其家庭日常生活需求提供的服务，包括市容市政管理、家政、婚庆、养老、殡葬、照料和护理、救助救济、美容美发、按摩、桑拿、氧吧、足疗、沐浴、洗染、摄影扩印等服务。

(6) 其他生活服务。其他生活服务是指除文化体育服务、教育医疗服务、旅游娱乐服务、餐饮住宿服务和居民日常服务之外的生活服务。

二、销售无形资产

销售无形资产是指转让无形资产所有权或者使用权的业务活动。

无形资产是指不具实物形态，但能带来经济利益的资产，包括技术、商标、著作权、商誉、自然资源使用权和其他权益性无形资产。

技术包括专利技术和非专利技术；自然资源使用权，包括土地使用权、海域使用权、探矿权、采矿权、取水权和其他自然资源使用权；其他权益性无形资产，包括基础设施资产经营权、公共事业特许权、配额、经营权（包括特许经营权、连锁经营权、其他经营权）、经销权、分销权、代理权、会员权、席位权、网络游戏虚拟道具、域名、名称权、肖像权、冠名权、转会费等。

三、销售不动产

销售不动产是指转让不动产所有权的业务活动。

不动产是指不能移动或者移动后会引起性质、形状改变的财产，包括建筑物、构筑物等。

建筑物包括住宅、商业营业用房、办公楼等可供居住、工作或者进行其他活动的建造物，构筑物包括道路、桥梁、隧道、水坝等建造物。

转让建筑物有限产权或者永久使用权的，转让在建的建筑物或者构筑物所有权的，以及在转让建筑物或者构筑物时一并转让其所占土地的使用权的，按照"销售不动产"缴纳增值税。

（二）征税范围的特殊规定

1. 视同销售行为

单位或者个体工商户的下列行为，视同销售货物或提供应税服务行为。

（1）将货物交付其他单位或者个人代销；

（2）销售代销货物；

（3）设有两个以上机构并实行统一核算的纳税人，将货物从一个机构移送其他机构用于销售，但相关机构设在同一县（市）的除外；

（4）将自产、委托加工的货物用于集体福利或者个人消费；

（5）将自产、委托加工或者购进的货物作为投资，提供给其他单位或者个体工商户；

（6）将自产、委托加工或者购进的货物分配给股东或者投资者；

（7）将自产、委托加工或者购进的货物无偿赠送给其他单位或者个人；

（8）下列情形属于视同销售服务、无形资产或者不动产，缴纳增值税。

①单位或者个体工商户向其他单位或者个人无偿提供服务，但用于公益事业或者以社会公众为对象的除外；

②单位或者个体工商户向其他单位或者个人无偿转让无形资产或者不动产，但用于公益事业或者以社会公众为对象的除外。

③财政部和国家税务总局规定的其他情形。

2. 兼营

纳税人兼营销售货物，提供劳务、服务，转让无形资产和不动产，适用不同税率或征收率的，应当分别核算适用不同税率或征收率的销售额，未分别核算销售额的，按以下原则适用税率或征收率。

（1）兼有不同税率的销售货物，提供劳务、服务，转让无形资产和不动产，从高适用税率。

（2）兼有不同征收率的销售货物，提供劳务、服务，转让无形资产和不动产，从高适用征收率。

（3）兼有不同税率和征收率的销售货物，提供劳务、服务，转让无形资产和不动产，从高适用税率。

（4）纳税人兼营免税、减税项目的，应当分别核算免税、减税项目的销售额；未分别核算的，不得免税、减税。

3. 混合销售

一项销售行为如果既涉及服务又涉及货物，为混合销售。从事货物的生产、批发或者零售的单位和个体工商户的混合销售行为，按照销售货物缴纳增值税；其他单位和个体工商户的混合销售行为，按照销售服务缴纳增值税。

4. 混合销售与兼营的异同点及其税务处理的规定

混合销售和兼营行为，两者有相同的方面，又有各自的特点和税务处理规定，具体如表2-1所示。

表 2-1 混合销售和兼营行为的比较

比较	经营行为	
	混合销售	兼营行为
相同点	都有销售货物、销售服务这两类经营项目	
不同点	同一项销售行为中存在着两类经营项目的混合，销售货款及劳务价款是同时从一个购买方取得的	同一纳税人的经营活动中存在着两类经营项目，但这两类经营项目不是在同一项销售行为中发生
税务处理	按"经营业主"划分，按照"销售货物"或"销售服务"征收增值税	分别核算的，分别按照适用税率征收增值税；未分别核算的，从高适用税率征收增值税

【例 2-1】下列行为中，属于增值税征收范围的有（   ）。

A. 甲公司将房屋与乙公司土地交换

B. 丙银行将房屋出租给丁饭店，而丁饭店长期不付租金，后经双方协商，由银行在饭店就餐抵账

C. 戊房地产开发企业委托己建筑工程公司建造房屋，双方在结算价款时，戊房地产企业将若干套房屋给己建筑工程公司冲抵工程款

D. 庚运输公司与辛汽车修理公司商订，庚运输公司为辛汽车修理公司免费提供运输服务，辛汽车修理公司为其免费提供汽车维修作为回报

二、增值税的纳税义务人及其分类

（一）增值税的纳税人

增值税的纳税人是指在中华人民共和国境内销售或者进口货物，销售服务、无形资产或者不动产的单位和个人。单位是指企业、行政单位、事业单位、军事单位、社会团体及其他单位。个人是指个体工商户和其他个人。

单位以承包、承租、挂靠方式经营的，承包人、承租人、挂靠人以发包人、出租人、被挂靠人名义对外经营并由发包人承担相关法律责任的，以该发包人为纳税人。否则，以承包人为纳税人。

中华人民共和国境外单位或者个人在境内发生应税行为，在境内未设有经营机构的，以购买方为增值税扣缴义务人。财政部和国家税务总局另有规定的除外。

（二）增值税纳税人的分类

《增值税暂行条例》将纳税人按其经营规模大小及会计核算健全与否划分为一般纳税人与小规模纳税人。衡量企业经营规模的大小一般以年应税销售额为依据。年应税销售额是指纳税人在连续不超过12个月的经营期内累计应征增值税销售额，包括免税销售额。会计核算不健全是指不能正确核算增值税的销项税额、进项税额和应纳税额。应税行为的年应征增值税销售额（以下称应税销售额）超过财政部和国家税务总局规定标准的纳税人为一般纳税人，未超过规定标准的纳税人为小规模纳税人。

1. 一般纳税人

一般纳税人是指年应税销售额超过财政部、国家税务总局规定的小规模纳税人标准的企业和企业性单位。

一般纳税人的认定标准如下。

（1）从事货物生产或者提供应税劳务的纳税人，以及以从事货物生产或者提供应税劳务为主，并兼营货物批发或者零售的纳税人，年应税销售额在500万元以上的。

（2）从事货物批发或零售的纳税人，年应税销售额在500万元以上的。

（3）应税服务的年应征增值税销售额超过500万元的。

（4）年应税销售额未超过规定标准的纳税人，会计核算健全，能够提供准确税务资料的，可以向主管税务机关办理一般纳税人资格登记，成为一般纳税人。会计核算健全是指能够按照国家统一的会计制度规定设置账簿，根据合法、有效凭证核算。

2. 小规模纳税人

小规模纳税人是指年应税销售额在规定标准以下，并且会计核算不健全，不能按规定报送有关税务资料的增值税纳税人。

小规模纳税人的认定标准如下。

（1）从事货物生产或者提供应税劳务的纳税人，以及以从事货物生产或者提供应税劳务为主，并兼营货物批发或者零售的纳税人，年应税销售额在500万元以下（含500万）

的。以从事货物生产或者提供应税劳务为主是指纳税人的年货物生产或者提供应税劳务的销售额占年应税销售额的比重在50%以上。

（2）上述规定以外的纳税人，年应税销售额在500万元以下（含500万）的。

（3）年应税销售额超过小规模纳税人标准的其他个人（指除个体经营者以外的其他个人，即自然人），按小规模纳税人纳税。

（4）非企业性单位、不经常发生应税行为的企业可选择按小规模纳税人纳税。不经常提供应税服务的非企业性单位、企业和个体工商户可选择按照小规模纳税人纳税。年应税销售额超过规定标准但不经常发生应税行为的单位和个体工商户可选择按照小规模纳税人纳税。

非企业性单位，是指行政单位、事业单位、军事单位、社会团体和其他单位；不经常发生应税行为的企业，是指非增值税纳税人；不经常发生应税行为，是指其偶然发生增值税应税行为。

（5）应税服务的年应税销售额未超过500万元的。

小规模纳税人和一般纳税人的认定标准如表2-2所示。

表2-2　小规模纳税人和一般纳税人的认定标准

纳税人	认定标准	
	一般标准	特殊规定
小规模纳税人	2018年5月1日起，从事货物生产、批发、零售、提供加工、修理修配劳务，以及销售服务、无形资产、不动产的纳税人，年应税销售额标准在500万元（含）以下的	年应税销售额超过小规模纳税人标准的其他个人，按小规模纳税人纳税；年应税销售额超过规定标准但不经常发生应税行为的单位和个体工商户，以及非企业性单位、不经常发生应税行为的企业，可选择按照小规模纳税人纳税
一般纳税人	年应税销售额超过小规模纳税人标准，或者会计核算健全，能够提供准确税务资料的企业和企业型单位，均为一般纳税人	
	年应税销售额未超过标准的，从事货物生产或提供劳务的小规模企业和企业型单位，会计核算健全，并能按规定报送有关税务资料的，经企业申请，主管税务机关批准，可将其认定为一般纳税人	

三、税率和征收率

（一）税率

1. 基本税率

纳税人销售或进口货物、提供应税劳务、有形动产租赁服务，除适用低税率和零税率适用范围外,税率一律为13%,这就是通常所说的基本税率。

2. 9%低税率

纳税人销售交通运输、邮政、基础电信、建筑、不动产租赁服务,销售不动产,转让土地使用权,销售或进口下列货物,税率为9%:

(1) 粮食等农产品、食用植物油、食用盐。

(2) 自来水、暖气、冷气、热水、煤气、石油液化气、天然气、沼气、居民用煤炭制品。

(3) 图书、报纸、杂志、音像制品、电子出版物。

(4) 饲料、化肥、农药、农机、农膜。

(5) 国务院及其有关部门规定的其他货物:二甲醚;密集型烤房设备、频振式杀虫灯、自动虫情测报灯、粘虫板、卷帘机;农用挖掘机、养鸡设备系列、养猪设备系列产品;动物骨粒。

3. 6%低税率

提供金融保险服务,提供现代服务业服务(租赁服务除外),增值电信服务,生活服务,销售无形资产(转让土地使用权除外)。

4. 出口零税率

纳税人出口货物税率为零,国务院另有规定的除外。

5. 服务、无形资产等零税率

根据"营改增"相关规定,中华人民共和国境内的单位和个人销售的下列服务和无形资产,适用增值税零税率。

(1) 国际运输服务。

(2) 航天运输服务。

(3) 向境外单位提供的完全在境外消费的下列服务:研发服务、合同能源管理服务、设计服务、广播影视节目(作品)的制作和发行服务、软件服务、电路设计及测试服务、信息系统服务、业务流程管理服务、离岸服务外包业务、转让技术等。

(4) 财政部和国家税务总局规定的其他服务。

一般纳税人的增值税税率表如表2-3所示。

表2-3 一般纳税人增值税税率表

应税行为	具体范围	税率
销售或进口货物、提供加工、修理修配劳务		13%
粮食等农产品、食用植物油、食用盐		9%
自来水、暖气、冷气、热水、煤气、石油液化气、天然气、沼气、居民煤炭制品		
图书、报纸、杂志、音像制品、电子出版物		
饲料、化肥、农药、农机、农膜		
国务院及其有关部门规定的其他货物		

续表

应税行为	具体范围	税率
交通运输服务	陆路运输服务	9%
	水路运输服务	
	航空运输服务	
	管道运输服务	
邮政服务	邮政普遍服务	9%
	邮政特殊服务	
	其他邮政服务	
电信服务	基础电信服务	9%
	增值电信服务	6%
建筑服务	工程服务	9%
	安装服务	
	修缮服务	
	装饰服务	
	其他建筑服务	
金融服务	贷款服务	6%
	直接收费金融服务	
	保险服务	
	金融商品转让服务	
现代服务	研发和技术服务	6%
	信息技术服务	
	文化创意服务	
	物流辅助服务	
	有形动产租赁服务	13%
	不动产租赁服务	9%
	鉴证咨询服务	6%
	广播影视服务	
	商务辅助服务	
	其他现代服务	

续表

应税行为	具体范围	税率
生活服务	文化体育服务	6%
	教育医疗服务	
	旅游娱乐服务	
	餐饮住宿服务	
	居民日常服务	
	其他生活服务	
销售无形资产	技术（专利和非专利技术）	6%
	商标	
	著作权	
	商誉	
	其他权益性无形资产	
	海域使用权、探矿权、采矿权、取水权、其他自然资源使用权	
	土地使用权	9%
销售不动产	包括建筑物和构筑物	9%

（二）征收率

增值税征收率是指对特定的货物或特定的纳税人发生应税销售行为在某一生产流通环节应纳税额与销售额的比率。增值税征收率适用于两种情况，一是小规模纳税人，二是一般纳税人发生应税销售行为按规定可以选择简易计税方法计税的。

1. 小规模纳税人适用的征收率

不同的小规模纳税人应税行为，适用不同的征收率。

（1）销售货物、加工修理修配劳务、服务、无形资产的征收率为3%；

（2）销售自己使用过的固定资产，按照3%征收率减按2%的征收率征收增值税；销售自己使用过的除固定资产以外的物品，应按3%的征收率征收增值税；

（3）销售旧货，按照3%征收率减按2%征收增值税；

（4）销售不动产、出租不动产，适用5%征收率。

2. 一般纳税人适用的征收率

除了小规模纳税人适用征收率外，对于一些特殊情况，增值税一般纳税人也适用简易计税方法按照征收率计税缴纳增值税。

（1）一般纳税人生产销售的特定货物和应税服务，可以选择适用简易计税方法计税，增值税征收率为3%。

(2)房地产开发企业的一般纳税人销售自行开发的房地产老项目,选择适用简易计税方法,征收率为5%。

(3)一般纳税人销售不动产,选择适用简易计税方法,征收率为5%;

(4)一般纳税人出租其2016年4月30日前取得的不动产,选择按简易方法计税,征收率为5%。

(5)一般纳税人销售自己使用过的固定资产和物品。

①销售2009年1月1日前购进的固定资产,按照简易办法3%征收率减按2%征税。如果销售2009年1月1日后购进,且抵扣过进项税额的固定资产,按适用税率13%征税。

②销售2009年1月1日后购进,属于按规定不得抵扣且未抵扣进项税额的固定资产,按照简易办法3%征收率减按2%征税。

③如果销售自己使用过除固定资产外的其他物品,按适用税率13%征税。

第三节 增值税应纳税额的计算

增值税应纳税额的计税方法有一般计税方法和简易计税方法两种基本方法。一般纳税人发生应税行为适用一般计税方法计税。一般纳税人发生财政部和国家税务总局规定的特定应税行为,可以选择适用简易计税方法计税,但一经选择,36个月内不得变更。小规模纳税人发生应税行为适用简易计税方法计税。

一、一般计税方法

一般计税方法的应纳税额,是指当期销项税额抵扣当期进项税额后的余额。应纳税额计算公式为:

$$应纳税额=当期销项税额-当期进项税额$$

当期销项税额小于当期进项税额、不足以抵扣时,其不足部分可以结转下期继续抵扣。

(一)销项税额的计算

销项税额是指纳税人发生应税行为按照销售额和增值税税率计算并收取的增值税额。销项税额的计算公式为:

$$销项税额=销售额\times 适用税率$$

1. 一般销售方式下的销售额

销售额是指纳税人发生应税行为向购买方收取的全部价款和价外费用,但是不包括收取的销项税额。

价外费用,包括价外向购买方收取的手续费、补贴、基金、集资费、返还利润、奖励费、违约金、滞纳金、延期付款利息、赔偿金、代收款项、代垫款项、包装费、包装物租金、储备费、运输装卸费以及其他各种性质的价外收费。但下列项目不包括在内。

(1)受托加工应征消费税的消费品所代收代缴的消费税。

（2）承运部门的运输费用发票开具给购买方且纳税人将该项发票转交给购买方的代垫运输费用。

（3）同时符合以下条件代为收取的政府性基金或者行政事业性收费：①国务院或者财政部批准设立的政府性基金，由国务院或者省级人民政府及其财政、价格主管部门批准设立的行政事业性收费；②收取时开具省级以上财政部门印制的财政票据；③所收款项全额上缴财政。

（4）销售货物的同时代办保险等而向购买方收取的保险费，以及向购买方收取的代购买方缴纳的车辆购置税、车辆牌照费。

凡随同销售货物或提供应税劳务向购买方收取的价外费用，无论其会计如何核算，均应并入销售额计算应纳税额。

2. 特殊销售方式下的销售额

（1）折扣销售。

折扣销售又称商业折扣，是指销货方在销售货物或提供应税劳务和应税服务时，因购货方购货数量较大等而给予购货方价格优惠的一种销售方式。

折扣销售一般从销售价格中直接折算，即购买方所付的价款和销售方所收的货款，都是按打折以后的实际售价来计算的。

对于折扣销售，应作如下处理：销售额和折扣额在同一张发票上分别注明的，可按冲减折扣额后的销售额征收增值税；未在同一张发票上分别注明的，以价款为销售额，不得扣减折扣额。

折扣销售不同于销售折扣。销售折扣又称现金折扣，是指销售方为鼓励买方在一定期限内早日付款，而给予的一种折让优惠。这实际上是一种融资性质的理财费用，不得从销售额中扣除。

（2）以旧换新销售。以旧换新销售是指纳税人在销售过程中，折价收回同类旧货物，并以折价款部分冲减货物价款的一种销售方式。

纳税人采取以旧换新方式销售货物，应按新货物的同期销售价格确定销售额（不得扣减旧货的收购价格）。但税法规定，对金银首饰以旧换新业务，可以按照销售方实际收取的不含增值税的全部价款征收增值税。

（3）还本销售。还本销售是指销货方将货物出售之后，按约定的时间，一次或分次将购货款部分或全部退还给购货方，退还的货款即为还本支出的一种销售方式。纳税人采取还本方式销售货物的，其销售额是同期货物的销售价格，不得从销售额中减除还本支出。

（4）以物易物方式销售。

以物易物是指购销双方不是以货币结算，而是以同等价款的货物相互结算，实现货物购销的一种方式。以物易物是一种较为特殊的购销活动，双方都应作购销处理，以各自发出的货物核算销售额并计算销项税额，以各自收到的货物按规定核算购货额并计算进项税额。

(5) 包装物押金的处理。

纳税人销售货物时，为使购货方及早退回包装物以便周转使用，会在收取销售货款的同时另外收取包装物押金。

税法规定，纳税人为销售货物而出租出借包装物收取的押金，单独记账核算的，时间在1年以内，又未过期的，不并入销售额征税，但对因逾期未收回包装物不再退还的押金，应按所包装货物适用税率计算销项税额。

"逾期"是指按合同约定实际逾期或以1年为限，对收取1年以上的押金，无论是否退还均并入销售额征税。在将包装物押金并入销售额征税时，需要先将该押金换算为不含税金额。

对销售除啤酒、黄酒外的其他酒类产品而收取的包装物押金，无论是否返还以及会计如何核算，均应并入当期销售额征税，按上述一般押金规定处理。另外，包装物押金不应混同于包装物租金，包装物租金在销货时作为价外费用并入销售额计算销项税额。

(6) 核定销售额的基本方法。

纳税人发生应税行为价格明显偏低或者偏高且不具有合理商业目的的，或者有视同销售行为而无销售额者，由主管税务机关按下列顺序确定销售额。

①按纳税人最近时期销售同类货物、服务、无形资产或者不动产的平均价格确定；
②按其他纳税人最近时期销售同类货物、服务、无形资产或者不动产的平均价格确定；
③按照组成计税价格确定。组成计税价格的公式为：

$$组成计税价格 = 成本 \times (1+成本利润率)$$

属于应征消费税的货物，其组成计税价格中应加计消费税额。其计算公式为：

$$组成计税价格 = 成本 \times (1+成本利润率) + 消费税税额$$

$$组成计税价格 = 成本 \times (1+成本利润率) \div (1-消费税税率)$$

式中，成本具体是指：销售自产货物的为实际生产成本，销售外购货物的为实际采购成本；成本利润率由国家税务总局确定，但属于应从价定率征收消费税的货物，其成本利润率为《消费税若干具体问题的规定》中规定的成本利润率。

(7) 销售已使用过的固定资产的税务处理。

①销售已使用过的固定资产（动产）的税务处理。自2009年1月1日起，增值税一般纳税人销售自己使用过的固定资产（动产），应区分不同情形征收增值税：销售自己使用过的2009年1月1日以后购进或自制的固定资产（动产），按照适用税率征收增值税；2008年12月31日以前未纳入扩大增值税抵扣范围试点的纳税人，销售自己使用过的2008年12月31日以前购进或自制的固定资产（动产），按照3%的征收率减按2%征收增值税；2008年12月31日以前未纳入扩大增值税抵扣范围试点的纳税人，销售自己使用过的在本地区扩大增值税抵扣范围试点以前购进或自制的固定资产（动产），按照3%的征收率减按2%征收增值税；对于纳税人发生的固定资产（动产）视同销售行为，对已使用过的固定资产（动产）无法确定销售额的，以固定资产（动产）净值为销售额。

按照"营改增"规定认定的一般纳税人,销售自己使用过的本地区试点实施之日(含)以后购进或自制的固定资产(动产),按照适用税率征收增值税;销售自己使用过的本地区试点实施之日以前购进或自制的固定资产(动产),按照3%的征收率减按2%征收增值税。

②销售已使用过的固定资产(不动产)的税务处理。

(8)转让不动产的征收管理。

一般纳税人转让其直接购买、接受捐赠、接受投资入股、自建以及抵债等各种形式取得的不动产,按照以下规定缴纳增值税。

①一般纳税人转让其2016年4月30日前取得(不含自建)的不动产,可以选择适用简易计税方法计税,以取得的全部价款和价外费用扣除不动产购置原价或取得不动产时的作价后的余额为销售额,按照5%的征收率计算应纳税额。

②一般纳税人转让其2016年4月30日前自建的不动产,可以选择适用简易计税方法计税,以取得的全部价款和价外费用为销售额,按照5%的征收率计算应纳税额。

③一般纳税人转让其2016年4月30日前取得(不含自建)的不动产,选择适用一般计税方法计税的,以取得的全部价款和价外费用为销售额计算应纳税额。

④一般纳税人转让其2016年4月30日前自建的不动产,选择适用一般计税方法计税的,以取得的全部价款和价外费用为销售额计算应纳税额。

⑤一般纳税人转让其2016年5月1日后取得(不含自建)的不动产,适用一般计税方法,以取得的全部价款和价外费用为销售额计算应纳税额。

⑥一般纳税人转让其2016年5月1日后自建的不动产,适用一般计税方法,以取得的全部价款和价外费用为销售额计算应纳税额。

3. 含税销售额的换算

增值税是价外税,计税依据中不含增值税本身的数额。一般纳税人销售货物或提供应税劳务和应税服务取得的含税销售额在计算销项税额时,必须将其换算为不含税的销售额,可按以下公式进行换算:

$$不含税销售额=含税销售额/(1+适用税率)$$

(二)进项税额的计算

进项税额是指纳税人购进货物、加工修理修配劳务、服务、无形资产或者不动产,支付或者负担的增值税额。进项税额与销项税额是一个相对应的概念,在开具增值税专用发票的情况下,销售方收取的销项税额就是购买方支付的进项税额。

1. 准予从销项税额中抵扣的进项税额

(1)从销售方取得的增值税专用发票(含税控机动车销售统一发票,下同)上注明的增值税额。

(2)从海关取得的海关进口增值税专用缴款书上注明的增值税额。

(3)纳税人购进农产品,按下列规定抵扣进项税额。

①购进农产品,除取得增值税专用发票或者海关进口增值税专用缴款书外,按照农产品

收购发票或者销售发票上注明的农产品买价和扣除率计算的进项税额。准予抵扣的进项税额计算公式为：

$$进项税额=买价×扣除率$$

买价，包括纳税人购进农产品在农产品收购发票或者销售发票上注明的价款和按规定缴纳的烟叶税。

②对增值税一般纳税人购进农产品，原适用10%扣除率的，扣除率调整为9%。

③纳税人购进用于生产销售或委托加工13%税率货物的农产品，按照10%的扣除率计算进项税额。

④纳税人购进农产品既用于生产销售或委托受托加工13%税率货物又用于生产销售其他货物服务的，应当分别核算用于生产销售或委托受托加工13%税率货物和其他货物服务的农产品进项税额。未分别核算的，统一以增值税专用发票或海关进口增值税专用缴款书上注明的增值税额为进项税额，或以农产品收购发票或销售发票上注明的农产品买价和扣除率计算进项数额。

（4）增值税一般纳税人取得的小规模纳税人由税务机关代开的增值税专用发票上注明的增值税额。

（5）从境外单位或者个人购进服务、无形资产或者不动产，自税务机关或者扣缴义务人取得的解缴税款的完税凭证上注明的增值税额。

（6）不动产进项税额分期抵扣办法如下。

自2019年4月1日起，纳税人取得不动产或者不动产在建工程的进项税额不再分2年抵扣。此前按照规定尚未抵扣完毕的待抵扣进项税额，可自2019年4月税款所属期起从销项税额中抵扣。

已抵扣进项税额的不动产，发生非正常损失，或改变用途，专用于简易计税方法计税项目、免征增值税项目、集体福利或个人消费的，按下列公式计算不得抵扣的进项税额：

$$不得抵扣的进项税额=（已抵扣进项税额+待抵扣进项税额）×不动产净值率$$

$$不动产净值率=（不动产净值/不动产原值）×100\%$$

不动产在建工程发生非正常损失的，其所耗用的购进货物、设计服务和建筑服务已抵扣的进项税额应于当期全部转出。

按规定不得抵扣进项税额的不动产，发生用途改变，用于允许抵扣进项税额项目的，按下列公式在改变用途的次月计算可抵扣进项税额：

$$可抵扣进项税额=增值税扣税凭证注明或计算的进项税额×不动产净值率$$

（7）自2018年1月1日起，纳税人支付的道路、桥、闸通行费，按照以下规定抵扣进项税额。

①纳税人支付的道路通行费，按照收费公路通行费增值税电子普通发票上注明的增值税额抵扣进项税额。

2018年1月1日至6月30日，纳税人支付的高速公路通行费，如暂未取得收费公路通行费增值税电子普通发票，可凭取得的通行费发票上注明的收费金额可抵扣的进项税额，计算公式如下：

高速公路通行费可抵扣进项税额＝高速公路通行费发票上注明的金额÷（1+3%）×3%

2018年1月1日至12月31日，纳税人支付的一级、二级公路通行费，如暂未取得收费公路通行费增值税电子普通发票，可凭取得的通行费发票上注明的收费金额可抵扣的进项税额，计算公式如下：

一级、二级公路通行费可抵扣进项税额＝发票上注明的金额÷（1+5%）×5%

②纳税人支付的桥、闸通行费，暂凭取得的通行费发票上注明的收费金额可抵扣的进项税额，计算公式如下：

桥、闸通行费可抵扣进项税额＝发票上注明的金额÷（1+5%）×5%

（8）原增值税一般纳税人自用的应征消费税的摩托车、汽车、游艇，其进项税额准予从销项税额中抵扣。

（9）按"营改增"规定不得抵扣且未抵扣进项税额的固定资产、无形资产、不动产，发生用途改变，用于允许抵扣进项税额的应税项目，可在用途改变的次月可以抵扣的进项税额，计算公式如下：

可以抵扣的进项税额＝固定资产、无形资产、不动产净值÷（1+适用税率）×适用税率

（10）自2018年1月1日起，纳税人租入固定资产、不动产，既用于一般计税方法计税项目，又用于简易计税方法计税项目、免征增值税项目、集体福利或个人消费的，其进项税额准予从销项税额中全额抵扣。

2. 不得从销项税额中抵扣的进项税额

（1）扣税凭证不合格。

纳税人取得的增值税扣税凭证不符合法律、行政法规或者国家税务总局有关规定的，其进项税额不得从销项税额中抵扣。

增值税扣税凭证是指增值税专用发票、海关进口增值税专用缴款书、农产品收购发票、农产品销售发票和完税凭证。

（2）用于简易计税方法计税项目、免征增值税项目、集体福利或者个人消费的购进货物、加工修理修配劳务、服务、无形资产和不动产。

（3）非正常损失。

非正常损失是指因管理不善造成货物被盗、丢失、霉烂变质，以及因违反法律法规造成货物或者不动产被依法没收、销毁、拆除的情形。

①非正常损失的购进货物以及相关的加工修理修配劳务和交通运输服务。

②非正常损失的在产品、产成品所耗用的购进货物（不包括固定资产）、加工修理修配劳务和交通运输服务。

③非正常损失的不动产，以及该不动产所耗用的购进货物、设计服务和建筑服务。

④非正常损失的不动产在建工程所耗用的购进货物、设计服务和建筑服务。

(4) 购进的旅客运输服务、贷款服务、餐饮服务、居民日常服务和娱乐服务。

(5) 纳税人接受贷款服务向贷款方支付的与该笔贷款直接相关的投融资顾问费、手续费、咨询费等费用,其进项税额不得从销项税额中抵扣。

(6) 一般纳税人已抵扣进项税额的固定资产、无形资产或不动产,发生不得从销项税额中抵扣进项税额情形的,按照下列公式计算不得抵扣的进项税额:

不得抵扣的进项税额=固定资产、无形资产或不动产净值×适用税率

(7) 适用一般计税方法的纳税人,兼营简易计税方法计税项目、免征增值税项目而无法划分不得抵扣的进项税额,按下列公式计算不得抵扣的进项税额:

不得抵扣的进项税额=当期无法划分的全部进项税额×(当期简易计税方法计税项目销售额+免征增值税项目销售额)÷当期全部销售额

3. 进项税额转出

上述购进资产或接受服务,如果事后改变用途的(如用于集体福利、个人消费或发生非正常损失时),不得抵扣进项税额。如果在购进时已抵扣了进项税额,需要在改变用途当期做进项税额转出处理。

已抵扣进项税额的购进货物(不含固定资产)、劳务、服务,发生规定的进项税额不得抵扣情形(简易计税方法计税项目、免征增值税项目除外)的,应当将该进项税额从当期进项税额中扣减;无法确定该进项税额的,按照当期实际成本计算应扣减的进项税额。

已抵扣进项税额的固定资产、无形资产或者不动产,发生规定的进项税额不得抵扣情形的,按照下列公式计算不得抵扣的进项税额:

不得抵扣的进项税额=固定资产、无形资产或者不动产净值×适用税率

纳税人适用一般计税方法计税的,因销售折让、中止或者退回而退还给购买方的增值税额,应当从当期的销项税额中扣减;因销售折让、中止或者退回而收回的增值税额,应当从当期的进项税额中扣减。

4. 进项税额不足抵扣的处理

如果一般纳税人当期支付的增值税额大于当期收到的增值税额,即当期进项税额大于当期销项税额,出现进项税额不足抵扣的情况,则当期进项税额不足抵扣部分可以结转下期继续抵扣,称之为上月留抵。

5. 销货退回或折让涉及销项税额和进项税额的税务处理

一般纳税人销售货物或提供应税劳务和应税服务,在开具增值税专用发票后,发生销货退回、服务中止或折让、开票有误等情形,应按国家税务总局的规定开具红字增值税发票,将发生的货物退回、服务中止或折让部分的增值税额从当期销项税额中扣减;同时,购进货物因进货退出、服务中止或折让而收回的增值税额,应从发生当期进项税额中扣减。

6. 向供货方取得返还收入的税务处理

自2004年7月1日起,对商业企业向供货方收取的各种返还收入,均应按照平销返利

行为的有关规定冲减当期增值税进项税额。应冲减进项税额的计算公式为：

当期应冲减进项税额＝当期取得的返还资金／（1＋所购货物适用增值税税率）×所购货物适用增值税税率

商业企业向供货方收取的各种返还收入，一律不得开具增值税专用发票。

7. 关于增值税税控系统专用设备和计税维护费用抵减增值税税额的有关政策

（1）增值税纳税人2011年12月1日（含，下同）以后初次购买增值税税控系统专用设备支付的费用，可凭购买增值税税控系统专用设备取得的增值税专用发票，在增值税应纳税额中全额抵减（抵减额为价税合计额），不足抵减的可结转下期继续抵减。增值税纳税人非初次购买增值税税控系统专用设备支付的费用，由其自行负担，不得在增值税应纳税额中抵减。

（2）增值税纳税人2011年12月1日以后缴纳的技术维护费（不含补缴的2011年11月30日以前的技术维护费），可凭技术维护服务单位开具的技术维护费发票，在增值税应纳税额中全额抵减，不足抵减的可结转下期继续抵减。

（3）增值税一般纳税人支付的上述两项费用在增值税应纳税额中全额抵减的，其增值税专用发票不作为增值税抵扣凭证，其进项税额不得从销项税额中抵扣。

（三）应纳税额的计算

一般纳税人发生应税行为，应纳税额为当期销项税额抵扣当期进项税额后的余额。

应纳税额计算公式为：

应纳税额＝当期销项税额－当期进项税额

【例2-2】某生产企业为增值税一般纳税人，2019年10月发生如下经济业务。

（1）销售甲产品给某商场，开具增值税专用发票，取得不含税销售额80万元；同时取得销售甲产品的送货运输费收入5.85万元（含增值税价格，与销售货物不能分别核算）。

（2）销售乙产品，开具增值税普通发票，取得含税销售额29万元。

（3）将自产的一批应税新产品用于本企业集体福利，成本价20万元，该新产品无同类产品市场销售价格，该产品成本利润率为10%。

（4）销售2016年10月购进作为固定资产使用过的进口摩托车5辆，开具增值税专用发票，注明每辆取得销售额1万元。

（5）购进货物取得增值税专用发票，注明货款金额60万元、税额7.8万元；另外支付购货运输费用6万元，取得运输公司开具的增值税专用发票，注明税额0.54万元。

（6）从农产品经营者（小规模纳税人）购进农产品一批（不适用进项税额核定扣除办法）作为生产货物的原材料，取得增值税专用发票上注明的金额为30万元，税额为3.9万元，同时支付给运输单位运费5万元（不含增值税），取得运输部门开具的增值税专用发票，税额0.45万元。本月下旬将购进的农产品的20%用于本企业职工福利。

（7）当月租入商用楼房一层，取得增值税专用发票上注明税额5.8万元。该楼房1/3用于工会的集体福利，其余为企业管理部门使用。

(8) 上述业务涉及的相关票据均已通过主管税务机关比对认证。

计算该企业10月应缴纳的增值税税额。

【解析】

(1) 销售甲产品的销项税额=80×13%+5.85÷(1+9%)×9%=10.88(万元)

(2) 销售乙产品的销项税额=29÷(1+13%)×13%=3.34(万元)

(3) 自产自用新产品的销项税额=20×(1+10%)×13%=2.86(万元)

(4) 销售使用过的摩托车销项税额=1×13%×5=0.65(万元)

(5) 合计允许抵扣的进项税额=7.8+0.54+(3.9+0.45)×(1-20%)+5.8=17.62(万元)

(6) 本月应纳增值税=10.88+3.34+2.86+0.65-17.62=0.11(万元)

二、简易计税方法

简易计税方法的应纳税额，是指按照销售额和增值税征收率计算的增值税额，不得抵扣进项税额。应纳税额计算公式为：

应纳税额=(不含税)销售额×征收率

销售额不包括其应纳税额。纳税人销售货物或者应税劳务采用销售额和应纳税额合并定价方法的，按下列公式计算销售额：

销售额=含税销售额÷(1+征收率)

应纳税额=含税销售额÷(1+征收率)×征收率

纳税人适用简易计税方法计税的，因销售折让、中止或者退回而退还给购买方的销售额，应当从当期销售额中扣减。扣减当期销售额后仍有余额造成多缴的税款，可以从以后的应纳税额中扣减。

【例2-3】某企业为小规模纳税人，主要从事汽车修理和装饰业务。2019年10月提供汽车修理业务取得收入21万元，销售汽车修饰用品取得收入15万元；购进的修理用配件被盗，账面成本0.6万元。计算该企业10月应缴纳的增值税。

【解析】应缴纳的增值税税额=(21+15)÷(1+3%)×3%=1.05(万元)

【例2-4】某商店为增值税小规模纳税人，2019年10月取得零售收入总额12.36万元。计算该商店10月应缴纳的增值税税额。

【解析】10月取得的不含税销售额=12.36÷(1+3%)=12(万元)

10月应缴纳的增值税税额=12×3%=0.36(万元)

【例2-5】某房地产开发企业为一般纳税人，2019年10月销售一处2019年4月30日前竣工的房产，销售金额共计1 560 000元，该业务适用简易计税征收办法，计算企业该笔业务应缴纳的增值税税额。

【解析】应缴纳的增值税税额=1 560 000÷(1+5%)×5%=74 285.71(元)

三、进口货物应纳税额的计算

一般纳税人或小规模纳税人进口货物按进口货物的组成计税价格和规定的税率计算应纳税额。

（一）进口货物的征税范围

凡申报进入我国海关的货物，均应按规定缴纳进口环节的增值税。不论其是国外产制还是我国已出口而转销国内的货物，是进口者自行采购还是国外捐赠的货物，是进口者自用还是作为贸易或其他用途等，均应按照规定缴纳进口环节的增值税。

（二）进口货物应纳增值税额的计算

不管是一般纳税人还是小规模纳税人进口货物，均按照组成计税价格和适用税率（与增值税一般纳税人在国内销售同类货物的税率相同）计算应纳税额，不得抵扣任何税额。即在计算进口环节的应纳增值税税额时，不得抵扣发生在我国境外的各种税金，计算公式如下：

应纳税额＝组成计税价格×税率

组成计税价格＝关税完税价格＋关税＋消费税

＝关税完税价格×（1＋关税率）＋消费税

＝关税完税价格×（1＋关税率）÷（1－消费税税率）

进口货物增值税的组成计税价格中包括已纳关税税额，如进口货物属于应征消费税的消费品，则其组成计税价格中还应包括进口环节已缴纳的消费税，否则公式中的消费税或消费税率为零。

【例2-6】 某商场10月进口货物一批。该批货物在国外的买价40万元，另该批货物运抵我国海关前发生的包装费、运输费、保险费等共计20万元。货物报关后，商场按规定缴纳了进口环节的增值税并取得了海关开具的海关进口增值税专用缴款书。假定该批进口货物在国内全部销售，取得不含税销售额80万元。

货物进口关税税率15%，增值税税率13%。

(1) 计算关税的组成计税价格。

(2) 计算进口环节应纳的进口关税。

(3) 计算进口环节应纳增值税的组成计税价格。

(4) 计算进口环节应缴纳增值税的税额。

(5) 计算国内销售环节的销项税额。

(6) 计算国内销售环节应缴纳增值税税额。

【解析】 (1) 关税组成计税价格＝40＋20＝60（万元）

(2) 应缴纳进口关税＝60×15%＝9（万元）

(3) 进口环节应纳增值税的组成计税价格＝60＋9＝69（万元）

(4) 进口环节应缴纳增值税的税额＝69×13%＝8.97（万元）

(5) 国内销售环节的销项税额 = 80×13% = 10.4（万元）

(6) 国内销售环节应缴纳增值税税额 = 10.4 - 8.97 = 1.43（万元）

第四节　出口货物和服务的退（免）税

一、出口货物税收政策

目前，我国出口货物税收政策主要分为以下三种形式。

(1) 出口免税并退税。出口免税是指对货物在出口销售环节不征收增值税、消费税；出口退税是指对货物在出口前实际承担的税收负担，按规定的退税率计算后予以退还。

(2) 出口免税不退税。出口免税与上述第1项含义相同。出口不退税是指适用这个政策的出口货物因在前一道生产、销售环节或进口环节是免税的，因此，出口时该货物的价格中本身就不含税，也无须退税。

(3) 出口不免税也不退税。出口不免税是指对国家限制或禁止出口的某些货物的出口环节视同内销环节，照常征税；出口不退税是指对这些货物出口不退还出口前其所负担的税款。

二、增值税退（免）税办法

（一）"免、抵、退"办法

实行"免、抵、退"税办法的"免"税，是指对生产企业出口的自产货物，免征本企业生产销售环节增值税；"抵"税，是指生产企业出口自产货物所耗用的原材料、零部件、燃料、动力等所含应予退还的进项税额，抵顶内销货物的应纳税额；"退"税，是指生产企业出口的自产货物在当月内应抵顶的进项税额大于应纳税额时，对未抵顶完的部分予以退税。

具体的计算方法与计算公式如下。

(1) "免"，即出口货物外销不计算销项税额。

(2) 当期应纳税额的计算。

①剔税：从当期全部进项税额中剔除不得免征和抵扣的税额。

当期不得免征和抵扣税额 = 当期出口货物离岸价×外汇人民币折合率×（出口货物适用税率 - 出口货物退税率）- 当期不得免征和抵扣税额抵减额

当期不得免征和抵扣税额抵减额 = 当期免税购进原材料价格×（出口货物适用税率 - 出口货物退税率）

免税购进原材料包括从国内购进免税原材料和进料加工免税进口料件，其中进料加工免税进口料件的价格为组成计税价格。

进料加工免税进口料件的组成计税价格 = 货物到岸价 + 海关实征关税和消费税

如果当期没有免税购进原材料价格，前述公式中的"当期不得免征和抵扣税额抵减额"和下文公式中"当期免抵退税额抵减额"就不用计算了。

②抵税：计算当期应纳增值税额（用内销货物销项税与全部进项税额相抵，同时剔除不得免征和抵扣的税额，得出应纳税额）。

当期应纳税额=当期内销货物的销项税额-（当期进项税额-当期不得免征和抵扣税额）-上期末留抵税额

如果计算出来的当期应纳税额≥0，说明该出口货物当期不存在出口退税（该数额就是当期应缴纳的增值税数额）；如果计算出来的当期应纳税额<0，则继续按照以下步骤计算实际应向税务机关申请退税的数额。

（3）算尺度：计算出口货物免抵退税额。

当期免抵退税额=当期出口货物离岸价×外汇人民币折合率×出口货物退税率-当期免抵退税额抵减额

式中：出口货物离岸价（FOB）以出口发票计算的离岸价为准，出口发票不能如实反映实际离岸价的，企业必须按照实际离岸价向主管国税机关进行申报，同时主管税务机关有权依照有关法律法规予以核定。

当期免抵退税额抵减额=免税购进原材料价格×出口货物退税率

（4）计算实际的出口退税额：将应纳税额（当期期末留抵税额）与应退税额相比较，退两者之中较小的。即比较确定应退税额，进而确定免抵税额。

①如当期期末留抵税额≤当期免抵退税额，则：

当期应退税额=当期期末留抵税额

当期免抵税额=当期免抵退税额-当期应退税额

②如当期期末留抵税额>当期免抵退税额，则：

当期应退税额=当期免抵退税额

当期免抵税额=0

当期期末留抵税额根据当期增值税纳税申报表中的"期末留抵税额"确定。

（二）"先征后退"办法

外贸企业出口货物劳务增值税实行先征后退办法，计算公式如下：

增值税应退税额=增值税退（免）税计税依据×出口货物退税率

第五节　税收优惠

一、《增值税暂行条例》规定的免税项目

（1）农业生产者销售的自产农产品。

（2）避孕药品和用具。

（3）古旧图书，是指向社会收购的古书和旧书。

（4）直接用于科学研究、科学试验和教学的进口仪器、设备。

（5）国政府、国际组织无偿援助的进口物资和设备。

（6）由残疾人的组织直接进口供残疾人专用的物品。

（7）自己使用过的物品，是指其他个人自己使用过的物品。

二、营改增试点过渡期间的减免税政策

下列项目免征增值税。

（1）托儿所、幼儿园提供的保育和教育服务。

（2）养老机构提供的养老服务。

（3）残疾人福利机构提供的育养服务。

（4）婚姻介绍服务。

（5）殡葬服务。

（6）残疾人员本人为社会提供的服务。

（7）医疗机构提供的医疗服务。

（8）从事学历教育的学校提供的教育服务。

（9）学生勤工俭学提供的服务。

（10）农业机耕、排灌、病虫害防治、植物保护、农牧保险以及相关技术培训业务，家禽、牲畜、水生动物的配种和疾病防治。

（11）纪念馆、博物馆、文化馆、文物保护单位管理机构、美术馆、展览馆、书画院、图书馆在自己的场所提供文化体育服务取得的第一道门票收入。

（12）寺院、宫观、清真寺和教堂举办文化、宗教活动的门票收入。

（13）行政单位之外的其他单位收取的符合规定条件的政府性基金和行政事业性收费。

（14）个人转让著作权。

（15）个人销售自建自用住房。

（16）2018年12月31日前，公共租赁住房经营管理单位出租公共租赁住房。

（17）台湾航运公司、航空公司从事海峡两岸海上直航、空中直航业务在大陆取得的运输收入。

（18）纳税人提供的直接或者间接国际货物运输代理服务。

（19）以下利息收入：（2016年12月31日前）金融机构农户小额贷款；国家助学贷款；国债、地方政府债；人民银行对金融机构的贷款；住房公积金管理中心用住房公积金在指定的委托银行发放的个人住房贷款；外汇管理部门在从事国家外汇储备经营过程中，委托金融机构发放的外汇贷款；统借统还业务中，企业集团或企业集团中的核心企业以及集团所属财务公司按规定利率水平，向企业集团或者集团内下属单位收取的利息。

（20）被撤销金融机构以货物、不动产、无形资产、有价证券、票据等财产清偿债务。

（21）保险公司开办的一年期以上人身保险产品取得的保费收入。

（22）指定的金融商品转让收入（含个人从事金融商品转让业务）。

（23）金融同业往来利息收入。

（24）同时符合规定条件的担保机构从事中小企业信用担保或者再担保业务取得的收入（不含信用评级、咨询、培训等收入）3年内免征增值税。

（25）国家商品储备管理单位及其直属企业承担商品储备任务，从中央或者地方财政取得的利息补贴收入和价差补贴收入。

（26）纳税人提供技术转让、技术开发和与之相关的技术咨询、技术服务。

（27）同时符合规定条件的合同能源管理服务。

（28）2017年12月31日前，科普单位的门票收入，以及县级及以上党政部门和科协开展科普活动的门票收入。

（29）政府举办的从事学历教育的高等、中等和初等学校（不含下属单位），举办进修班、培训班取得的全部归该学校所有的收入。

（30）政府举办的职业学校设立的主要为在校学生提供实习场所，并由学校出资自办、由学校负责经营管理、经营收入归学校所有的企业，从事"现代服务"（不含融资租赁服务、广告服务和其他现代服务）、"生活服务"（不含文化体育服务、其他生活服务和桑拿、氧吧）业务活动取得的收入。

（31）家政服务企业由员工制家政服务员提供家政服务取得的收入。

（32）福利彩票、体育彩票的发行收入。

（33）军队空余房产租赁收入。

（34）为了配合国家住房制度改革，企业、行政事业单位按房改成本价、标准价出售住房取得的收入。

（35）将土地使用权转让给农业生产者用于农业生产。

（36）涉及家庭财产分割的个人无偿转让不动产、土地使用权。家庭财产分割包括离婚财产分割；无偿赠与配偶、父母、子女、祖父母、外祖父母、孙子女、外孙子女、兄弟姐妹；无偿赠与对其承担直接抚养或者赡养义务的抚养人或者赡养人；房屋产权所有人死亡，法定继承人、遗嘱继承人或者受遗赠人依法取得房屋产权。

（37）土地所有者出让土地使用权和土地使用者将土地使用权归还给土地所有者。

（38）县级以上地方人民政府或自然资源行政主管部门出让、转让或收回自然资源使用权（不含土地使用权）。

（39）随军家属就业。

（40）军队转业干部就业。

三、增值税的起征点

个人发生应税行为的销售额未达到增值税起征点的，免征增值税；达到起征点的，全额计算缴纳增值税。

增值税起征点的幅度规定如下：按期纳税的，为月销售额 5 000 ～ 20 000 元（含本数）；按次纳税的，为每次（日）销售额 300～500 元（含本数）。

起征点的调整由财政部和国家税务总局规定。省、自治区、直辖市财政厅（局）和国家税务局应当在规定的幅度内，根据实际情况确定本地区适用的起征点，并报财政部和国家税务总局备案。

第六节　增值税的征收管理

一、纳税义务发生时间

一般纳税人增值税计算采用当期购进扣税法，对于"当期"计算销售税额的时间即增值税纳税义务发生时间，税法限定为：纳税人发生应税行为并收讫销售款项或者取得索取销售款项凭据的当天；先开具发票的，为开具发票的当天。

收讫销售款项是指纳税人销售服务、无形资产、不动产过程中或者完成后收到款项。取得索取销售款项凭据的当天，是指书面合同确定的付款日期；未签订书面合同或者书面合同未确定付款日期的，为服务、无形资产转让完成的当天或者不动产权属变更的当天。

收讫销售款项或者取得索取销售款项凭据的当天，按销售结算方式的不同，具体分为以下几种。

（1）采取直接收款方式销售货物，不论货物是否发出，均为收到销售款或者取得索取销售款凭据的当天。

（2）采取托收承付和委托银行收款方式销售货物，为发出货物并办妥托收手续的当天。

（3）采取赊销和分期收款方式销售货物，为书面合同约定的收款日期的当天，无书面合同的或者书面合同没有约定收款日期的，为货物发出的当天。

（4）采取预收货款方式销售货物，为货物发出的当天，但生产销售生产工期超过12个月的大型机械设备、船舶、飞机等货物，为收到预收款或者书面合同约定的收款日期的当天。

（5）委托其他纳税人代销货物，为收到代销单位的代销清单或者收到全部或者部分货款的当天；未收到代销清单及货款的，为发出代销货物满180天的当天。

（6）销售应税劳务，为提供劳务同时收讫销售款或者取得索取销售款的凭据的当天。

（7）纳税人发生视同销售货物行为，为货物移送的当天。

（8）纳税人提供建筑服务、租赁服务采取预收款方式的，其纳税义务发生时间为收到预收款的当天。

（9）纳税人从事金融商品转让的，为金融商品所有权转移的当天。

（10）纳税人发生视同应税行为的，其纳税义务发生时间为服务、无形资产转让完成的当天或者不动产权属变更的当天。

二、纳税期限

增值税的纳税期限分别为1日、3日、5日、10日、15日、1个月或者1个季度。纳税人的具体纳税期限，由主管税务机关根据纳税人应纳税额的大小分别核定；不能按照固定期限纳税的，可以按次纳税。

以1个季度为纳税期限的规定适用于小规模纳税人、银行、财务公司、信托投资公司、信用社，以及财政部和国家税务总局规定的其他纳税人。

纳税人以1个月或者1个季度为1个纳税期限的，自期满之日起15日内申报纳税；以1日、3日、5日、10日或者15日为1个纳税期限的，自期满之日起5日内预缴税款，于次月1日起15日内申报纳税并结清上月应纳税款。

纳税人进口货物，应当自海关填发海关进口增值税专用缴款书之日起15日内缴纳税款。

扣缴义务人解缴税款的期限，依照上述规定执行。

三、纳税地点

（1）固定业户应当向其机构所在地或者居住地主管税务机关申报纳税。

总机构和分支机构不在同一县（市）的，应当分别向各自所在地的主管税务机关申报纳税；经财政部和国家税务总局或者其授权的财政和税务机关批准，可以由总机构汇总向总机构所在地的主管税务机关申报纳税。

（2）非固定业户应当向应税行为发生地主管税务机关申报纳税；未申报纳税的，由其机构所在地或者居住地主管税务机关补征税款。

（3）其他个人提供建筑服务，销售或者租赁不动产，转让自然资源使用权，应向建筑服务发生地、不动产所在地、自然资源所在地主管税务机关申报纳税。

（4）进口货物，应当向报关地海关申报纳税。

（5）扣缴义务人应当向其机构所在地或者居住地主管税务机关申报缴纳扣缴的税款。

本章小结

增值税是对在我国境内销售货物、提供应税劳务或应税服务，以及进口货物的企业单位和个人，就其产生的增值额和货物进口金额为计税依据而课征的一种流转税。增值税的纳税人可以分为一般纳税人和小规模纳税人，分别适用不同的征税方式。

增值税一般纳税人适用一般计税方法，其应纳税额等于当期销项税额减可以抵扣的进项税额。销项税额等于当期不含税销售额乘以适用税率，进项税额可以凭票抵扣和计算抵扣。

如果当期销项税额减进项税额后为负数，则为期末留抵税额。

简易计税方法下不能抵扣进项税额。

进口货物应由海关代征增值税，应纳税额使用组成计税价格计算。

生产企业出口自产货物应采用"免、抵、退"方法计算应退税额，外贸企业出口货物应采用先征后退方法计算应退税额。

业务实训练习

一、单项选择题

1. 自 2009 年 1 月 1 日起，我国实行的增值税属于（   ）。
   A. 消费型增值税 B. 收入型增值税 C. 生产型增值税 D. 实耗型增值税

2. 下列有关增值税税率的描述中，错误的是（   ）。
   A. 提供有形动产租赁服务，税率为9%
   B. 提供交通运输服务，税率为9%
   C. 提供部分现代服务业服务（有形动产租赁服务除外），税率为6%
   D. 小规模纳税人提供应税行为，征收率为3%

3. 某果汁加工厂为增值税一般纳税人，2019 年 8 月，外购库存的一批包装物因发生自燃灾害全部毁损，账面成本 32 000 元，农产品和包装物的进项税额均已抵扣，该加工厂 2019 年 8 月应转出进项税额（   ）元。
   A. 7 382.0 B. 3 380.0 C. 8 380.6 D. 41 640.0

4. 根据增值税法相关规定，下列选项中可以抵扣进项税额的是（   ）。
   A. 将外购的货物用于集体福利或个人消费的进项税
   B. 用于正常损失货物的进项税
   C. 用于适用简易计税方法计税项目的进项税
   D. 用于旅客运输服务的进项税

5. 出租车公司向使用本公司自有出租车的出租车司机收取的管理费用，应按（   ）项目征收增值税。
   A. 有形动产租赁服务 B. 陆路运输服务
   C. 物流辅助服务 D. 管道运输服务

6. 下列不属于交通运输业征税范围的是（   ）。
   A. 光租 B. 地铁运输 C. 城市轻轨运输 D. 索道运输

7. 按照增值税法规定，纳税人放弃免税权后，（   ）个月内不得再申请免税。
   A. 3 B. 6 C. 12 D. 36

8. 一般纳税人外购的下列货物，不可以作进项税额抵扣的是（   ）。

A. 外购的生产经营用固定资产用于企业的生产经营活动

B. 外购的床单用于集体福利

C. 外购的电脑无偿赠送给客户

D. 外购及其设备用于对另一企业投资

9. 某金店（中国人民银行批准的金银首饰经营单位）为增值税一般纳税人，10月采取以旧换新方式向消费者销售金项链20条，每条新项链的零售价格为 2 500 元，每条旧项链作价 800 元，每条项链取得差价款 1 700 元；当月取得首饰修理费价税合计金额 2 270 元。该金店上述业务应缴纳增值税（　　）元。

A. 482. 15 B. 502. 76 C. 724. 96 D. 754. 79

10. 某航空公司为增值税一般纳税人并具有国际运输经营资质，2019 年 10 月购进飞机配件取得的增值税专用发票上注明价款 650 万元、税额 84.5 万元；开展航空服务开具普通发票取得的含税收入。该公司 10 月应缴纳的增值税为（　　）万元。

A. 29. 34 B. 28. 70 C. 22. 80 D. 28. 21

二、多项选择题

1. 某生产企业下列项目中，可以抵扣进项税的有（　　）。

A. 外购大型生产设备　　　　B. 购进生产设备修理用零配件

C. 购进生产车间改造用建筑材料　　D. 外购生产用水、电、气

2. 下列货物涉及的进项税额不得从销项税额中抵扣的有（　　）。

A. 免税药品的进项税额

B. 因管理不善丢失货物的进项税额

C. 按简易办法依照征收率计算增值税的货物的进项税额

D. 非增值税应税项目所耗用外购货物的进项税额

3. 下列关于出借包装物押金的处理，正确的是（　　）。

A. 纳税人为销售货物而出借包装物收取的押金，单独记账核算的，均不并入销售额征收增值税

B. 对收取一年以上的啤酒包装物押金，无论是否退还都要并入销售额征收增值税

C. 对销售白酒收取的包装物押金，收取当期就要并入销售额征税

D. 对销售酒类产品收取的包装物押金，无论是否返还以及会计上如何核算，均应并入当期销售额征收增值税

4. 某百货商场为一般纳税人，于 2019 年 10 月购进一批货物，取得增值税专用发票，含税进价为 1 350 万元，当月认证通过。当月将其中一部分货物分别销售给某宾馆和某个体零售户（小规模纳税人），取得含销售收入 1 250 万元和 250 万元。个体零售户当月再将购入的货物销售给消费者，取得含税收入 310 万元。下列表述正确的是（　　）。

A. 百货商场本月应纳销项税 172.57 万元

B. 百货商场可以抵扣的进项税额为 155.31 万元

C. 个体零售户本月应纳增值税 9.02 万元

D. 小规模纳税人征收率为 3%

5. 甲公司为增值税一般纳税人，外购一批货物，取得增值税专用发票上注明价款 200 000 元，委托乙企业加工，支付加工费 20 000 元（不含税）。货物加工完成收回后，甲公司将其直接销售，取得销售收入 250 000 元。根据这项业务，以下各种说法中正确的是（   ）。

A. 甲应缴纳增值税 3 900 元　　　　B. 乙应该缴纳增值税

C. 甲应该缴纳增值税 4 800 元　　　D. 乙不需要缴纳增值税

6. 将自产应征消费税的货物用于个人消费，计征增值税时，在价格无法确定的情况下，可按下列（   ）组成计税价格确定。

A. 成本×（1+成本利润率）+消费税

B. 成本×（1+成本利润率）/（1-消费税税率）

C. 成本×（1+成本利润率）/（1+消费税税率）

D. （成本+利润+消费税）/（1+消费税税率）

7. 下列各项中，应视同销售货物行为征收增值税的是（   ）。

A. 将外购的货物用于对外捐赠　　　B. 动力设备的安装

C. 销售代销的货物　　　　　　　　D. 邮政局出售集邮商品

8. 以下属于"有形动产租赁"项目的有（   ）。

A. 远洋运输的程租业务　　　　　　B. 航空运输的干租业务

C. 远洋运输的光租业务　　　　　　D. 航空运输的湿租业务

9. 下列关于增值税纳税义务发生时间的说法中，正确的有（   ）。

A. 以预收款方式销售货物的，为收到预收款的当天

B. 委托他人代销货物的，为货物发出的当天

C. 采用赊销方式销售货物的，为书面合同约定的收款日期的当天

D. 销售应税劳务的，为提供劳务同时收讫销售款或取得索取销售款凭据的当天

10. 下列项目中，适用6%增值税税率的有（   ）。

A. 有形动产租赁　　B. 文化创意服务　　C. 装卸搬运服务　　D. 基础电信服务

三、计算题

1. 某运输公司为增值税一般纳税人，具备国际运输资质。2019 年 7 月经营业务如下。

（1）国内运送旅客，按售票统计取得价税合计金额 177.6 万元；运送旅客至境外，按售票统计取得价税合计金额 53.28 万元。

(2) 运送货物，开具增值税专用发票注明运输收入金额 260 万元、装卸收入金额 18 万元。

(3) 提供仓储服务，开具增值税专用发票注明仓储收入金额 70 万元、装卸收入金额 6 万元。

(4) 修理、修配各类车辆，开具普通发票注明价税合计金额 31.59 万元。

(5) 销售使用过的未抵扣进项税额的货运汽车 6 辆，开具普通发票注明价税合计金额 24.72 万元。

(6) 进口轻型商用客车 3 辆自用，经海关核定的成交价共计 57 万元，运抵我国境内输入地点起卸前的运费 6 万元，保险费 3 万元。

(7) 购进小汽车 4 辆自用，每辆单价 16 万元，取得销售公司开具的增值税专用发票注明金额 64 万元、税额 8.32 万元，另支付销售公司运输费用，取得运输业增值税专用发票注明运费金额 4 万元、税额 0.36 万元。

(8) 购进汽油取得增值税专用发票注明金额 10 万元、税额 1.3 万元，90% 用于公司运送旅客，10% 用于公司接送员工上下班，购进矿泉水一批，取得增值税专用发票注明金额 2 万元，税额 0.26 万元，70% 赠送给公司运送的旅客，30% 用于公司集体福利。

（其他相关资料：假定进口轻型商用客车的关税税率为 20%，消费税税率 5%）

要求：

(1) 计算（1）~（4）销项税额。

(2) 计算（5）应缴纳增值税。

(3) 计算（6）进口轻型商用客车应缴纳的增值税。

(4) 计算（7）购进小汽车可抵扣的进项税额。

(5) 计算（8）购进汽油、矿泉水可抵扣的进项税额。

(6) 计算该公司 7 月应向主管税务机关缴纳的增值税。

2. 某商业企业是增值税一般纳税人，2019 年 8 月初留抵税额 2 000 元，8 月发生下列业务。

(1) 购入商品一批，取得认证税控发票，价款 10 000 元，税款 1 300 元；支付运费 1 000 元（不含税），取得专用发票。

(2) 3 个月前从农民手中收购的一批粮食毁损，账面成本 5 220 元。

(3) 从农民手中收购大豆 1 吨，税务机关规定的收购凭证上注明收购款 1 500 元。

(4) 从小规模纳税人处购买商品一批，取得税务机关代开的增值税专用发票，价款 30 000 元，税款 900 元，款已付，货物未入库，发票已认证。

(5) 购买建材一批用于修缮仓库，价款 20 000 元，税率 2 600 元。

(6) 零售日用商品，取得含税收入 150 000 元。

(7) 将一批库存布料捐赠受灾地区，账面成本 20 000 元，同类不含税销售价格 30 000 元。

(8) 外购电脑 20 台，取得增值税专用发票，每台不含税单价 6 000 元，购入后 5 台办公使用，5 台捐赠希望小学，另 10 台全部零售，零售价每台 8 000 元。

(9) 将自用过 3 年的一辆小轿车转让，取得支票注明价款 83 200 元。

相关可抵扣进项税的发票均经过认证。

要求：

(1) 计算当期全部可以抵扣的增值税进项税（考虑转出的进项税）。

(2) 计算当期销售货物的增值税销项税。

(3) 计算转让使用过的旧轿车应纳的增值税。

(4) 计算当期应纳增值税。

第三章

消费税法

学习目标

- 了解消费税的概念及特点
- 掌握消费税纳税人的划分、征税范围及应纳税额的计算方法
- 熟悉消费税征收管理办法
- 理解消费税和增值税的关系

案例导入

某酒厂（增值税一般纳税人）既生产粮食白酒，又生产药酒。当月销售粮食白酒 50 000 斤（1 斤等于500 克），每斤不含增值税销售价格为 25 元；销售药酒 200 箱，每箱 360 元；又将白酒与药酒组合制成礼品套盒，每套 60 元（白酒、药酒各 1 斤），当月售出 800 套。已知该企业对白酒、药酒和礼品套盒均分别核算销售额。请分析该企业应如何缴纳消费税。

第一节 消费税概述

一、消费税的概念

我国早在 1951 年，原政务院就根据国家公布和实行的《全国税政实施要则》的规定，颁布了《特种消费行为税暂行条例》，开始征收特种消费行为税，后来由于种种原因，消费

税被迫取消。现行课征的消费税是1994年税制改革中新设立的一种税，1994年《中华人民共和国消费暂行条例》正式开始实施。2006年3月，财政部和国家税务总局制定了《关于调整和完善消费税政策的通知》，对消费税进行调整和完善，扩大了消费税的征收范围。2008年调整乘用车消费税政策，并修改消费税条例，形成现行消费税体系。2009年实施成品油税费改革，调整烟产品消费税政策。除上述重大改革外，1994年至今，根据经济社会发展的需要以及国家产业政策的要求，我国对消费税的征税范围、税率结构和征收环节不断地进行调整和完善。

消费税是指在中华人民共和国境内生产、委托加工和进口应税消费品的单位和个人，就其销售额或销售数量，在特定环节征收的一种流转税。

消费税是以特定的消费品为征税对象而征收的一种间接税。它选择部分消费品征税，因而属于特别消费税。

和增值税一样，其税负也可以转嫁。税务机关往往并不直接向消费者征税，而是向消费品制造商或销售商征税，但税额包含于消费品价格之中或作为消费品的价格附加，最终由消费者承担。

二、消费税的特征

（一）征收范围具有选择性

消费税一般只对特定消费品或消费行为征税，而不是对所有消费品普遍征收。我国现行税法规定的消费税征收项目有15个。

（二）征税环节具有单一性

除卷烟外，消费税是在生产（进口）、流通或消费的某一环节一次性征收，而不是在消费品生产、流通或消费的每个环节多次征收，即通常所说的一次课征制，这与增值税所采取的道道征收方法即多环节征收有明显不同。

（三）征收方法具有多样性

消费税的计税方法比较灵活，有些采用从价定率的方式征收，有些则采取从量定额的方式征收，有些则采取从价从量复合计征。

（四）税收调节具有特殊性

消费税属于国家运用税收杠杆对某些消费品或消费行为进行特殊调节的税种。这种特殊性表现在：一是不同的征税项目税负差异较大，对需要限制或控制消费的消费品规定较高的税率，体现特殊的调节目的；二是消费税往往同有关税种配合实行加重或双重调节，通常采取增值税与消费税双重调节的办法，对某些需要特殊调节的消费品或消费行为在征收增值税的同时，再征收一道消费税，形成一种特殊的对消费品进行双层次调节的税收调节体系。

三、消费税与增值税的关系

(一) 消费税与增值税的区别

1. 征税范围不同

增值税对货物普遍征收;消费税的征税对象仅限于征收增值税的货物中的 15 类特定消费品。

2. 与价格的关系不同

增值税是价外税,计税价格中不含增值税税额;消费税是价内税,计税价格中包含消费税税额。

3. 纳税环节不同

增值税是在货物所有的流转环节道道征收;消费税除卷烟外只在单一环节征收。

4. 计税方法不同

增值税的计税方法是按照一般纳税人和小规模纳税人区别为抵扣方法和简易方法;消费税的计税方法是根据应税消费品划分为从价计税、从量计税和复合计税方法。

(二) 消费税与增值税的联系

(1) 两者都是对货物(商品)进行征税。

(2) 征收消费税的商品一定也征收增值税(注意缴纳增值税的货物并不都缴纳消费税),而且对于从价定率征收消费品的商品,消费税和增值税的计税依据是一致的。

第二节 纳税义务人与征税范围

一、纳税义务人

凡在中华人民共和国境内生产、委托加工和进口应税消费品的单位和个人,以及国务院确定的销售应税消费品的其他单位和个人,为消费税的纳税人。

在中华人民共和国境内,是指生产、委托加工和进口属于应当缴纳消费税的消费品的起运地或者所在地在境内。

单位,是指企业、行政单位、事业单位、军事单位、社会团体及其他单位。个人,是指个体工商户及其他个人。

【例3-1】下列单位中属于消费税纳税义务人的是( )。

A. 进口实木地板的商城　　　　　　　　B. 受托加工实木地板的工厂

C. 销售实木地板的商城　　　　　　　　D. 委托加工实木地板的房地产开发商

二、征税范围

现行消费税法规定，应当缴纳消费税的消费品（简称应税消费品）包括15类消费品，并通过列举税目的方式明确了应税消费品的具体项目，有的税目还进一步划分为若干子目，主要包括以下几方面：①特殊消费品（过度消费会造成危害的消费品），如烟、酒、鞭炮、焰火等；②奢侈品、非生活必需品，如化妆品、贵重首饰及珠宝玉石等；③高能耗及高档消费品，如摩托车、小汽车等；④不可再生和替代的稀缺资源消费品，如汽油、柴油等成品油；⑤能给国家带来财政收入又不影响居民基本生活的消费品，如汽车轮胎。

消费税征税范围具体包括以下方面。

1. 生产应税消费品的单位和个人

生产应税消费品除了直接对外销售应征收消费税外，纳税人将生产的应税消费品换取生产资料、消费资料、投资入股、偿还债务，以及用于继续生产应税消费品以外的其他方面都应缴纳消费税。

2. 委托加工应税消费品的单位和个人

由委托方提供原材料和主要材料，受托方只收取加工费和代垫部分辅助材料加工的应税消费品，属于委托加工应税消费品。由受托方提供原材料或其他情形的按照自制产品征税。委托加工的应税消费品收回后，再继续用于生产应税消费品销售且符合现行政策规定的，其加工环节缴纳的消费税款可以扣除。

3. 进口应税消费品的单位和个人

单位和个人进口货物属于消费税征税范围的，在进口环节也要缴纳消费税。进口环节的消费税由海关代征。

4. 零售应税消费品

（1）范围。

①仅限于金基、银基合金首饰以及金、银和金基、银基合金的镶嵌首饰；钻石及钻石饰品。

②对既销售金银首饰，又销售非金银首饰的生产、经营单位，应将两类商品划分清楚，分别核算销售。凡划分不清楚或不能分别核算的，在生产环节销售的，一律从高适用税率征收消费税；在零售环节销售的，一律按金银首饰征收消费税。

③金银首饰与其他金银首饰组成成套消费品销售的，应按销售额全额征收消费税。

（2）税率。零售环节适用税率5%。

（3）计税依据。

①纳税人销售金银首饰，其计税依据为不含增值税的销售额。

②金银首饰连同包装物销售的，无论包装物是否单独计价，也无论会计上如何核算，均应并入金银首饰的销售额，计征消费税。

③带料加工的金银首饰，应按受托方销售同类金银首饰的销售价格确定计税依据征收消费税。没有同类金银首饰销售价格，按照组成计税价格计算纳税。组成计税价格的计算公式为：组成计税价格＝（材料成本+加工费）/（1-金银首饰消费税税率）。

④纳税人采用以旧换新方式销售金银首饰，应按实际收取的不含增值税的全部价款确定计税依据征收消费税。

⑤金银首饰消费税改变纳税环节后，用已税珠宝玉石生产的镶嵌首饰，在计税时一律不得扣除已纳的消费税税款。

5. 批发应税消费品

在卷烟批发环节加征一道消费税，在境内从事卷烟批发业务的单位和个人，批发销售的所有牌号规格的卷烟，从2015年起按其销售额及批发数量复合计征消费税。

卷烟批发企业之间销售的卷烟不缴纳消费税。卷烟消费税在生产和批发两个环节征收后，批发企业在计算纳税时不得扣除已含的生产环节的消费税税款。

6. 超豪华小汽车

自2016年12月1日起，境内将超豪华小汽车销售给消费者的单位和个人，在生产（进口）环节按现行税率征收消费税基础上，在零售环节加征消费税，税率为10%。

超豪华小汽车是指每辆零售价格130万元（不含增值税）及以上的乘用车和中轻型商用客车，即乘用车和中轻型商用客车子税目中的超豪华小汽车。

第三节 税目与税率

一、税目

（一）烟

凡是以烟叶为原料加工生产的产品，不论使用何种辅料，均属于本税目的征税范围，包括卷烟（甲类卷烟、乙类卷烟）、雪茄烟和烟丝。

在卷烟批发环节征收的消费税，征收范围包括纳税人批发销售的所有牌号规格的卷烟；纳税人销售给纳税人以外的单位和个人的卷烟于销售时纳税。纳税人之间销售的卷烟不缴纳消费税。

（二）酒

酒类包括白酒、黄酒、啤酒和其他酒。

征收范围：白酒包括用薯类和粮食为酒基生产的酒类；黄酒分为干黄酒、半干黄酒、半甜黄酒、甜黄酒四类,包括各种原料酿制的黄酒和酒度超过12度(含12度)的土甜酒;啤酒分为熟啤酒和生啤酒或鲜啤酒,包括各种包装和散装的啤酒;其他酒包括以黄酒为酒基生产的配制或泡制酒、糠麸白酒、其他原料白酒、土甜酒、复制酒、果木酒、汽酒、药酒、葡萄酒等。

对饮食业、商业、娱乐业举办的啤酒屋(啤酒坊)利用啤酒生产设备生产的啤酒,应当征收消费税。

(三)高档化妆品

征收范围包括高档美容、修饰类化妆品、高档护肤类化妆品和成套化妆品。

高档美容、修饰类化妆品和高档护肤类化妆品,是指生产(进口)环节销售(完税)价格(不含增值税)在10元/毫升①(克)或15元/片(张)及以上的美容、修饰类化妆品和护肤类化妆品,不包括舞台、戏剧、影视演员化妆用的上妆油、卸妆油、油彩、发胶、头发漂白剂等。

(四)贵重首饰及珠宝玉石

征税范围包括金银首饰、铂金首饰和钻石及钻石饰品,其他贵重首饰和珠宝玉石。

应税贵重首饰及珠宝玉石是指以金、银、珠宝玉石等高贵稀有物质以及其他金属、人造宝石等制作的各种纯金、纯银及镶嵌饰物,以及经采掘、打磨、加工的各种珠宝玉石。

在零售环节征收消费税的包括金银首饰、铂金首饰和钻石及钻石饰品。

(五)鞭炮、焰火

征税范围包括体育上用的发令纸、鞭炮药引线除外的所有鞭炮、焰火。

(六)成品油

征税范围包括汽油、柴油、石脑油、溶剂油、航空煤油、润滑油、燃料油7个子目。

(七)摩托车

征税范围包括轻便摩托车和摩托车两种,对最大设计车速不超过50千克/小时,发动机气缸总工作量不超过50毫升的三轮摩托车不征收消费税。气缸容量在250毫升(不含)以下的小排量摩托车不征消费税。

(八)小汽车

征税范围包括乘用车、中轻型商用客车、超豪华小汽车。

电动车、沙滩车、雪地车、卡丁车、高尔夫车不属于消费税征收范围,不征收消费税。

超豪华小汽车是指每辆零售价格130万元(不含增值税)及以上的乘用车和中轻型商用客车,即乘用车和中轻型商用客车子税目中的超豪华小汽车。

---

① 1毫升=1立方厘米。

(九) 高尔夫球及球具

高尔夫球及球具包括球杆、球包（袋）、杆头、杆身和握把。

(十) 高档手表

高档手表是指不含增值税销售价格每只在1万元（含）以上的各类手表。

(十一) 游艇

游艇是指艇身长度大于8米（含）小于90米（含），内置发动机，可以在水上移动，非牟利活动的各类机动艇。

(十二) 木制一次性筷子

木制一次性筷子是指各种规格的木制一次性筷子。未经打磨、倒角的木制一次性筷子属于本税目征税范围。

(十三) 实木地板

实木地板是指以木材为原料，经锯割、干燥、刨光、截断、开榫、涂漆等工序加工而成的块状或条状地面装饰材料，包括各种规格的实木地板、实木指接地板、实木复合地板，以及用于装饰墙壁、天棚的侧端面为榫、槽的实木装饰板和未经涂饰的素板。

(十四) 电池

根据《财政部 国家税务总局关于对电池 涂料征收消费税的通知》（财税〔2015〕16号），为促进节能环保，经国务院批准，自2015年2月1日起对电池征收消费税，在生产、委托加工和进口环节征收。

对无汞原电池、金属氢化物镍蓄电池（又称"氢镍蓄电池"或"镍氢蓄电池"）、锂原电池、锂离子蓄电池、太阳能电池、燃料电池和全钒液流电池免征消费税。

2015年12月31日前对铅蓄电池缓征消费税；自2016年1月1日起，对铅蓄电池按4%税率征收消费税。

(十五) 涂料

根据《财政部 国家税务总局关于对电池 涂料征收消费税的通知》（财税〔2015〕16号文），为促进节能环保，经国务院批准，自2015年2月1日起对涂料征收消费税，在生产、委托加工和进口环节征收。

对施工状态下挥发性有机物含量低于420克/升①（含）的涂料免征消费税。

二、税率

消费税的税率有比例税率、定额税率和定额税率和比例税率相结合三种形式。消费税税目、税率（税额）如表3-1所示。

---

① 1升=1立方分米。

表 3-1 消费税税目、税率（税额）

税目		子目	税率
一、烟	1. 卷烟	（1）甲类卷烟：每标准条（200 支）调拨价 70 元以上的（含 70 元，不含增值税）（生产或进口环节）	比例税率：56% 定额税率：0.003 元/支
		（2）乙类卷烟：每标准条（200 支）调拨价 70 元以下的（不含增值税）（生产或进口环节）	比例税率：36% 定额税率：0.003 元/支
		批发环节	比例税率：11% 定额税率：0.005 元/支
	2. 雪茄烟		36%
	3. 烟丝		30%
二、酒	1. 粮食白酒、薯类白酒		比例税率：20% 定额税率：0.5 元/斤（500 克）或 0.5 元/500 毫升
	2. 黄酒		240 元/吨
	3. 啤酒	（1）甲类啤酒：每吨出厂价格（含包装物及包装物押金，不含增值税）3 000 元（含）以上的	250 元/吨
		（2）乙类啤酒：每吨出厂价格（含包装物及包装物押金，不含增值税）3 000 元以下的	220 元/吨
	4. 其他酒		10%
三、高档化妆品	—		15%
四、贵重首饰及珠宝玉石	1. 金银首饰、铂金首饰、钻石及钻石饰品（零售环节）		5%
	2. 其他贵重首饰和珠宝玉石（生产环节）		10%
五、鞭炮、焰火	—		15%
六、成品油	1. 汽油		1.52 元/升
	2. 柴油		1.20 元/升
	3. 石脑油		1.52 元/升
	4. 溶剂油		1.52 元/升
	5. 润滑油		1.52 元/升
	6. 燃料油		1.20 元/升
	7. 航空煤油		1.20 元/升

续表

税目	子目	税率
七、摩托车	1. 气缸容量为250毫升	3%
	2. 气缸容量为250毫升以上	10%
八、小汽车	1. 乘用车	
	（1）气缸容量（排气量，下同）在1.0升（含1.0升）以下	1%
	（2）气缸容量在1.0升以上至1.5升（含1.5升）	3%
	（3）气缸容量在1.5升以上至2.0升（含2.0升）	5%
	（4）气缸容量在2.0升以上至2.5升（含2.5升）	9%
	（5）气缸容量在2.5升以上至3.0升（含3.0升）	12%
	（6）气缸容量在3.0升以上至4.0升（含4.0升）	25%
	（7）气缸容量在4.0升以上	40%
	2. 中轻型商用客车	5%
	3. 超豪华小汽车（按子税目1和子税目2的规定征收外，另外在零售环节加征）	10%
九、高尔夫球及球具	—	10%
十、高档手表	销售价格（不含增值税）每只在10 000（含）元以上的各类手表	20%
十一、游艇	—	10%
十二、木制一次性筷子	—	5%
十三、实木地板	—	5%
十四、电池	—	4%
十五、涂料	—	4%

注：计量单位的换算标准：黄酒1吨=962升；啤酒1吨=988升；汽油1吨=1 388升；柴油1吨=1 176升；航空煤油1吨=1 246升；石脑油1吨=1 385升；溶剂油1吨=1 282升；润滑油1吨=1 126升；燃料油1吨=1 015升。

纳税人兼营不同税率的应税消费品，应当分别核算不同税率应税消费品的销售额、销售数量；未分别核算销售额、销售数量的，从高适用税率。

将不同税率的应税消费品组成成套消费品销售的，或者将应税消费品与非应税消费品组成成套消费品销售的，从高适用税率（即使分别核算也从高税率）。

第四节 应纳税额的计算

一、生产销售应税消费品应纳税额的计算

对于生产的应税消费品直接对外销售的，依照以下情形处理。

（一）从价定率计征消费税应纳税额的计算

1. 计税销售额的基本规定

销售额为纳税人销售应税消费品向购买方收取的全部价款和价外费用。

应税消费品的销售额，不包括应向购货方收取的增值税税款。如果纳税人应税消费品的销售额中未扣除增值税税款或者因不得开具增值税专用发票而发生价款和增值税税款合并收取的，在计算消费税时，应当换算为不含增值税税款的销售额。其换算公式为：

应税消费品的销售额＝含增值税的销售额÷（1+增值税税率或征收率）

价外费用，是指价外向购买方收取的手续费、补贴、基金、集资费、返还利润、奖励费、违约金、滞纳金、延期付款利息、赔偿金、代收款项、代垫款项、包装费、包装物租金、储备费、优质费、运输装卸费以及其他各种性质的价外收费。但下列项目不包括在内。

（1）同时符合以下条件的代垫运输费用：承运部门的运输费用发票开具给购买方的；纳税人将该项发票转交给购买方的。

（2）同时符合以下条件代为收取的政府性基金或者行政事业性收费：由国务院或者财政部批准设立的政府性基金，由国务院或者省级人民政府及其财政、价格主管部门批准设立的行政事业性收费；收取时开具省级以上财政部门印制的财政票据；所收款项全额上缴财政。

包装物押金的处理如下。

（1）应税消费品连同包装销售的，无论包装是否单独计价，也不论在会计上如何核算，均应并入应税消费品的销售额中征收消费税。

（2）如果包装物不作价随同产品销售，而是收取押金（酒类除外），且单独核算又未过期的，此项押金则不应并入应税消费品的销售额中征税；但对逾期未收回的包装物不再退还的和已收取一年以上的押金，应并入应税消费品的销售额，按照应税消费品的适用税率征收消费税。

（3）对既作价随同应税消费品销售，又另外收取押金的包装物的押金，凡纳税人在规定的期限内不予退还的，均应并入应税消费品的销售额，按照应税消费品的适用税率征收消费税。

（4）对酒类产品生产企业销售酒类产品（黄酒、啤酒除外）而收取的包装物押金，无论押金是否返还、会计上如何核算，均须并入酒类产品销售额中，依酒类产品的适用税率征收消费税。

【例3-2】某化妆品生产企业为一般纳税人。2019年6月向某商场销售高档化妆品一批，开具增值税专用发票，取得不含税销售额50万元，增值税额6.5万元；8月向某单位销售高档化妆品一批，开普通发票，取得含税销售额4.64万元。计算该化妆品生产企业上述业务应缴纳的消费税税额。

【解析】化妆品应税销售额=50+4.64÷（1+13%）=54.11（万元）

应缴纳消费税额=54.11×15%=8.12（万元）

（二）从量定额计征消费税应纳税额的计算

$$应纳税额=应税消费品数量×消费税单位税额$$

销售数量的确定如下。

(1) 销售应税消费品的，为应税消费品的销售数量。

(2) 自产自用应税消费品的，为应税消费品的移送使用数量。

(3) 委托加工应税消费品的，为纳税人收回的应税消费品数量。

(4) 进口的应税消费品，为海关核定的应税消费品进口征税数量。

【例3-3】某啤酒厂2019年8月销售啤酒400吨，每吨出厂价格2 800元。计算2019年8月该啤酒厂应缴纳消费税税额。

【解析】每吨售价在3 000元以下的，适用单位税额220元。

应纳税额=400×220=88 000（元）

（三）从量定额和从价定率相结合计征消费税的应纳税额计算（卷烟、粮食白酒和薯类白酒）

$$应纳税额=销售数量×定额税率+销售额×比例税率$$

【例3-4】某白酒生产企业为增值税一般纳税人，8月份销售粮食白酒50吨，取得不含增值税的销售额150万元。计算白酒企业8月份应缴纳的消费税额。

【解析】应纳税额=50×2 000×0.000 05+150×20%=35（万元）

（四）特殊规定

(1) 纳税人通过自设非独立核算门市部销售的自产应税消费品，应当按照门市部对外销售额或销售数量征收消费税。

【例3-5】某高尔夫球具厂为增值税一般纳税人，下设一非独立核算的门市部，2019年8月该厂将生产的一批成本价65万元的高尔夫球具移送门市部，门市部将其中80%零售，取得含税销售额77.22万元。高尔夫球具的消费税税率10%，该项业务应缴纳的消费税税额为多少万元？

【解析】应纳税额=77.22÷（1+13%）×10%=6.83（万元）

(2) 纳税人用于换取生产资料和消费资料、投资入股和抵偿债务等方面的应税消费品，按纳税人同类应税消费品的最高销售价格计税，增值税仍然按同类产品的平均价为依据计算增值税。

【例3-6】某汽车修理厂以自产小汽车20辆换取某钢厂生产的400吨钢材，每吨钢材不含税单价为3 800元。该厂生产的同一型号的小汽车不含税销售单价分别为10万元/辆、8万元/辆、7万元/辆，计算换取钢材的小汽车应纳消费税的销售额。

【解析】换取钢材的小汽车应纳消费税的销售额=20×10=200（万元）。

（3）兼营不同税率应税消费品的税务处理。

①纳税人兼营不同税率的应税消费品，应当分别核算不同税率应税消费品的销售额或销售数量，未分别核算的，按最高税率征税。

②纳税人将应税消费品与非应税消费品以及适用税率不同的应税消费品组成成套消费品销售的，应根据成套消费品的销售金额按应税消费品中适用最高税率的消费品税率征税。

【例3-7】某酒厂主要生产白酒和其他酒，现将白酒和药酒各1斤组装套装，白酒80元/斤①，药酒100元/斤，组装套装每套不含税价格为200元。

【解析】本题中将不同税率商品组装成成套消费品，应从高适用税率。

二、自产自用应税消费品应纳税额的计算

自产自用应税消费品，是指纳税人生产应税消费品后，不是用于直接对外销售，而是用于自己连续生产应税消费品，或用于其他方面。

（一）自产应税消费品用于连续生产应税消费品

用于连续生产应税消费品，是指纳税人将自产自用的应税消费品作为直接材料生产最终应税消费品，自产自用应税消费品构成最终应税消费品的实体。

自产应税消费品用于连续生产应税消费品的不纳税。

（二）自产应税消费品用于其他方面

用于其他方面是指纳税人将自产自用应税消费品用于生产非应税消费品、在建工程、管理部门、非生产机构，提供劳务，以及用于馈赠、赞助、集资、广告、样品、职工福利、奖励等方面。

自产应税消费品用于其他方面的应于移送使用时纳税。

（三）应纳税额的计算

纳税人自产自用的应税消费品，按照纳税人生产的同类消费品的销售价格计算纳税；没有同类消费品销售价格的，按照组成计税价格计算纳税。

1. 实行从价定率办法计算纳税的

（1）有同类消费品的销售价格的，按销售价格计算。应纳税额计算公式为：

应纳税额=计税价格（当月销售的同类消费品的销售价格）×适用税率

同类消费品的销售价格，是指纳税人或者代收代缴义务人当月销售的同类消费品的销售价格，如果当月同类消费品各期销售价格高低不同，应按销售数量加权平均计算。但销售的应税消费品有下列情况之一的，不得列入加权平均计算：销售价格明显偏低又无正当理由的；无销售价格的。如当月无销售或当月未完结，应按同类消费品上月或最近月份的销售价格计算纳税。

---

① 1斤=0.5千克。

（2）没有同类消费品的销售价格的，按组成计税价格计算。应纳税额计算公式为：

组成计税价格 =（成本+利润）÷（1-消费税比例税率）

= 成本×（1+成本利润率）÷（1-消费税比例税率）

式中，成本为应税消费品的产品生产成本；利润为根据应税消费品的全国平均成本利润率计算的利润。应税消费品的平均成本利润率由国家税务总局确定，如表3-2所示。

表3-2 平均成本利润率   单位：%

货物名称	平均成本利润率	货物名称	平均成本利润率
1. 甲类卷烟	10	10. 贵重首饰及珠宝玉石	6
2. 乙类卷烟	5	11. 摩托车	6
3. 雪茄烟	5	12. 高尔夫球及球具	10
4. 烟丝	5	13. 高档手表	20
5. 粮食白酒	10	14. 游艇	10
6. 薯类白酒	5	15. 木制一次性筷子	5
7. 其他酒	5	16. 实木地板	5
8. 高档化妆品	5	17. 乘用车	8
9. 鞭炮、焰火	5	18. 中轻型商用客车	5

【例3-8】某化妆品公司将一批自产的高档化妆品用作职工福利，该批高档化妆品的成本是8 000元，该批高档化妆品无同类产品市场销售价格，但已知其成本利润率为5%，消费税率是15%。计算该批高档化妆品应缴纳的消费税税额。

【解析】组成计税价格 = 8 000×（1+5%）÷（1-15%）= 9 882（元）

应纳消费税 = 9 882×15% = 1 482.3（元）

2. 实行从量定额办法计算纳税的

消费税从量征收与售价或组价无关；征收增值税需计算组价时，组价公式中的成本利润率按增值税法中规定的10%确定，组价中应含消费税税金（即从量征收的消费税税额），计算公式为：

应纳税额 = 自产自用数量×定额税率

【例3-9】某黄酒厂将2吨黄酒发放给职工作福利，其成本4 000元/吨，计算黄酒应缴纳消费税税额。

【解析】黄酒的定额税率为240元/吨。

应纳消费税 = 2×240 = 480（元）

3. 实行复合计税办法计算纳税的

有同类消费品的销售价格的，按销售价格计算；没有同类消费品的销售价格的，按组成计税价格计算。组成计税价格的计算公式为：

组成计税价格=（成本+利润+自产自用数量×定额税率）÷（1-比例税率）

式中，成本为应税消费品的产品生产成本；利润为根据应税消费品的全国平均成本利润率计算的利润。

应纳税额计算公式为：

应纳税额=组成计税价格×比例税率+自产自用收回数量×定额税率

【例3-10】安山酒厂将自产的薯类白酒1 000斤用于广告样品，每斤白酒成本10元，无同类产品售价。计算安山酒厂应纳消费税税额。

【解析】从量征收的消费税=1 000×0.5=500（元）

从价征收的消费税组成计税价格=［10×1 000×（1+5%）+500］÷（1-20%）=13 750（元）

从价征收的消费税=13 750×20%= 2 750（元）

应纳消费税=500+2 750= 3 250（元）

三、委托加工应税消费品应纳税额的计算

（一）委托加工应税消费品的确定

委托加工的应税消费品，应同时满足两个条件，其一是由委托方提供原料和主要材料；其二是受托方只收取加工费和代垫部分辅助材料。受托方代收代缴消费税，且受托方只就其加工劳务缴纳增值税。

以下情况不属于委托加工应税消费品。

（1）由受托方提供原材料生产的应税消费品。

（2）受托方先将原材料卖给委托方，再接受加工的应税消费品。

（3）由受托方以委托方名义购进原材料生产的应税消费品。

（二）委托加工应税消费品代收代缴税款的规定

加工应税消费品的委托方是消费税的纳税人；应缴纳的消费税税款，由受托方在向委托方交货时代收代缴（如果纳税人委托个体经营者加工应税消费品，一律于委托方收回后在委托方所在地缴纳消费税）。受托方在交货时已代收代缴消费税，委托方收回后直接出售的，不再征收消费税。

委托方将收回的应税消费品，以不高于受托方的计税价格出售的，为直接出售，不再缴纳消费税；委托方以高于受托方的计税价格出售的，不属于直接出售，需按照规定申报缴纳消费税，在计税时准予扣除受托方已代收代缴的消费税。

未按规定代收代缴，则要补交并两方都承担法律责任。补征税款的计税依据是：收回的应税消费品已直接销售的，按销售额计税；收回的应税消费品尚未销售或不能直接销售的，按组成计税价格计税。

（三）委托加工应税消费品的组成计税价格及应纳税额的计算

委托加工的应税消费品，按照受托方的同类消费品的销售价格计算纳税；没有同类消费

品销售价格的，按照组成计税价格计算纳税。

1. 实行从价定率征收的应税消费品

（1）受托方有同类消费品销售价格的，应纳税额计算公式为：

$$应纳税额＝（受托方的）同类消费品销售单价×委托加工数量×比例税率$$

式中，同类消费品销售价格与自产自用应税消费品相关规定相同。

（2）受托方没有同类消费品销售价格的，按照组成计税价格计税，其计算公式为：

$$组成计税价格＝（材料成本＋加工费）÷（1－比例税率）$$

$$应纳税额＝组成计税价格×比例税率$$

式中，材料成本是指委托方所提供加工材料的实际成本。委托加工应税消费品的纳税人，必须在委托加工合同上如实注明（或者以其他方式提供）材料成本，凡未提供材料成本的，受托方主管税务机关有权核定其材料成本。加工费是指受托方加工应税消费品向委托方所收取的全部费用（包括代垫辅助材料的实际成本）。

【例3-11】三阳商场委托安山酒厂加工粮食白酒1吨，三阳商场提供原材料和主要材料，材料实际成本为10 000元，安山酒厂收取加工费3 000元，安山酒厂无同类产品售价。请计算安山酒厂代收代缴的消费税税额。

【解析】从量征收的消费税＝1×2 000×0.5＝1 000（元）

从价征收的消费税的组成计税价格＝[10 000＋3 000＋1×2 000×0.5]÷（1－20%）＝17 500（元）

从价征收的消费税＝17 500×20%＝3 500（元）

代收代缴的消费税＝1 000＋3 500＝4 500（元）

2. 实行从量定额征收的应税消费品

实行从量定额征收的应税消费品，其应纳税额的计算公式为：

$$应纳税额＝委托加工收回的数量×定额税率$$

【例3-12】甲企业委托乙企业加工一批黄酒10吨，甲企业为乙企业提供原材料等，实际成本7 000元，支付乙企业加工费2 000元，其中包括乙企业代垫的辅助材料500元。试计算乙企业代扣代缴应税消费品的消费税税额。

【解析】黄酒的定额税率为240元/吨。

代扣代缴消费税税款＝10×240＝2 400（元）

3. 实行复合计税办法计算纳税的应税消费品

（1）受托方有同类消费品销售价格的，其应纳税税额计算公式为：

应纳税额＝委托加工收回的数量×定额税率＋同类消费品销售单价×委托加工数量×比例税率

（2）受托方没有同类消费品销售价格的，其应纳税额计算公式为：

$$应纳税额＝委托加工收回数量×定额税率＋组成计税价格×比例税率$$

$$组成计税价格＝（材料成本＋加工费＋委托加工数量×定额税率）÷（1－比例税率）$$

注意，消费者个人委托加工的金银首饰及珠宝玉石，可暂按加工费征收消费税。

【例3-13】 甲酒厂为增值税一般纳税人，2019年10月发生以下业务。

（1）从农业生产者手中收购粮食30吨，每吨收购价2 000元，共计支付收购价款60 000元。

（2）甲酒厂将收购的粮食从收购地直接运往异地的乙酒厂生产加工白酒，白酒加工完毕，企业收回白酒8吨，取得乙酒厂开具防伪税控的增值税专用发票，上面注明加工费40 000元，其中含代垫辅料15 000元。加工的白酒当地无同类产品市场价格。

请计算甲酒厂2019年10月应缴纳的消费税税额和增值税税额。

【解析】 代收代缴的消费税＝［30×2 000×（1－10%）＋40 000＋8×2 000×0.5］÷（1－20%）＝127 500（元）

应代收代缴的消费税＝127 500×20%＋8×2 000×0.5＝33 500（元）

应纳增值税＝40 000×13%＝5 200（元）

四、进口应税消费品应纳税额的计算

缴税时间：报关进口时，由海关代征。

申报人：进口人或者其代理人。

纳税时限：自海关填发海关进口消费税专用缴款书之日起15日内缴纳税款。

课税对象：进口商品总值（到岸价格、关税和消费税）。

进口的应税消费品，按照组成价格计算纳税。

（一）实行从价定率办法的应税消费品应纳税额的计算

$$应纳税额＝组成计税价格×消费税比例税率$$

$$组成计税价格＝（关税完税价格＋关税）÷（1－消费税比例税率）$$

式中，关税完税价格是指海关核定的关税计税价格。

【例3-14】 甲商贸公司于2019年8月从国外进口一批应税消费品，已知该批应税消费品的关税完税价格90万元，按规定缴纳关税18万元，假定进口的应税消费品的消费税税率10%。请计算该批消费品进口环节应缴纳的消费税税额。

【解析】 组成计税价格＝（90＋18）÷（1－10%）＝120（万元）

应纳消费税＝120×10%＝12（万元）

（二）实行从量定额办法的应税消费品应纳税额的计算

$$应纳税额＝应税消费品进口数量×消费税定额税率$$

（三）实行复合计税办法的应税消费品应纳税额的计算

应纳税额＝组成计税价格×消费税比例税率＋应税消费品进口数量×消费税定额税率

组成计税价格＝（关税完税价格＋关税＋进口数量×消费税定额税率）÷（1－消费税比例税率）

五、已纳消费税扣除的计算

为避免重复征税，纳税人使用外购应税消费品或委托加工收回的应税消费品连续生产应

税消费品销售的,可以将外购应税消费品或委托加工收回的应税消费品已缴纳的消费税给予扣除。

(一)外购应税消费品已纳税额的扣除

1. 外购应税消费品连续生产应税消费品

对于用外购已缴纳消费税的应税消费品连续生产应税消费品的,税法规定准予按当期生产领用数量计算扣除外购的应税消费品已纳的消费税税款。扣除范围包括以下一些。

(1)外购已税烟丝生产的卷烟;

(2)外购已税化妆品生产的高档化妆品;

(3)外购已税珠宝玉石生产的贵重首饰及珠宝玉石;

(4)外购已税鞭炮焰火生产的鞭炮焰火;

(5)外购已税摩托车生产的摩托车;

(6)外购已税杆头、杆身和握把为原料生产的高尔夫球杆;

(7)外购已税木制一次性筷子为原料生产的木制一次性筷子;

(8)外购已税实木地板为原料生产的实木地板;

(9)外购已税汽油、柴油、石脑油、燃料油、润滑油为原料生产的应税成品油。

对于用外购已纳消费税的应税消费品连续生产出来的某些应税消费品,在计算征税时,应按当期生产领用数量扣除其已纳消费税。当期准予扣除的外购应税消费品已纳税款的计算公式为:

当期准予扣除的外购应税消费品已纳税款=当期准予扣除的外购应税消费品买价×外购应税消费品比例税率

当期准予扣除的外购应税消费品买价=期初库存的外购应税消费品买价+当期购进的外购应税消费品买价-期末库存的外购应税消费品买价

【例3-15】某工厂期初外购未经打磨的一次性筷子50 000元,本期外购100 000元,本期月末库存20 000元,生产出一次性筷子对外销售,取得不含税销售额200 000元,木制一次性筷子消费税税率为5%。请计算该工厂当期应缴纳消费税。

【解析】当期准予扣除的消费税=(50 000+100 000-20 000)×5%=6 500(元)

应纳消费税=200 000×5%-6 500=3 500(元)

需要说明的是,纳税人用外购的已税珠宝玉石生产的改在零售环节征收消费税的金银首饰(镶嵌首饰),在计税时一律不得扣除外购珠宝玉石的已纳消费税税款。

2. 外购应税消费品后销售

对自己不生产应税消费品,而只是购进后再销售应税消费品的工业企业,其销售的化妆品、鞭炮焰火和珠宝玉石,凡不能构成最终消费品直接进入消费品市场,而需要进一步生产加工、包装、贴标或者组合的珠宝玉石、化妆品、酒、鞭炮焰火等,应当征收消费税,同时允许扣除上述外购应税消费品的已纳税款。

（二）委托加工收回的应税消费品已纳税款的计算

委托加工的应税消费品因为已由受托方代收代缴消费税，因此，委托方收回货物后用于连续生产应税消费品的，其已纳税款准予按照从连续生产的应税消费品应纳消费税税额中抵扣。税法规定，准予按当期生产领用数量计算扣除委托加工收回的应税消费品已纳的消费税税款。扣除范围包括如下一些。

（1）委托加工收回的已税烟丝为原料生产的卷烟；
（2）委托加工收回的已税化妆品为原料生产的高档化妆品；
（3）委托加工收回的已税珠宝玉石为原料生产的贵重首饰及珠宝玉石；
（4）委托加工收回的已税鞭炮焰火为原料生产的鞭炮焰火；
（5）委托加工收回的已税摩托车为原料生产的摩托车；
（6）委托加工收回的已税杆头、杆身和握把为原料生产的高尔夫球杆；
（7）委托加工收回的已税木制一次性筷子为原料生产的木制一次性筷子；
（8）委托加工收回的已税实木地板为原料生产的实木地板；
（9）委托加工收回的已税汽油、柴油、石脑油、燃料油、润滑油为原料生产的应税成品油。

上述当期准予扣除委托加工收回的应税消费品已纳消费税税款的计算公式为：

当期准予扣除的委托加工应税消费品已纳税款=期初库存的委托加工应税消费品已纳税款+当期收回的委托加工应税消费品已纳税款-期末库存的委托加工应税消费品已纳税款

需要说明的是，纳税人用委托加工收回的已税珠宝玉石为原料生产的改在零售环节征收消费税的金银首饰（镶嵌首饰），在计税时一律不得扣除委托加工收回的珠宝玉石的已纳消费税税款。

第五节 出口货物退（免）税

一、出口免税并退税

有出口经营权的外贸企业购进应税消费品直接出口，以及外贸企业受其他外贸企业委托代理出口应税消费品。外贸企业受其他企业（主要是非生产的商贸企业）委托，代理出口应税消费品是不予退（免）税的。

出口货物的消费税应退税额，根据购进出口货物的消费税准用缴款书和海关进口消费税专用缴款书确定。

（1）属于从价定率计征消费税的，为已征且未在内销应税消费品应纳税额中抵扣的购进出口货物金额。
（2）属于从量定额计征消费税的，为已征且未在内销应税消费品应纳税额中抵扣的购进出口货物数量。

（3）属于复合计征消费税的，按从价定率和从量定额的计税依据分别确定。

二、出口免税但不退税

有出口经营权的生产性企业自营出口或生产企业委托外贸企业代理出口自产的应税消费品，依据其实际出口数量免征消费税，不予办理退还消费税。

三、出口不免税也不退税

除生产企业、外贸企业外的其他企业（指一般商贸企业）委托外贸企业代理出口应税消费品，一律不予退（免）税。

第六节 征收管理

一、纳税义务发生时间

（1）纳税人销售应税消费品的，按不同的销售结算方式分别为以下几种。

①纳税人采取赊销和分期收款结算方式的，为书面合同约定的收款日期的当天，书面合同没有约定收款日期或者无书面合同的，为发出应税消费品的当天；

②纳税人采取预收货款结算方式的，为发出应税消费品的当天；

③纳税人采取托收承付和委托银行收款方式的，为发出应税消费品并办妥托收手续的当天；

④纳税人采取其他结算方式的，为收讫销售款或者取得索取销售款凭据的当天。

（2）纳税人自产自用应税消费品的，为移送使用的当天。

（3）纳税人委托加工应税消费品的，为纳税人提货的当天。

（4）纳税人进口应税消费品的，为报关进口的当天。

二、纳税期限

消费税的纳税期限分别为 1 日、3 日、5 日、10 日、15 日、1 个月或者 1 个季度。纳税人的具体纳税期限，由主管税务机关根据纳税人应纳税额的大小分别核定；不能按照固定期限纳税的，可以按次纳税。

纳税人以 1 个月或者 1 个季度为 1 个纳税期的，自期满之日起 15 日内申报纳税；其他的自期满之日起 5 日内预缴税款，于次月 1 日起至 15 日内申报纳税并结清上月应纳税款。

纳税人进口应税消费品，应当自海关填发海关进口消费税专用缴款书之日起 15 日内缴纳税款。

三、纳税地点

（1）纳税人销售的应税消费品或自产自用的应税消费品，除国务院财政、税务主管部门另有规定外,向纳税人机构所在地或者居住地的主管税务机关申报纳税。

纳税人的总机构与分支机构不在同一县(市)的,应当分别向各自机构所在地的主管税务机关申报纳税;经财政部、国家税务总局或者其授权的财政、税务机关批准,可以由总机构汇总向总机构所在地的主管税务机关申报纳税。

纳税人到外县(市)销售或者委托外县(市)代销自产应税消费品的,于应税消费品销售后,向机构所在地或者居住地主管税务机关申报纳税。

纳税人销售的应税消费品,如因质量等原因由购买者退回时,经机构所在地或者居住地主管税务机关审核批准后,可退还已缴纳的消费税税款。

(2)委托加工的应税消费品,除受托方为个人外,由受托方(受托方为个人的此处为委托方)向机构所在地或者居住地的主管税务机关解缴消费税税款。

(3)进口的应税消费品,由进口人或者其代理人向报关地海关申报纳税。

本章小结

消费税是对在我国境内从事生产、委托加工和进口应税消费品的单位和个人,就其销售额或销售数量,在特定环节征收的一种税。消费税的特点主要有:征收范围具有选择性;征税环节具有单一性;征收方法具有多样性;税收调节具有特殊性。

消费税应纳税额的计算方法主要有从价定率、从量定额、从价从量复合计税三种。

业务实训练习

一、单项选择题

1. 下列应税消费品,属于在零售环节缴纳消费税的是( )。
   A. 化妆品　　　B. 柴油　　　C. 小汽车　　　D. 钻石饰品

2. 下列各项中,纳税人不缴纳消费税的是( )。
   A. 将自产的应税消费品用于馈赠
   B. 将自产的烟丝用于连续生产卷烟
   C. 随同应税消费品销售而取得的包装物作价收入
   D. 销售应税消费品并提供运输而收取运费和装卸费

3. A厂委托B厂加工一批应税消费品,A厂提供的原材料成本为54 000元,B厂收取加工费9 000元,该应税消费品适用税率30%,受托B厂没有同类消费品的销售价格。A厂将委托加工的已税消费品一半用于直接销售,但当月未销售,另一半用于继续生产最终应税消费品后销售,当月取得的销售收入额89 000元,适用税率为40%。A厂实际应向税务机关缴纳的消费税额为( )元。
   A. 8 600　　　B. 49 100　　　C. 24 028.5　　　D. 22 100

4. 某化工企业为增值税一般纳税人,2019年4月销售一批高档化妆品,取得销售收入

(含增值税)81 900 元。已知该高档化妆品适用消费税税率为 30%。该化工企业 4 月份应缴纳的消费税税额为(　　)元。

  A. 21 181   B. 22 200   C. 24 570   D. 25 770

  5. 某公司将自制化妆品作为职工福利发放,该产品成本 100 万元,核定的利润 40 万元,适用 15% 的消费税税率,则该产品应缴纳消费税(　　)万元。

  A. 12   B. 30   C. 60   D. 24.7

  6. 某贸易公司委托甲公司加工应税消费品一批,发出材料成本 110 万元,加工费 100 万元,消费税税率 30%,则甲公司应缴纳消费税(　　)万元。

  A. 90   B. 51   C. 63   D. 35.7

  7. 某进出口公司于 2019 年 9 月 7 日报关进口一批小轿车,海关于当日填开完税凭证,该公司进口消费税和增值税最后的纳税时间为(　　)。

  A. 9 月 13 日   B. 9 月 14 日   C. 9 月 16 日   D. 9 月 21 日

  8. 下列各项中,符合消费税纳税义务发生时间规定的是(　　)。

  A. 自产自用的应税消费品,为该货物生产的当天

  B. 进口的应税消费品,为报关进口的当天

  C. 委托加工的应税消费品,为支付加工费的当天

  D. 采取预收货款结算方式的,为收到预收款的当天

  9. 某卷烟厂为增值税一般纳税人,其消费税以一个月为一期缴纳,其申报纳税的期限为自期满之日起(　　)日内。

  A. 10   B. 5   C. 15   D. 30

  10. 下列项目中,属于消费税征收范围的是(　　)。

  A. 电动汽车   B. 体育用发令纸

  C. 9 900 元的高档手表   D. 航空煤油

二、多项选择题

  1. 下列各项自产自用应税消费品的处理中,应当征收消费税的有(　　)。

  A. 用于奖励本企业职工的应税消费品

  B. 用于奖励代理商销售业绩的应税消费品

  C. 用于本企业生产性基建工程的应税消费品

  D. 用于捐赠给国家慈善机构的应税消费品

  2. 某化妆品公司将一批自产护肤品用作职工福利,其成本为 8 万元,消费税税率为 8%,消费税成本利润率为 5%,则其计税销售额为(　　)。

  A. 消费税组价 9.13 万元   B. 消费税组价 7.78 万元

  C. 增值税组价 9.13 万元   D. 增值税组价 8.8 万元

  3. 纳税人外购和委托加工的特定应税消费品,用于连续生产应税消费品的,已缴纳的消费税税额准予从应纳消费税税额中抵扣。下列各项中,可以抵扣已缴纳的消费税税额

的有（　　）。

　　A. 外购的已税化妆品用于生产高档化妆品
　　B. 委托加工收回的已税珠宝玉石用于生产贵重首饰
　　C. 外购的已税汽车轮胎用于生产小汽车
　　D. 外购的已税烟丝用于生产卷烟

4. 下列项目中可以不缴纳消费税的是（　　）。

　　A. 委托方加工的应税消费品，受托方已代扣代缴消费税，委托方收回后直接销售的
　　B. 自产自用的应税消费品，用于连续生产应税消费品的
　　C. 有进出口经营权的生产性企业生产的应税消费品直接出口的
　　D. 自产自用的应税消费品，用于生产非应税消费品的

5. 下列各项中，符合消费税暂行条例规定的有（　　）。

　　A. 外购烟丝时缴纳的消费税允许从用该烟丝生产的卷烟应交消费税中扣除
　　B. 消费税的计征有从量定额、从价定率和从价从量复合计税三种
　　C. 酒类生产企业销售酒产品而收取的包装物押金，一律视同酒产品销售额计征消费税
　　D. 纳税人将不同税率的应税消费品成套销售的，一律从高适用税率计征消费税

6. 下列情形属于出口免税但不退消费税的是（　　）。

　　A. 有出口经营权的外贸企业受其他外贸企业代理出口的应税消费品
　　B. 有出口经营权的生产型企业自营出口的自产应税消费品
　　C. 有出口经营权的外贸企业购进应税消费品直接出口
　　D. 生产企业委托外贸企业代理出口自产的应税消费品

7. 下列各项中，符合消费税纳税地点规定的是（　　）。

　　A. 委托加工的应税消费品，由委托方向所在地税务机关申报缴纳
　　B. 进口的应税消费品，由进口人或其代理人向报关地海关申报缴纳
　　C. 纳税人的总机构与分支机构不在同一县（市）的，分支机构应回总机构申报缴纳
　　D. 纳税人到外县（市）销售自产应税消费品的，应回纳税人核算地或所在地申报缴纳

8. 下列各项中，应征收消费税的是（　　）。

　　A. 高档化妆品厂作为样品赠送给客户的香水
　　B. 用于产品质量检验耗费的高尔夫球杆
　　C. 白酒生产企业向百货公司销售的试制药酒
　　D. 卷烟厂移送非独立核算门市部待销售的卷烟

9. 下列各项中，不应在收回委托加工产品后征收消费税的有（　　）。

　　A. 商业批发企业销售委托其他企业加工的特制白酒，但受托方向委托方交货时没有代收代缴消费税税款的
　　B. 商业批发企业收回委托其他企业加工的特制白酒直接销售的
　　C. 商业批发企业销售其委托加工的特制白酒，但受托方以其名义购买原材料生产的应

税消费品

D. 工业企业委托加工收回后用于连续生产其他酒的特制白酒

10. 采用从价从量复合计税计征消费税的是（　　）。

A. 卷烟　　　　B. 粮食白酒　　　　C. 薯类白酒　　　　D. 烟丝

三、计算题

1. 某卷烟厂为增值税一般纳税人，2019 年生产经营情况如下。

（1）2019 年期初库存外购已税烟丝 80 万元，当年外购已税烟丝取得防伪增值税专用发票注明支付货款金额 1 200 万元、进项税 156 万元。

（2）1—5 月领用外购已税烟丝 400 万元，生产卷烟 1 500 箱，全部对外销售，取得含税销售额 4 563 万元，支付运输费用 60 万元，取得运输公司开的普通发票。

（3）6—12 月领用外购已税烟丝 850 万元，生产卷烟 3 500 箱，销售 3 000 箱给某烟草批发公司，开增值税专用发票，不含税销售额 7 500 万元。

（4）经烟草专卖机关批准，9 月签订委托供销协议，委托某商场代销卷烟 200 箱，每箱不含税销售额 2.6 万元。

要求：

计算卷烟厂 2019 年应缴纳的增值税和消费税。（烟丝消费税率 30%；甲类卷烟消费税率的比例税率为 56%，定额税率为 0.003 元/支；乙类卷烟消费税率的比例税率为 36%，定额税率为 0.003 元/支）

2. 某金银首饰商店是经过中国人民银行总行批准经营金银首饰的企业。8 月份实现以下销售业务。

（1）销售给经中国人民银行总行批准的经营金银首饰单位金项链一批，销售额为 2 648 000 元。

（2）销售给未经中国人民银行总行批准的经营金银首饰单位金首饰一批，销售额为 1 845 000 元。

（3）门市零售金银首饰销售额为 3 415 800 元。

（4）销售金银首饰连同包装物销售，其包装物金额为 314 500 元，未合并入金银首饰销售额内，作为其他业务收入。

（5）采取以旧换新方式销售金银首饰，换出金银首饰按同类品种销售价计算为 1 644 000 元，收回旧金银首饰作价 916 000 元，实收回金额 728 000 元。

要求：

计算该金银首饰商店应缴纳的消费税。

3. 某酒厂（增值税一般纳税人）可以生产粮食白酒、薯类白酒和啤酒。2019 年 6 月发生以下业务。

（1）外购薯类酒精 10 吨，增值税专用发票上注明的单价为每吨 1 500 元；

（2）外购粮食酒精 20 吨，增值税专用发票上注明的单价为每吨 2 100 元；

（3）外购生产白酒的各种辅料，增值税专用发票上注明的价款共计 12 000 元；

（4）外购生产啤酒的各种辅料，增值税专用发票上注明的价款共计 250 000 元；

（5）当月用 8 吨薯类酒精及辅料生产薯类白酒 22 吨，销售了 20 吨，每吨 12 000 元；

（6）当月用 15 吨粮食酒精及辅料生产粮食白酒 32 吨，销售了 30 吨，每吨 18 000 元；

（7）用剩余的酒精和辅料生产白酒 10 吨，每吨的实际生产成本为 8 500 元，这部分白酒用于抵偿债务，已知该白酒的每吨销售价格分别为 9 000 元、10 000 元、11 000 元；

（8）当月销售啤酒 140 吨，每吨出厂价为 3 500 元；

（9）当月销售乙类啤酒 100 吨，增值税专用发票上注明的出厂单价每吨 2 800 元，另开收据收取每吨 200 元的包装物押金，限期 3 个月；

（10）当月销售果啤 140 吨，增值税专用发票上注明的出厂单价每吨 2 900 元，另开收据收取每吨 200 元的包装物押金，限期 3 个月；

（11）当月没收超期包装物押金 5 000 元（生啤）、3 000 元（果啤），财务会计上计入其他业务收入。

要求：

计算该酒厂当月应纳的增值税和消费税。

第四章

城市维护建设税法和教育费附加及烟叶税

学习目标

- 掌握城市维护建设税、教育费附加及烟叶税的纳税人、税率及应纳税额的计算
- 熟悉城市维护建设税、教育费附加及烟叶税的税收优惠

案例导入

2019年10月山东省万良贸易集团公司（简称万良集团）所属子公司主要经营资料显示：中美万良轮胎有限公司是一家中外合资企业，股东万良集团占51%，美国PAT公司占49%，本月缴纳增值税56万元；另外，万良发动机贸易公司，本月进口发动机一批，缴纳增值税54万元，本月未发生其他业务；同时，万良娱乐有限公司本月缴纳增值税60万元，万良酒业有限公司本月缴纳消费税260万元，增值税140万元。

思考：如果你是万良集团的办税员，则各所属单位中哪些需要缴纳城市维护建设税，哪些不需要缴纳？如果需要缴纳，应缴纳多少？

第一节 城市维护建设税

一、城市维护建设税概述

（一）城市维护建设税的概念

城市维护建设税（以下简称城建税），是指国家制定的用以调整城市维护建设税征收与缴纳权利及义务关系的法律规范。

城建税是国家对缴纳增值税、消费税（简称两税）的单位和个人就其实际缴纳的两税

税额为计税依据而征收的一种税。它属于特定目的税,是国家为扩大和稳定城市维护建设资金的来源而采取的一种税收措施。

(二) 城市维护建设税的特点

1. 税款专款专用

所征税款要求保证用于城市公用事业和公共设施的维护和建设。

2. 属于一种附加税

城建税与其他税种不同,没有独立的征税对象或税基,而是以纳税人实际缴纳的增值税和消费税税额为计税依据,随"两税"同时征收,其征管方法也完全比照"两税"的有关规定管理。

3. 根据城镇规模设计税率

根据纳税人所征城镇的规模及其资金需要设计不同的比例税率。

4. 征收范围较广

除了减免税等特殊情况以外,任何从事生产经营活动的企事业单位和个人,只要缴纳了增值税和消费税中的任一税种,都要缴纳城建税,因此征税范围比较广。

二、城市维护建设税的征税范围、纳税义务人与税率

(一) 征税范围

城建税的征税范围比较广,包括城市、县城、建制镇,以及税法规定征收"两税"的其他地区。城市、县城、建制镇的范围,应以行政区划为标准,不能随意扩大或缩小各自行政区域的管辖范围。

(二) 纳税义务人

城建税的纳税义务人,是指负有缴纳增值税、消费税义务的单位和个人,包括国有企业、集体企业、私营企业、股份制企业、其他企业和行政单位、事业单位、军事单位、社会团体、其他单位,以及个体工商户及其他个人。

自 2010 年 12 月 1 日起,对外商投资企业、外国企业及外籍个人开始征收城建税。

城建税的代扣代缴、代收代缴,一律比照增值税和消费税的有关规定办理。增值税和消费税的代扣代缴、代收代缴义务人同时也是城建税的代扣代缴、代收代缴义务人。

(三) 税率

城建税按纳税人所在地的不同,设置了三档差别比例税率。纳税人所在地为市区的,税率为7%;纳税人所在地为县城、镇的,税率为5%;纳税人所在地不在市区、县城或者镇的,税率为1%。

在实际执行中,对下列两种情况,可以按缴纳两税所在地的适用税率就地缴纳城建税。

(1) 由受托方代扣代缴、代收代缴两税的单位和个人,其代扣代缴、代收代缴的城建

税按受托方所在地适用税率执行。

(2) 流动经营等无固定纳税地点的单位和个人,在经营地缴纳"两税"的,其城建税的缴纳按经营地适用税率执行。

三、城市维护建设税应纳税额的计算

(一) 计税依据

城建税的计税依据,是指纳税人实际缴纳的"两税"税额。纳税人违反两税有关税法而加收的滞纳金和罚款,是税务机关对纳税人违法行为的经济制裁,不作为城建税的计税依据,但纳税人在被查补"两税"和被处以罚款时,应同时对其偷漏的城建税进行补税、征收滞纳金和罚款。

城建税以两税税额为计税依据并同时征收,如果要免征或减征"两税",也就要同时免征或减征城建税。但对出口产品退还增值税、消费税的,不退还已缴纳的城建税。

自2005年1月1日起,经国家税务总局正式审核批准的当期免抵的增值税税额应纳入城建税和教育费附加的计征范围,分别按规定的税(费)率征收城建税和教育费附加。

(二) 城建税应纳税额的计算

城建税应纳税额的计算公式为:

应纳税额 = (实际缴纳的增值税税额+实际缴纳的消费税税额)×适用税率

【例4-1】地处市区的某企业,2019年10月缴纳增值税30万元,缴纳消费税40万元。计算该企业应缴纳的城建税税额。

【解析】应纳城建税税额 = (30+40)×7% = 4.9(万元)

四、城市维护建设税的税收优惠

城建税原则上不单独减免,但因城建税又具有附加税性质,当主税发生减免时,城建税相应发生税收减免。城建税的税收减免具体有以下几种情况。

(1) 城建税按减免后实际缴纳的两税税额计征,即随两税的减免而减免。

(2) 对于因减免税而需进行"两税"退库的,城建税也可同时退库。

(3) 海关对进口产品代征的增值税、消费税,不征收城建税。

(4) 对两税实行先征后返、先征后退、即征即退办法的,除另有规定外,对随两税附征的城建税和教育费附加,一律不退(返)还。

(5) 为支持国家重大水利工程建设,对国家重大水利工程建设基金免征城建税。

五、城市维护建设税的征收管理

城建税的征收管理、纳税环节等事项,比照增值税和消费税的有关规定办理。

(1) 纳税人缴纳两税的,在缴纳两税地缴纳城建税。

(2) 代征、代扣、代缴两税的单位和个人,同时也要代征、代扣、代缴城建税,其城

建税的纳税地点在代扣代收地。没有代扣城建税的，应由纳税人回到其所在地申报纳税。

（3）对流动经营等无固定纳税地点的单位和个人，应随同两税在经营地按适用税率缴纳。

第二节　教育费附加

一、教育费附加的概念

教育费附加是对缴纳增值税、消费税的单位和个人，就其实际缴纳的两税税额为计税依据征收的一种附加费。

二、教育费附加的征收范围、纳税义务人与征收比率

（一）教育费附加的征收范围

教育费附加对缴纳增值税、消费税的单位和个人征收，以其实际缴纳的增值税、消费税为计税依据，分别与增值税、消费税同时缴纳。

（二）教育费附加的纳税义务人

教育费附加的纳税义务人，是指负有缴纳两税义务的单位和个人。

自 2010 年 12 月 1 日起，对外商投资企业、外国企业及外籍个人（以下简称外资企业）征收教育费附加。对外资企业 2010 年 12 月 1 日（含）之后发生纳税义务的增值税、消费税征收教育费附加；对外资企业 2010 年 12 月 1 日之前发生纳税义务的两税，不征收教育费附加。

（三）教育费附加的征收比率

教育费附加征收比率为 3%。

三、教育费附加应纳税额的计算

（一）计税依据

教育费附加的计税依据，是指纳税人实际缴纳的两税税额。纳税人违反"两税"有关税法而加收的滞纳金和罚款，是税务机关对纳税人违法行为的经济制裁，不作为教育费附加的计税依据，但纳税人在被查补两税和被处以罚款时，应同时对其偷漏的教育费附加进行补税、征收滞纳金和罚款。

（二）教育费附加应纳税额的计算

教育费附加应纳税额的计算公式为：

应纳税额=（实际缴纳的增值税税额+实际缴纳的消费税税额）×征收比率

【例 4-2】某市区一企业 2019 年 10 月实际缴纳增值税 30 万元，缴纳消费税 25 万元，

请计算该企业应缴纳的教育费附加。

【解析】应缴纳教育费附加=（30+25）×3%=1.65（万元）

四、教育费附加的税收优惠

（1）对海关进口的产品征收的增值税、消费税，不征收教育费附加。

（2）对由于减免增值税、消费税和发生退税的，可以同时退还已征收的教育费附加。但对出口产品返还增值税和消费税的，不返还已征收的教育费附加。

（3）自2016年2月1日起，对按月纳税的月销售额或营业额不超过10万元的缴纳义务人，免征教育费附加。

（4）对国家重大水利工程建设基金免征教育费附加。

第三节 烟叶税

一、烟叶税的概念

烟叶税是对我国境内收购烟叶的行为以收购金额为征税依据而征收的一种税，体现国家对烟草实行"寓禁于征"政策。

二、纳税人

在中华人民共和国境内收购烟叶的单位为烟叶税的纳税人。

烟叶是指晾晒烟叶、烤烟叶。收购烟叶的单位，是指依照《中华人民共和国烟草专卖法》规定的有权收购烟叶的烟草公司或受其委托收购烟叶的单位。

三、税率

烟叶税实行比例税率，税率为20%。

四、计税依据

烟叶税的计税依据是烟叶收购金额。

收购金额包括纳税人支付给烟叶销售者的烟叶收购价款和价外补贴。按照简化手续、方便征收的原则，价外补贴统一按烟叶收购价款的10%计入收购金额征税。

烟叶收购金额的计算公式为：

$$烟叶收购金额 = 收购价款 \times (1+10\%)$$

五、应纳税额的计算

烟叶税应纳税额的计算公式为：

应纳税额=烟叶收购金额×税率

【例4-3】某卷烟厂6月收购烟叶生产卷烟，收购凭证上注明价款100万元，并向烟叶生产者支付了价外补贴。计算该卷烟厂6月收购烟叶应缴纳的烟叶税。

【解析】烟叶收购金额=100×（1+10%）=110（万元）
烟叶税应纳税额=110×20%=22（万元）

六、征收管理

烟叶税的征收机关是地方税务机关，纳税人收购烟叶，应当向烟叶收购地的主管税务机关申报纳税。烟叶收购地的主管税务机关，是指烟叶收购地的县级地方税务局或其所指定的税务分局、所。

烟叶税的纳税义务发生时间为纳税人收购烟叶的当天，即纳税人向烟叶销售者付讫收购烟叶款项或开具收购烟叶凭据的当天。

纳税人应当自纳税义务发生之日起15日内申报纳税。

本章小结

城建税和教育费附加是对负有缴纳增值税、消费税义务的单位和个人征收的附加税，其计税依据是纳税人实际缴纳的增值税和消费税，征收管理也随增值税和消费税的征收管理一并进行。烟叶税是对我国境内收购烟叶的行为以收购金额为征税依据而征收的一种税，体现国家对烟草实行"寓禁于征"政策。

业务实训练习

一、单项选择题

1. 下列关于城建税的税法，正确的是（   ）。
   A. 只要缴纳增值税就要缴纳城建税
   B. 只有同时缴纳增值税和消费税的纳税人才能成为城建税的纳税人
   C. 只要退还"两税"就退还城建税
   D. 城建税的纳税人是负有缴纳增值税和消费税义务的单位和个人

2. 甲生产企业地处市区，2019年10月实际缴纳增值税28万元，当月委托位于县城的乙企业加工应税消费品，乙企业代收代缴消费税15万元。甲企业当月应缴纳城建税（   ）万元。
   A. 1.96   B. 0.75   C. 2.71   D. 1.31

3. 流动经营等无固定纳税地点的单位和个人，在经营地缴纳两税的，其城建税税率按（   ）执行。
   A. 经营地适用税率   B. 居住地适用税率   C. 7%   D. 1%

4. 位于某市区的一卷烟厂委托某县城一卷烟厂加工一批雪茄烟,双方均为增值税一般纳税人。委托方提供原材料 40 000 元(不含增值税),支付加工费 5 000 元(不含增值税),雪茄烟消费税税率为36%,受托方无同类雪茄烟市场价格。受托方代收代缴消费税时,应代收代缴的城建税为(　　)元。

A. 810　　　　　　B. 1 120.24　　　　　C. 1 265.63　　　　　D. 1 334.23

5. 下列表述中,符合城建税有关规定的是(　　)。

A. 缴纳增值税的个体经营者不缴纳城建税

B. 流动经营的无固定纳税地点的纳税人在经营地缴纳城建税

C. 流动经营的无固定纳税地点的纳税人在居住地缴纳城建税

D. 对于因减免税而需要进行两税退库的,其缴纳的城建税一律不予退还

二、多项选择题

1. 下列项目中,不属于城建税计税依据的是(　　)。

A. 纳税人实际缴纳的"两税"

B. 纳税人违反"两税"有关规定而被处以罚款

C. 纳税人实际缴纳的土地增值税

D. 受托方代收代缴的消费税

2. 某生产企业生产销售柴油,某月取得的销售收入应缴纳的税费有(　　)。

A 增值税　　　　　B. 消费税　　　　　C. 城建税　　　　　D. 教育费附加

3. 以下关于城建税和教育费附加的说法中,正确的有(　　)。

A. 对出口产品退还增值税、消费税的,应同时退还已缴纳的城建税

B. 进口环节代征增值税也要代征教育费附加

C. 对增值税实行先征后返办法的,一般情况下附征的城建税不予返还

D. 纳税人直接缴纳两税的,在缴纳两税地缴纳城建税

4. 根据城建税的有关规定,下列说法正确的是(　　)。

A. 城建税适用的税率均应按纳税人所在地的税率执行

B. 城建税计税依据是实际缴纳的"两税"税额,不包括加收的滞纳金

C. 海关对进口产品代征增值税、消费税的,不代征城建税

D. 对出口产品退还增值税、消费税的,同时退还已缴纳的城建税

三、计算题

1. 甲公司为某市化妆品生产企业,2019 年计划将购进的不含增值税价格100万元,增值税进项税额为13万元的化妆品原材料加工成化妆品销售。甲公司委托另一长期合作的同市乙公司生产一批化妆品,乙公司收取的不含增值税加工费为50万元,开具增值税专用发票,增值税税款6.5万元,价税合计56.5万元。收到化妆品后,甲公司将该批化妆品对外销售,不含税销售价格260万元。化妆品消费税税率为30%。

要求:

(1) 分别计算乙公司应代收代缴的消费税、城建税及教育费附加。

(2) 分别计算乙公司自行缴纳的增值税、城建税及教育费附加。

(3) 分别计算甲公司的增值税、消费税、城建税及教育费附加。

2. 某位于市区的化妆品生产企业为增值税一般纳税人，2019 年 10 月发生如下经济业务。

(1) 从国外进口一批散装化妆品，关税完税价格 150 万元，关税税率 40%，散装化妆品已验收入库。

(2) 本月内企业将进口的散装化妆品的 80% 生产加工为成套化妆品 6 800 件，对外批发销售 6 000 件，取得不含税销售额 290 万元。

(3) 向消费者零售成套化妆品 800 件，取得含税销售额 51.48 万元。

已知化妆品消费税税率为 30%，不考虑地方教育附加。

要求：

(1) 计算该企业在进口环节应缴纳的增值税和消费税。

(2) 计算该企业国内生产销售环节应缴纳的增值税和消费税。

(3) 计算该企业应缴纳的城建税和教育费附加。

第五章

关 税 法

学习目标

- 了解关税的特征及特点
- 掌握关税的完税价格
- 掌握关税的征税范围及应纳税额的计算方法

案例导入

某公司从美国进口啤酒 500 箱，每箱 24 瓶，每瓶容积 500 毫升，到岸价格为 2 000 美元，征税日人民币与美元的外汇折算率为 1∶6.3，适用的优惠税率为 2.5 元/升，请计算公司应纳的关税税额。

第一节 关税概述

一、关税的概念

关税是依法对进出境的货物和物品，就其进出口流转额征收的一种税。所谓"境"指关境，又称"海关境域"或"关税领域"，是一个主权国家行使关税权力全面实施统一海关法令的领土界域。而"国境"则是指一个主权国家行使行政权力的领土界域。通常情况下，一国关境与国境是一致的，包括国家全部的领土、领海、领空。因此，关税又常被称为对进出国境的货物和物品征收的一种税。但当一个国家在国境内设立了自由港、自由贸易区等时，这些区域就进出口关税而言处在关境之外，这时，该国家的关境小于国境；若几个国家结成关税同盟，组成一个共同的关境，实施统一的关税法令和进出口税则，这些国家彼此之间货物进出国境不征收关税,又会使这些国家的关境大于国境。我国的香港和澳门回归后仍保持自由港地位,因此我国的关境小于国境。

二、关税的特点

1. 征税对象的特定性

关税的征税对象是进出境的货物和物品。关税不同于因商品交换或提供劳务取得收入而课征的流转税,也不同于因取得所得或拥有财产而课征的所得税或财产税,而是对特定货物和物品途经海关通道进出口征税。关税只对有形的货品征收,对无形的货品不征关税。

2. 征收环节的单一性

关税只是在进口或出口的单一环节征收,此后货品就可在整个关境内流通,不再另行征收关税。

关税的计税依据为关税的完税价格,通常为到岸价格或离岸价格,不能确定到岸价格或离岸价格时则由海关估定。关税是价外税,其完税价格中不包括关税,即在征收关税时是以实际成交价格为计税依据,关税不包括在内;但海关代为征收增值税、消费税时,其计税依据包括关税在内。

3. 具有涉外统一性,执行统一的对外经济政策

关税是一个国家的重要税种。国家征收关税不单纯是为了满足政府财政上的需要,更重要的是利用关税来贯彻执行统一的对外经济政策,实现国家的政治经济目的。许多国家通过制定和调整关税税率来调节进出口贸易。在出口方面,通过低税、免税和退税来鼓励商品出口;在进口方面,通过税率的高低、税收的减免来调节商品的进口。在我国现阶段,关税可以实现平等互利的对外贸易,保护并促进国内工农业生产发展,为社会主义市场经济服务。

4. 实行复式税则

我国的关税采用对同一进口货物设置优惠税率和普通税率的复式税则。优惠税率是一般的、正常的税率,适用于同我国订有贸易互利条约或协定的国家;普通税率适用于没有同我国签订贸易条约或协定的国家。这种复式税则充分反映了关税具有维护国家主权、发展平等互利的国际贸易和经济技术合作的特点。

5. 由海关管理机构代表国家征税

关税的征收管理一般独立于其他国内税收,不是由国内的税务机构(如我国的国家税务总局与地方税务局)实施,也不是由财政部门负责征收,而是由专门负责进出口事务管理的海关总署及其所属机构具体管理和征收。征收关税是海关工作的一个重要组成部分。《中华人民共和国海关法》(以下简称《海关法》)规定:"中华人民共和国海关是国家的进出关境监督管理机关,海关依照本法和其他有关法律、行政法规,监督进出境的运输工具、货物、行李物品、邮递物品和其他物品,征收关税和其他税、费,查缉走私,并编制海关统计和其他海关业务。"监督管理、征收关税和查缉走私是当前我国海关的三项基本任务。

三、关税的分类

在不同阶段的不同关税政策下,各国采取不同的关税征税方法,关税也因此形成了不同的类型。依据不同的分类标准和依据,关税可以划为不同的种类。

(一) 按征收对象划分

按征收对象划分,关税可分为进口税、出口税和过境税。

1. 进口税

进口税是对进口货物或物品征收的关税。进口税通常在外国货物进入关境或国境时征收,或在外国货物从保税仓库提出运往国内市场时征收。征收进口税的目的在于保护本国市场和增加财政收入。

2. 出口税

出口税是对出口货物或物品征收的关税。为了降低出口货物的成本,提高本国货物在国际市场上的竞争力,多数国家少征或不征出口税。

3. 过境税

过境税是对外国货物通过本国国境或关境时征收的关税。为了吸引过境交易,目前多数国家不征过境税。

(二) 按征收目的划分

按征收目的划分,关税可分为财政关税、保护关税和混合关税。

1. 财政关税

财政关税也称收入关税,是指以增加财政收入为主要目的而征收的关税。财政关税的税率比保护关税低,因为过高的关税会阻碍进出口贸易的发展,达不到增加财政收入的目的。随着世界经济的发展,财政关税的意义逐渐降低,而被保护关税代替。

2. 保护关税

保护关税是指以保护本国经济发展为主要目的而征收的关税。保护关税主要通过对进口商品征收高关税,使进口商品成本升高,从而削弱其在进口国市场的竞争力,甚至阻碍其进口,以达到保护本国市场的目的。但保护关税的税率越高,就越容易造成关税壁垒。

3. 混合关税

混合关税是指兼具财政性质和保护性质的关税。在实际生活中,实行混合关税的国家最多。

(三) 按征税标准划分

按征税标准划分,关税可分为从价税、从量税、复合税和滑动税。

1. 从价税

从价税是指以货物的价格或价值为征税标准而计算征收的税。我国关税征收标准以从价税为主。

2. 从量税

从量税以征税对象的重量、长度、面积、体积等计量单位为计税依据。因为进口商品单位应税额固定,不受商品进口价格的影响,所以从量税的税额计算简单,并能抵制质次价廉商品的进口。

3. 复合税

复合税是指对同一种进口货物采用从价、从量两种标准课征的一种关税,即征收时两种税率合并计征。复合关税计征手续较为烦琐,但它既可发挥从量税抑制低价进口货物的特点,又可发挥从价税税负合理、稳定的特点,在物价波动时,可以减少对财政收入的影响。

4. 滑动税

滑动税又称滑准税,是指对某种货物在税则中预先按该商品的价格规定几档税率,同一种货物在价格高时适用较低税率,在价格低的时候适用较高税率,目的是使该物品的价格在国内市场上保持相对稳定,尽可能减少国际市场价格波动对其的影响。目前我国对新闻纸实行滑准税。

(四) 按税率制定划分

按税率制定划分,关税可分为自主关税和协定关税。

1. 自主关税

自主关税又称国定关税,是指一个国家基于其主权,独立自主制定的、并有权修订的关税,包括关税税率及各种法规、条例。自主关税税率一般高于协定关税税率,适用于没有签订关税贸易协定的国家。

2. 协定关税

协定关税是指两个或两个以上的国家,通过缔结关税贸易协定而制定的关税税率。协定关税有双边协定税率、多边协定税率和片面协定税率。双边协定税率是两个国家达成协议而相互减让的关税税率;多边协定税率是两个以上的国家之间达成协议而相互减让的关税税率;片面协定税率是一国对他国输入的货物降低税率,为其输入提供方便,而他国可以不降低税率回报的税率制度。

(五) 按差别待遇和特定的实施情况划分

按差别待遇和特定的实施情况划分,关税可分为进口附加税、差价税、特惠税和普遍优惠制。

1. 进口附加税

进口附加税是指除了征收一般进口税以外,还根据某种目的再加征额外的关税。进口附加税主要有反补贴税和反倾销税。

2. 差价税

差价税又称差额税。当某种本国生产的产品国内价格高于同类的进口商品价格时，为了削弱进口商品的竞争力，保护国内生产和国内市场，按国内价格与进口价格之间的差额征收关税，称为差价税。

3. 特惠税

特惠税又称优惠税，是指对某个国家或地区进口的全部商品或部分商品，给予特别优惠的低关税或免税待遇。但特惠税不适用于从非优惠国家或地区进口的商品。特惠税有的是互惠的，有的是非互惠的。

4. 普遍优惠制

普遍优惠制简称普惠制。它是发展中国家在联合国贸易与发展会议上经过长期斗争，在1968年通过建立普惠制决议后取得的。该决议规定，发达国家承诺对从发展中国家或地区输入的商品，特别是制成品和半成品，给予普遍的、非歧视性的和非互惠的优惠关税待遇。

第二节 征税对象与纳税义务人

一、征税对象

关税的征税对象是准许进出境的货物和物品。货物是指贸易性商品；物品是指入境旅客随身携带的行李物品、个人邮递物品、各种运输工具上的服务人员携带进口的自用物品、馈赠物品以及其他方式进境的个人物品。

二、纳税义务人

进口货物的收货人、出口货物的发货人、进出境物品的所有人，是关税的纳税义务人。

进出口货物的收、发货人是依法取得对外贸易经营权，并进口或者出口货物的法人或者其他社会团体。

进出境物品的所有人包括该物品的所有人和推定为所有人的人。

(1) 对携带进境的物品，推定其携带人为所有人；
(2) 对分离运输的行李，推定相应的进出境旅客为所有人；
(3) 对以邮递方式进境的物品，推定其收件人为所有人；
(4) 对以邮递或其他运输方式出境的物品，推定其寄件人或托运人为所有人。

第三节 进出口税则与税率

一、进出口税则

进出口税则是一国海关据以对进出口商品计征关税的规章和对进、出口的应税与免税商品加以系统分类的税率表,里面既有海关征收关税的规章条例及说明,也有海关的关税税率表,关税税率表的主要内容有税则号例、商品分类目录和税率三部分。

1983年海关合作理事会(现名世界海关组织)主持制定了《商品名称及编码协调制度》(The Harmonized Commodity Description and Coding System),简称"协调制度",又称"HS"。该制度是在原海关合作理事会商品分类目录和国际贸易标准分类目录的基础上,协调国际上多种商品分类目录而制定的一部多用途的国际贸易商品分类目录,是供海关、统计、进出口管理及与国际贸易有关各方共同使用的商品分类编码体系。《商品名称及编码协调制度》每四年修订一次。我国于1992年正式加入《协调制度公约》,现行的《中华人民共和国海关进出口税则》(以下简称《海关进出口税则》)及《中华人民共和国海关统计商品目录》都是以协调制度为基础而制定的,现行《海关进出口税则》是2020年修订的。税则中商品分类繁细,反映了商品种类增多,也是为了便于实行关税差别和贸易歧视政策,它是一国关税政策的具体体现。进出口税则不是一成不变的,它随着国家经济管理体制和经济政策的变化而相应调整。事实上,我国的进出口税则几乎每年都有不同程度的变化和调整。

进出口税则中的商品,一般根据进出口商品构成、关税政策和统计工作的需要而进行组合分类。各国税则中的商品分类方法不尽相同,有的按商品加工程度划分,如原料、半制成品、制成品等;有的按商品的属性划分,如水产品、农产品、畜产品、纺织品、机械产品等;有的先按商品属性分成大类,再按加工程度分成小类。

进出口税则分为单式税则和复式税则两种,大多数国家实行复式税则。

二、税率

(一) 进口关税税率

1. 税率设置与适用

加入WTO(世界贸易组织)后,我国自2002年1月1日起,进口税率设有最惠国税率、协定税率、特惠税率、普通税率、暂定税率关税配额税率等税率。

(1) 最惠国税率适用原产于与我国共同适用最惠国待遇条款的WTO成员国或地区的进口货物,或原产于与我国签订有相互给予最惠国待遇条款的双边贸易协定的国家或地区进口的货物,以及原产于我国境内的进口货物。

(2) 协定税率适用原产于我国参加的含有关税优惠条款的区域性贸易协定有关缔约方的进口货物。

(3) 特惠税率适用原产于与我国签订有特殊优惠关税协定的国家或地区的进口货物。

(4) 普通税率适用于原产于上述国家或地区以外的其他国家或地区的进口货物。按照普通税率征税的进口货物,经国务院关税税则委员会特别批准,可以适用最惠国税率。

(5) 暂定税率与关税配额税率。根据经济发展需要,国家对部分进口原材料、零部件、农药原药和中间体、乐器及生产设备实行暂定税率。暂定税率优先适用于优惠税率或最惠国税率，按普通税率征税的进口货物不适用暂定税率。同时，对部分进口农产品和化肥产品实行关税配额税率，即一定数量内的上述进口商品适用税率较低的配额内税率，超出该数量的进口商品适用税率较高的配额外税率。

2. 税率计征办法

我国对进口商品基本上都实行从价税，即以进口货物的完税价格作为计税依据，以应征税额占货物完税价格的百分比作为税率。从1997年7月1日起，我国对部分产品实行从量税、复合税和滑动税。

（二）出口关税税率

我国出口税则为一栏税率，税率一般为20%~40%。我国仅对少数资源性产品和需要规范出口秩序的半制成品征收出口关税。

（三）特别关税

特别关税包括报复性关税、反倾销税与反补贴税。

1. 报复性关税

报复性关税是为报复他国对本国出口货物的关税歧视，而对相关国家的进口货物征收的一种进口附加税。

2. 反倾销税与反补贴税

根据《中华人民共和国反倾销条例》和《中华人民共和国反补贴条例》规定，进口产品经初裁确定倾销或者补贴成立，并由此对国内产业造成损害的，可以采取临时反倾销或反补贴措施，实施期限为自决定公告规定实施之日起，不超过4个月；在特殊情形下，期限可以延长至9个月。经终裁确定倾销或者补贴成立，并由此对国内产业造成损害的，可以征收反倾销税和反补贴税征收期限一般不超过5年，但经复审确定终止征收反倾销税或反补贴税有可能导致倾销或补贴以及损害的继续或再度发生的，征收期限可以适当延长。

（四）税率的运用

进出口货物应当依照税则规定的归类原则归入合适的税号，并按照适用的税率征税。《中华人民共和国进出口关税条例》和《中华人民共和国海关进出口货物征税管理办法》对税率的运用进行了明确规定。

(1) 进出口货物，应当按照纳税义务人申报进口或者出口之日实施的税率征税。

(2) 进口货物到达之前，经海关核准先行申报的，应当按照装载此货物的运输工具申报进境之日实施的税率征税。

(3) 进出口货物的补税和退税，适用该进出口货物原申报进口或者出口之日所实施的税率。但下列情况除外。

①按照特定减免税办法批准予以减免税的进口货物，后因情况改变经海关批准转让或出售或移作他用需予补税的，适用海关接受纳税人再次填写报关单申报办理纳税及有关手续之日实施的税率征税；

②加工贸易进口料、件等属于保税性质的进口货物，如经批准转为内销，应按向海关申报转为内销之日实施的税率征税；如未经批准擅自转为内销的，则按海关查获日期所施行的税率征税；

③暂时进口货物转为正式进口需予补税时，应按其申报正式进口之日实施的税率征税；

④分期支付租金的租赁进口货物，分期付税时，适用海关接受纳税人再次填写报关单申报办理纳税及有关手续之日实施的税率征税；

⑤溢卸、误卸货物事后确定需征税时，应按其原运输工具申报进口日期所实施的税率征税；如原进口日期无法查明的，可按确定补税当天实施的税率征税；

⑥对由于税则归类的改变、完税价格的审定或其他工作差错而需补税的，应按原征税日期实施的税率征税；

⑦对经批准缓税进口的货物以后交税时，不论是分期还是一次交清税款，都应按货物原进口之日实施的税率征税；

⑧查获的走私进口货物需补税时，应按查获日期实施的税率征税。

第四节　关税完税价格

依据海关审定进出口货物完税价格办法的相关规定，进口货物的关税完税价格由海关以货物的成交价格为基础审查确定，成交价格应当包括该货物运抵我国境内输入地点起卸前的运输及其相关费用、保险费。我国境内输入地为入境海关地，包括内陆河、江口岸，一般为第一口岸。

一、一般进口货物的完税价格

（一）以成交价格为基础的完税价格

进口货物的成交价格是指卖方向中华人民共和国境内销售该货物时，买方为进口该货物向卖方实付、应付的并按照有关规定调整后的价款总额，包括直接支付的价款和间接支付的价款。

1. 对进口货物成交价格的要求

进口货物的成交价格应当符合下列条件。

（1）对买方处置或者使用进口货物不予限制，但是国内法律、行政法规规定实施的限制、对货物转售地域的限制和对货物价格无实质性影响的限制除外。

（2）进口货物的价格不得受到使该货物成交价格无法确定的条件或者因素的影响。

（3）卖方不得直接或者间接获得因买方销售、处置或者使用进口货物而产生的任何收益，或者虽然有收益但是能够按照《中华人民共和国海关审定进出口货物完税价格办法》（以下简称《完税价格办法》）的规定进行调整。

（4）买卖双方之间没有特殊关系，或者虽然有特殊关系但是按照《完税价格办法》的规定未对成交价格产生影响。

2. 成交价格的调整

成交价格是指买方为购进进口货物直接或间接支付的总额,即作为卖方销售进口货物的条件,由买方向卖方或为履行卖方义务向第三方已经支付或将要支付的全部款项。

(1) 以成交价格为基础审查确定进口货物的完税价格时,下列费用或价值若未包括在进口货物的实付或者应付价格中,应在完税价格核定时调整计入。

①由买方负担的下列费用:除购货佣金以外的佣金和经纪费;与该货物视为一体的容器费用;包装材料费用和包装劳务费用。购货佣金是指买方为购买进口货物向自己的采购代理人支付的劳务费用;经纪费是指买方为购买进口货物向代表买卖双方利益的经纪人支付的劳务费用。

②与进口货物的生产和向中华人民共和国境内销售有关的,由买方以免费或者以低于成本的方式提供,并可以按适当比例分摊的下列货物或者服务的价值:进口货物包含的材料、部件、零件和类似货物;在生产进口货物过程中使用的工具、模具和类似货物;在生产进口货物过程中消耗的材料;在境外进行的为生产进口货物所需的工程设计、技术研发、工艺及制图等相关服务。

③买方需向卖方或者有关方直接或者间接支付的特许权使用费,但是符合下列情形之一的除外:特许权使用费与该货物无关;特许权使用费的支付不构成该货物向中华人民共和国境内销售的条件。

④卖方直接或者间接从买方对该货物进口后销售、处置或者使用所得中获得的收益。

(2) 进口货物的价款中单独列明的下列税收、费用(能与该货物的实付价格或应付价格区分),不计入该货物的完税价格。

①厂房、机械或者设备等货物进口后发生的建设、安装、装配、维修或者技术援助费用,但是保修费用除外。

②进口货物运抵中华人民共和国境内输入地点起卸后发生的运输及其相关费用、保险费。

③进口关税、进口环节海关代征税及其他国内税。

④为在境内复制进口货物而支付的费用。

⑤境内外技术培训及境外考察费用。

⑥同时符合下列条件的利息费用不计入完税价格:利息费用是买方为购买进口货物而融资所产生的;有书面的融资协议的;利息费用单独列明的;纳税义务人可以证明有关利率不高于在融资当时当地此类交易通常应当具有的利率水平,且没有融资安排的相同或者类似进口货物的价格与进口货物的实付、应付价格非常接近的。

(二) 进口货物海关估价方法

《完税价格办法》规定,进口货物的成交价格不符合成交价格条件或者成交价格不能确定的,海关经了解有关情况,并与纳税义务人进行价格磋商后,依次以相同货物成交价格估价方法、类似货物成交价格估价方法、倒扣价格估价方法、计算价格估价方法及其他合理方法确定的价格为基础,估定完税价格。同时,纳税义务人向海关提供有关资料后,可以提出申请,颠倒倒扣价格方法和计算价格方法的适用次序。

(三) 特殊进口货物的完税价格

1. 加工贸易进口料件及其制成品

加工贸易进口料件或者其制成品应当征税的,海关按照以下规定审查确定完税价格。

(1) 进口时应当征税的进料加工进口料件,以该料件申报进口时的成交价格为基础审查确定完税价格。

(2) 进料加工进口料件或者其制成品(包括残次品)内销时,海关以料件原进口成交价格为基础审查确定完税价格。料件原进口成交价格不能确定的,海关以接受内销申报的同时或者大约同时进口的与料件相同或者类似货物的进口成交价格为基础审查确定完税价格。

(3) 来料加工进口料件或者其制成品(包括残次品)内销时,海关以接受内销申报的同时或者大约同时进口的与料件相同或者类似货物的进口成交价格为基础审查确定完税价格。

(4) 加工企业内销加工过程中产生的边角料或者副产品,以海关审查确定的内销价格作为完税价格。

加工贸易内销货物的完税价格按照以上规定仍然不能确定的,由海关按照合理的方法审查确定。

2. 保税区出口加工区内的货物

保税区出口加工区内的加工企业申报内销加工贸易制成品时,海关以接受内销申报的同时或者大约同时进口的与制成品相同或者类似货物的进口成交价格为基础审查确定完税价格。

3. 复运进境的运往境外修理的货物

运往境外修理的机械器具、运输工具或者其他货物,出境时已向海关报明,并在海关规定的期限内复运进境的,应当以境外修理费和料件费为基础审查确定完税价格。

4. 复运进境的运往境外加工的货物

运往境外加工的货物,出境时已向海关报明,并在海关规定期限内复运进境的,应当以境外加工费和料件费以及该货物复运进境的运输及其相关费用、保险费为基础审查确定完税价格。

5. 暂时进境的货物

对于经海关批准的暂时进境的货物,应当按照一般进口货物估价办法的规定,估定完税价格。

6. 租赁方式进口货物

租赁方式进口的货物中,以租金方式对外支付的租赁货物,在租赁期间以海关审查确定的租金作为完税价格,利息应当予以计入;留购的租赁货物以海关审查确定的留购价格作为完税价格;承租人申请一次性缴纳税款的,经海关同意,按照一般进口货物估价方法的规定估定完税价格。

7. 留购的进口货样

对于境内留购的进口货样、展览品和广告陈列品,以海关审定的留购价格作为完税价格。

8. 予以补税的减免税货物

减税或免税进口的货物需补税时,应当以海关审定的该货物原进口时的价格,扣除折旧部分作为完税价格。其计算公式为:

$$完税价格 = 海关审定的该货物原进口时的价格 \times [1 - 申请补税时实际已使用的时间(月) \div (监管年限 \times 12)]$$

式中,补税时实际进口的时间按月计算,不足1个月但是超过15日的,按照1个月计算;不超过15日的,不予计算。

9. 以其他方式进口的货物

以易货贸易、寄售、捐赠、赠送等其他方式进口的货物,应当按照一般进口货物估价办法的规定,估定完税价格。

(四)进口货物完税价格中运输及相关费用、保险费的计算

进口货物的运费,应当按照实际支付的费用计算。如果进口货物的运费无法确定,海关应当按照该货物的实际运输成本或者该货物进口同期运输行业公布的运费率(额)计算运费。

进口货物的保险费,应当按照实际支付的费用计算。如果进口货物的保险费无法确定或者未实际发生,海关应当按照"货价加运费"两者总额的3‰计算保险费。其计算公式为:

$$保险费 = (货价 + 运费) \times 3‰$$

邮运进口的货物,应当以邮费作为运输及其相关费用、保险费。

以境外边境口岸价格条件成交的铁路或者公路运输进口货物,海关应当按照境外边境口岸价格的1%计算运输及其相关费用、保险费。

运输工具作为进口货物,利用自身动力进境的(即自驾进口),海关在审查确定完税价格时,不再另行计入运费。

(五)出口货物的完税价格

1. 以成交价格为基础的完税价格

出口货物的完税价格由海关以该货物的成交价格为基础审查确定,并应当包括货物运至中华人民共和国境内输出地点装载前的运输及其相关费用、保险费。

出口货物的成交价格是指该货物出口销售时,卖方为出口该货物应当向买方直接收取和间接收取的价款总额。

下列税收、费用不计入出口货物的完税价格：出口关税；在货物价款中单独列明的货物运至中华人民共和国境内输出地点装载后的运输及其相关费用、保险费；在货物价款中单独列明由卖方承担的佣金。

2. 以海关估价为基础的完税价格

出口货物的成交价格不能确定的，海关经了解有关情况，并与纳税义务人进行价格磋商后，依次以下列价格审查确定该货物的完税价格。

（1）同时或者大约同时向同一国家或者地区出口的相同货物的成交价格。

（2）同时或者大约同时向同一国家或者地区出口的类似货物的成交价格。

（3）根据境内生产相同或者类似货物的成本、利润和一般费用（包括直接费用和间接费用）、境内发生的运输及其相关费用、保险费计算所得的价格。

（4）按照合理方法估定的价格。

第五节　应纳税额的计算

进口货物的成交价格，因有不同的成交条件而有不同的价格形式，常用的价格条款有FOB、CFR、CIF 三种。

FOB（Free on Board）是"船上交货"的价格术语简称，又称"离岸价格"。这一价格术语是指卖方在合同规定的装运港把货物装上买方指定的船，并承担货物装上船为止的一切费用和风险。

CFR（Cost and Freight）是"成本加运费"的价格术语简称，又称"离岸加运费价格"。这一价格术语是指卖方负责将合同规定的货物装上买方指定运往的目的港的船，承担货物装上船为止的一切费用和风险并支付运费。

CIF（Cost, Insurance and Freight）是"成本加运费、保险费"的价格术语简称，又称"到岸价格"。这一价格术语是指卖方负责将合同规定的货物装上买方指定运往的目的港的船，办理保险手续，并支付运费和保险费。

1. 从价应纳税额

从价应纳税额的计算公式如下：

$$关税税额 = 应税进（出）口货物数量 \times 单位完税价格 \times 税率$$

【例5-1】某公司进口一辆商务客车用于接待，支付货价20万元，境外运输费用和保险费无法确定，经海关查实，同期相同业务的运输费用占货价的5%，商务客车的关税税率为25%、消费税税率为5%。请计算进口环节应缴纳的各项税金。

【解析】（1）进口商用客车关税 =（20+20×5%）×（1+3‰）×25% = 5.27（万元）

进口商用客车组价 = [（20+20×5%）×（1+3‰）+5.27] ÷（1-5%）= 27.72（万元）

（2）进口商用客车的消费税 = 27.72×5% = 1.39（万元）

（3）进口商用客车的增值税 = 27.72×13% = 3.60（万元）

【例5-2】某企业为增值税一般纳税人。2019年10月进口一批应税消费品,成交价折合1 970万元人民币;另支付该货物运抵我国关境内输入地点起卸前的运费、保险费20万元,支付与货物有关的境外研发费用210万元,货物进口后又发生运输费用50万元。请计算该公司在进口环节应缴纳的各项税款。

【解析】(1)关税完税价格=1 970+20+210=2 200(万元)

(2)应纳关税=2 200×50%=1 100(万元)

(3)应纳消费税=(2 200+1 100)÷(1-30%)×30%=1 414.29(万元)

(4)应纳增值税=(2 200+1 100)÷(1-30%)×13%=612.86(万元)

2. 从量税应纳税额

从量税应纳税额的计算公式如下:

$$关税税额=应税进(出)口货物数量×单位货物税额$$

3. 复合税应纳税额

我国目前实行的复合税都是先计征从量税,再计征从价税,计算公式如下:

$$关税税额=应税进(出)口货物数量×单位货物税额+应税进(出)口货物数量×单位完税价格×税率$$

第六节 税收优惠

关税减免是贯彻国家关税政策的一项重要措施。关税减免分为法定减免税、特定减免税和临时减免税。根据《中华人民共和国海关法》(以下简称《海关法》)规定,除法定减免税外的其他减免税均由国务院决定。减征关税在我国加入世界贸易组织之前以税则规定的税率为基准,在我国加入世界贸易组织之后以最惠国税率或者普通税率为基准。

一、法定减免税

法定减免税是税法中明确列出的减税或免税。符合税法规定可予减免税的进出口货物,纳税义务人无须提出申请,海关可按规定直接予以减免税。海关对法定减免税货物一般不进行后续管理。《海关法》和《中华人民共和国进出口关税条例》(以下简称《进出口关税条例》)明确规定,下列货物、物品予以减免关税。

(1)关税税额在人民币50元以下的一票货物,可免征关税。

(2)无商业价值的广告品和货样,可免征关税。

(3)外国政府、国际组织无偿赠送的物资,可免征关税。

(4)进出境运输工具装载的途中必需的燃料、物料和饮食用品,可予免税。

(5)经海关核准暂时进境或者暂时出境,并在6个月内复运出境或者复运进境的货样、展览品、施工机械、工程车辆、工程船舶、供安装设备时使用的仪器和工具、电视或者电影摄制器械、盛装货物的容器以及剧团服装道具,在货物收发货人向海关缴纳相当于税款的保证金或者提供担保后，可以暂不缴纳关税。

（6）为境外厂商加工、装配成品和为制造外销产品而进口的原材料、辅料、零件、部件、配套件和包装物料，海关按照实际加工出口的成品数量免征进口关税；或者对进口料、件先征进口关税，再按照实际加工出口的成品数量予以退税。

（7）因故退还的中国出口货物，经海关审查属实，可予免征进口关税，但已征收的出口关税不予退还。

（8）因故退还的境外进口货物，经海关审查属实，可予免征出口关税，但已征收的进口关税不予退还。

（9）进口货物如有以下情形，经海关查明属实，可酌情减免进口关税。

①在境外运输途中或者在起卸时，遭受损坏或者损失的；

②起卸后海关放行前，因不可抗力遭受损坏或者损失的；

③海关查验时已经破漏、损坏或者腐烂，经证明不是保管不慎造成的。

（10）无代价抵偿货物，即进口货物在征税放行后，发现货物残损、短少或品质不良，而由国外承运人、发货人或保险公司免费补偿或更换的同类货物，可以免税。但有残损或质量问题的原进口货物如未退运国外，其进口的无代价抵偿货物应照章征税。

（11）我国缔结或者参加的国际条约规定减征、免征关税的货物、物品，按照规定予以减免关税。

（12）法律规定减征、免征的其他货物。

二、特定减免税

特定减免税也称政策性减免税。在法定减免税之外，国家按照国际通行规则和我国实际情况，制定发布的有关进出口货物减免关税的政策，称为特定减免税。特定减免税货物一般有地区、企业和用途的限制，海关需要进行后续管理，也需要进行减免税统计。

特定减免税主要包括以下内容。

（1）科教用品。

（2）残疾人专用品。

（3）扶贫、慈善性捐赠物资。

（4）加工贸易产品。

（5）边境贸易进口物资。

（6）保税区进出口货物。

（7）出口加工区进出口货物。

（8）进口设备。

（9）特定行业或用途的减免税政策。

（10）特定地区的减免税政策。

三、临时减免税

临时减免税是指以上法定减免税和特定减免税以外的其他减免税,即由国务院根据《海关法》对某个单位、某类商品、某个项目或某批进出口货物的特殊情况,给予特别照顾,一案一批,专文下达的减免税。一般有单位、品种、期限、金额或数量等限制,不能比照执行。

第七节 征收管理

一、关税缴纳

进口货物自运输工具申报进境之日起 14 日内,出口货物在货物运抵海关监管区后、装货的 24 小时以前,应由进出口货物的纳税义务人向货物进(出)境地海关申报,海关根据税则归类和完税价格计算应缴纳的关税和进口环节代征税,并填发税款缴款书。

纳税义务人应当自海关填发税款缴款书之日起 15 日内,向指定银行缴纳税款。如关税缴纳期限的最后一日是周末或法定节假日,则关税缴纳期限顺延至周末或法定节假日过后的第一个工作日。为方便纳税义务人,经申请且海关同意,进(出)口货物的纳税义务人可以在设有海关的指运地(启运地)办理海关申报、纳税手续。

关税纳税义务人因不可抗力或者在国家税收政策调整的情形下,不能按期缴纳税款的,经海关总署批准,可以延期缴纳税款,但最长不得超过 6 个月。

二、关税的强制执行

纳税义务人未在关税缴纳期限内缴纳税款,即构成关税滞纳。为保证海关征收关税决定的有效执行和国家财政收入的及时入库,《海关法》赋予海关对滞纳关税的纳税义务人强制执行的权力。强制措施主要有两类。

一是征收关税滞纳金。滞纳金自关税缴纳期限届满滞纳之日起,至纳税义务人缴纳关税之日止,按滞纳税款万分之五的比例按日征收,周末或法定节假日不予扣除。其计算公式为:

$$关税滞纳金金额 = 滞纳关税税额 \times 滞纳金征收比率 \times 滞纳天数$$

二是强制征收。如纳税义务人自海关填发缴款书之日起 3 个月仍未缴纳税款,经直属海关关长或其授权的隶属海关关长批准,海关可以采取强制扣缴、变价抵缴等强制措施。强制扣缴即海关从纳税义务人在开户银行或者其他金融机构的存款中直接扣缴税款;变价抵缴即海关将应税货物依法变卖,或者扣留并依法变卖其价值相当于应纳税款的货物或者其他财产,以变卖所得抵缴税款。

三、关税退还

关税退还是关税纳税义务人按海关核定的税额缴纳关税后，因某种原因的出现，海关将实际征收多于应当征收的税额（称为溢征关税）退还给原纳税义务人的一种行政行为。根据《海关法》规定，海关多征的税款，海关发现后应当立即退还。

按规定，有下列情形之一的，进出口货物的纳税义务人可以自缴纳税款之日起1年内，书面声明理由，连同原纳税收据向海关申请退税并加算银行同期活期存款利息，逾期不予受理：因海关误征，多纳税款的；海关核准免验进口的货物，在完税后，发现有短卸情形，经海关审查认可的；已征出口关税的货物，因故未将其运出口，申报退关，经海关查验属实的。

对已征出口关税的出口货物和已征进口关税的进口货物，因货物品种或规格原因（非其他原因）原状复运进境或出境的，经海关查验属实的，也应退还已征关税。海关应当自受理退税申请之日起30日内，作出书面答复并通知退税申请人。本规定强调的是"因货物品种或规格原因，原状复运进境或出境的"。如果属于其他原因且不能以原状复运进境或出境的，不能退税。

四、关税补征和追征

补征和追征是海关在关税纳税义务人按海关核定的税额缴纳关税后，发现实际征收税额少于应当征收的税额（称为短征关税）时，责令纳税义务人补缴所差税款的一种行政行为。海关法根据短征关税的原因，将海关征收原短征关税的行为分为补征和追征两种。由于纳税人违反海关规定造成短征关税的，称为追征；非因纳税人违反海关规定造成短征关税的，称为补征。区分关税追征和补征的目的是区别不同情况下适用的不同征收时效。超过时效规定的期限，海关就丧失了追补关税的权力。

根据《海关法》规定，进出境货物和物品放行后，海关发现少征或者漏征税款，应当自缴纳税款或者货物、物品放行之日起1年内，向纳税义务人补征税款；因纳税义务人违反规定而造成的少征或者漏征的税款，海关可以自纳税义务人应缴纳税款或者货物、物品放行之日起3年以内追征，并从缴纳税款或者货物、物品放行之日起按日加收少征或者漏征税款万分之五的滞纳金。

五、关税纳税争议

为保护纳税人合法权益，我国《海关法》和《进出口关税条例》都规定了纳税义务人对海关确定的进出口货物的征税、减税、补税或者退税等有异议时，有提出申诉的权利。在纳税义务人同海关发生纳税争议时，可以向海关申请复议，但同时应当在规定期限内按海关核定的税额缴纳关税，逾期则构成滞纳，海关有权按规定采取强制执行措施。

纳税争议的内容一般为进出境货物和物品的纳税义务人对海关在原产地认定、税则归类、税率或汇率适用、完税价格确定、关税减征、免征、追征、补征和退还等征税行为是否合法或适当，是否侵害了纳税义务人的合法权益，而对海关征收关税的行为表示异议。

纳税争议的申诉程序为：纳税义务人自海关填发税款缴款书之日起 30 日内，向原征税海关的上一级海关书面申请复议。逾期申请复议的，海关不予受理。海关应当自收到复议申请之日起 60 日内作出复议决定，并以复议决定书的形式正式答复纳税义务人；纳税义务人对海关复议决定仍然不服的，可以自收到复议决定书之日起 15 日内，向人民法院提起诉讼。

本章小结

关税是指由海关根据国家制定的法律，以进出关境的货物和物品为征税对象而征收的一种商品税。关税主要有以下特点：征收的对象是进出境的货物和物品；关税是单一环节的价外税；关税由海关代国家征收；有较强的涉外性。

业务实训练习

一、单项选择题

1. 关税纳税义务人因不可抗力或在国家税收政策调整的情形下，不能按期缴纳税款，经海关总署批准，可以延期缴纳税款，但最多不得超过（　　）个月。
   A. 3　　　　　　B. 6　　　　　　C. 9　　　　　　D. 12

2. 特别关税由（　　）负责征收。
   A. 海关总署　　　　　　　　　　B. 财政部
   C. 国家税务总局　　　　　　　　D. 国务院关税税则委员会

3. 进口货物的完税价格，由海关以进出口货物的（　　）为基础审定完税价格。
   A. 到岸价格　　B. 申报价格　　C. 实际成交价格　　D. 离岸价格

4. 某公司进口一台机器设备，成交价格为 500 万元人民币，运费和保险费共 1 万元，成交价格中包含有该公司向境外采购代理人支付的购货佣金 6 万元，但不包括支付的买方佣金。进口关税税率为 20%，则该公司应纳进口关税（　　）万元。
   A. 100　　　　　B. 98.8　　　　C. 100.2　　　　D. 99

5. 纳税义务人或代理人应在海关填发税款缴款书之日起（　　）日内，向指定银行缴纳税款。
   A. 15　　　　　B. 30　　　　　C. 7　　　　　　D. 10

二、多项选择题

1. 下列各项中，属于关税征税对象的是（　　）。
   A. 贸易性商品
   B. 个人邮寄物品
   C. 入境旅客随身携带的行李和物品

D. 馈赠物品或以其他方式进入国境的个人物品

2. 下列项目中，属于关税法定纳税义务人的有（　　）。

A．进口货物的收货人　　　　　　　B．进口货物的代理人

C．出口货物的发货人　　　　　　　D．出口货物的代理人

3. 下列进口货物，免征关税的有（　　）。

A．无商业价值的广告品　　　　　　B．国际组织有偿提供的设备

C．外国政府无偿赠送的物资　　　　D．关税税额在人民币50元以下的货物

4. 我国特别关税的种类包括（　　）。

A．报复性关税　　　　　　　　　　B．保障性关税

C．进口附加税　　　　　　　　　　D．反倾销税与反补贴税

5. 进口货物的完税价格包括（　　）。

A．进口货物的货价　　　　　　　　B．运抵我国口岸起卸前的运费

C．运抵我国口岸起卸后的运费　　　D．买方支付卖方的佣金

三、计算题

其进出口公司从M国进口货物一批，成交价（离岸价）折合人民币5 000万元（包括向境外采购代理人支付的买方佣金40万元）。另支付运费100万元，保险费80万元。货物运抵我国口岸后，假设该货物适用的关税税率为15%，增值税税率为13%，消费税税率为5%。

要求：

计算该公司应缴纳的关税、增值税和消费税。

第六章

企业所得税法

学习目标

- 掌握企业所得税的纳税义务人、税率及应纳税额的计算方法
- 掌握企业所得税的税收优惠
- 熟悉企业所得税的征收管理办法

案例导入

深圳市一家新办企业2019年度的经营业务如下：收入情况为销售收入 2 500 万元，营业外收入90万元；成本费用情况为销售成本 1 300 万元，销售费用600万元，管理费用480万元（其中业务招待费30万元）；财务费用为80万元；销售税金为180万元（其中增值税130万元）；营业外支出为100万元（含工商机关罚款12万元，税收滞纳金10万元）。该企业计算的会计利润为-20万元。

在申报企业所得税时，该企业认为企业当年利润为零，不需要纳税。

思考：企业的会计利润只有在大于零时才需要缴纳企业所得税吗？会计利润是否是企业所得税的计税依据？

第一节 企业所得税概述

一、企业所得税的概念

企业所得税是对一国境内的企业和其他取得收入的组织的生产经营所得和其他所得征收的一种税。

二、企业所得税的特点

我国的企业所得税具有以下特点。

（一）征税对象是净所得额（收益额）

企业所得税的征税对象为企业生产经营所得和其他所得。所得额有别于企业实现的利润额、增值额，也不是企业的营业额或销售额。所得额是纳税人的征税收入扣除各项成本、费用等开支后的净所得额，属于对收益额征税。

（二）税负不易转嫁

企业所得税是一种直接税，纳税人就是负税人，相较于税负较易转嫁的间接税，其税负不易转嫁。因此，政府往往将所得税作为调节国民收入分配、执行经济政策和社会政策的重要工具。

（三）税基广泛

企业所得税的征税对象为企业生产经营所得和其他所得，税基广泛。企业的生产经营所得和其他所得，是来自企业、单位、社会团体等各种纳税义务人的所有合理、合法的所得，包括经营所得、财产收益及其他来源渠道的各种性质所得。

（四）税基约束力强

企业所得税的税基是应纳税所得额，即纳税人每个纳税年度的收入总额减去准予扣除项目金额之后的余额，计算时涉及纳税人财务会计核算的个人方面，与企业会计核算关系密切。为了保护税基，企业所得税明确了收入总额、扣除项目金额的确定以及资产的税务处理等内容，使应税所得额的计算相对独立于企业的会计核算，体现了税法的强制性与统一性。

三、企业所得税的作用

企业所得税是对所得征税，有所得者缴税，无所得者不缴税。就其计税原理而言，所得税的作用体现在以下几个方面。

（一）促进企业改善经营管理活动，提升企业的盈利能力

企业所得税只对利润征税，往往采用比例税率，而投资能力和盈利能力较强的企业能产生较多的利润。在适用比例税率的情况下，盈利能力越强，则税负承担能力越强，相对降低了企业的税负水平，也相对增加了企业的税后利润。并且，在征税过程中，对企业的收入、成本、费用等进行检查，对企业的经营管理活动和财务管理活动展开监督，促使企业改善经营管理活动，提高盈利能力。

（二）调节产业结构，促进经济发展

所得税的调节作用在于公平税负、量能负担，虽然各国的企业所得税往往采用比例税率，在一定程度上削弱了所得税的调控功能，但在税制设计中，各国往往通过各项税收优惠政策的实施，发挥其对纳税人投资、产业结构调整、环境治理等方面的调控作用。

(三) 为国家建设筹集财政资金

税收的首要职能就是筹集财政收入。随着我国国民收入向企业和居民分配的倾斜，以及经济的发展和企业盈利水平的提高，企业所得税占全部税收收入的比重越来越大，成为我国主体税种之一。

第二节 纳税义务人、征税对象与税率

一、企业所得税的纳税义务人

在中华人民共和国境内的企业和其他取得收入的组织（以下统称企业）为企业所得税的纳税人。依照我国法律、行政法规成立的个人独资企业、合伙企业不是企业所得税的纳税人。我国采取了地域管辖权和居民管辖权的双重管辖权标准，因而纳税人分为居民企业和非居民企业两类。所谓居民税收管辖权，是指一国有权对本国居民的一切所得征税，而不管这些所得是来源于本国境内还是境外，最大限度地维护本国的税收利益。所谓来源地税收管辖权，是指一国有权对来源于本国境内的一切所得征税，而不论这些所得的获得者是本国居民还是外国居民。

居民企业是指依法在中国境内成立，或者依照外国（地区）法律成立但实际管理机构在中国境内的企业。我国企业所得税法对居民企业的认定所采用的标准是登记注册地标准和实际管理机构所在地双重标准。

非居民企业是指依照外国（地区）法律成立且实际管理机构不在中国境内，但在中国境内设立机构、场所的，或者在中国境内未设立机构、场所，但有来源于中国境内所得的企业。

二、企业所得税的征税对象

企业所得税的征税对象包括生产经营所得、其他所得和清算所得。

（一）居民企业的征税对象

居民企业负无限纳税义务，对居民企业来源于中国境内、境外的所得征收企业所得税。

（二）非居民企业的征税对象

非居民企业负有限纳税义务。所谓有限纳税义务是指对非居民企业仅就其来源于中国境内的所得缴纳企业所得税。

(1) 非居民企业在中国境内设立机构、场所的，应当就其所设机构、场所取得的来源于中国境内的所得，以及发生在中国境外但与其所设机构、场所有实际联系的所得，缴纳企业所得税。

(2) 非居民企业在中国境内未设立机构、场所的，或者虽设立机构、场所但取得的所得与其所设机构、场所没有实际联系的，应当就其来源于中国境内的所得缴纳企业所得税。

(三) 所得来源地的确定

(1) 销售货物所得,按照交易活动发生地确定。

(2) 提供劳务所得,按照劳务发生地确定。

(3) 转让财产所得,不动产转让所得按照不动产所在地确定;动产转让所得按照转让动产的企业或者机构、场所所在地确定;权益性投资资产转让所得按照被投资企业所在地确定。

(4) 股息红利等权益性投资所得,按照分配所得的企业所在地确定。

(5) 利息所得、租金所得、特许权使用费所得,按照负担或者支付所得的企业或者机构、场所所在地确定,或者按照负担、支付所得的个人的住所地确定。

(6) 其他所得,由国务院财政、税务主管部门确定。

【例6-1】某韩国企业(实际管理机构不在中国境内)在中国成都设立分支机构,2019年该机构在中国境内取得咨询收入500万元,在中国境内为韩国培训技术人员,取得韩国支付的培训收入200万元,在中国香港取得与该分支机构无实际联系的所得80万元。2019年境内机构企业所得税的应纳税收入总额为(   )万元。

A. 500　　　　　B. 580　　　　　C. 700　　　　　D. 780

【解析】C。与分支机构有关的收入包括境内咨询收入500万元和韩国培训收入200万元。

三、企业所得税的税率

(1) 企业所得税的基本税率为25%。适用于居民企业和在中国境内设立机构、场所且所得与机构、场所有关联的非居民企业。

(2) 企业所得税的低税率为20%。适用于在中国境内未设立机构、场所的,或虽设立机构、场所但取得的所得与其所设机构、场所没有实际联系的非居民企业(在征收时,实际采用10%的税率)。

(3) 经认定的小型微利企业采用20%的税率。

(4) 经认定的高新技术企业采用15%的税率。

第三节　应纳税所得额的计算

在计算应纳税所得额时,企业财务、会计处理办法与税收法律、行政法规的规定不一致的,应当依照税收法律、行政法规的规定计算。因此,在实际工作中,企业应纳税所得额的计算通常以会计核算的结果为基础,在税务与财务、会计制度规定不一致的时候,企业要按照税法的规定进行纳税调整,并按调整后的应纳税所得额计算缴纳企业所得税。

企业每一纳税年度的收入总额,减除不征税收入、免税收入、各项扣除以及允许弥补的以前年度亏损后的余额,为应纳税所得额。其计算公式为:

应纳税所得额=收入总额-不征税收入-免税收入-税前扣除额-允许弥补的以前年度亏损

在实际操作过程中，一般是以企业核算出的会计利润总额为基础进行调整。其计算公式为：

应纳税所得额=会计利润总额±纳税调整项目金额

一、收入总额

企业以货币形式和非货币形式从各种来源取得的收入，为收入总额，具体包括，销售货物收入，提供劳务收入，转让财产收入，股息、红利等权益性投资收益，利息收入，租金收入，特许权使用费收入，接受捐赠收入，其他收入。

企业取得收入的货币形式，包括现金、存款、应收账款、应收票据、准备持有至到期的债券投资以及债务的豁免等。企业取得收入的非货币形式，包括固定资产、生物资产、无形资产、股权投资、存货、不准备持有至到期的债券投资、劳务以及有关权益等。企业以非货币形式取得的收入，应当按照公允价值确定收入额。所谓公允价值，是指按照市场价格确定的价值。

（一）一般收入的确认

1. 销售货物收入

销售货物收入是指企业销售商品、产品、原材料、包装物、低值易耗品以及其他存货取得的收入。在会计上主要体现为主营业务收入或其他业务收入。

2. 劳务收入

劳务收入是指企业从事建筑安装、修理修配、交通运输、仓储租赁、金融保险、邮电通信、咨询经纪、文化体育、科学研究、技术服务、教育培训、餐饮住宿、中介代理、卫生保健、社区服务、旅游、娱乐、加工以及其他劳务服务活动取得的收入。在会计上主要体现为主营业务收入或其他业务收入。

3. 转让财产收入

转让财产收入是指企业转让固定资产、生物资产、无形资产、股权、债权等财产取得的收入。

4. 股息、红利等权益性投资收益

股息、红利等权益性投资收益是指企业因权益性投资从被投资方取得的收入。

股息、红利等权益性投资收益，除国务院财政、税务主管部门另有规定外，按照被投资方利润分配决定的日期确认收入的实现。

5. 利息收入

利息收入是指企业将资金提供他人使用但不构成权益性投资，或者因他人占用本企业资金取得的收入，包括存款利息、贷款利息、债券利息、欠款利息等收入。

利息收入按照合同约定的债务人应付利息的日期确认收入的实现。

6. 租金收入

租金收入是指企业提供固定资产、包装物或者其他有形资产的使用权取得的收入。

租金收入按照合同约定的承租人应付租金的日期确认收入的实现。

7. 特许权使用费收入

特许权使用费收入是指企业提供专利权、非专利技术、商标权、著作权以及其他特许权的使用权取得的收入。

特许权使用费收入按照合同约定的特许权使用人应付特许权使用费的日期确认收入的实现。

8. 接受捐赠收入

接受捐赠收入是指企业接受的来自其他企业、组织或者个人无偿给予的货币性资产、非货币性资产。接受捐赠收入按照实际收到捐赠资产的日期确认收入的实现。

9. 其他收入实现的确认

其他收入包括企业资产溢余收入、逾期未退包装物押金收入、确实无法偿付的应付款项、已作坏账损失处理后又收回的应收款项、债务重组收入、补贴收入、违约金收入、汇兑收益等。

(二) 特殊收入的确认

(1) 以分期收款方式销售货物的,按照合同约定的收款日期确认收入的实现。

(2) 企业受托加工制造大型机械设备、船舶、飞机,以及从事建筑、安装、装配工程业务或者提供其他劳务等,持续时间超过12个月的,按照纳税年度内完工进度或者完成的工作量确认收入的实现。

(3) 采取产品分成方式取得收入的,按照企业分得产品的日期确认收入的实现,其收入额按照产品的公允价值确定。

(4) 企业发生非货币性资产交换,以及将货物、财产、劳务用于捐赠、偿债、赞助、集资、广告、样品、职工福利或者利润分配等用途的,应当视同销售货物、转让财产或者提供劳务,国务院财政、税务主管部门另有规定的除外。

(三) 处置资产收入的确认

(1) 企业发生下列情形的处置资产,除将资产转移至境外以外,由于资产所有权属在形式和实质上均不发生改变,可作为内部处置资产,不视同销售确认收入,相关资产的计税基础延续计算。

①将资产用于生产、制造、加工另一产品。

②改变资产形状、结构或性能。

③改变资产用途(如自建商品房转为自用或经营)。

④将资产在总机构及其分支机构之间转移。

⑤上述两种或两种以上情形的混合。

⑥其他不改变资产所有权属的用途。

(2) 企业将资产转移送他人的下列情形，因资产所有权属已发生改变而不属于内部处置资产，应按规定视同销售确定收入。

①用于市场推广或销售。

②用于交际应酬。

③用于职工奖励或福利。

④用于股息分配。

⑤用于对外捐赠。

⑥其他改变资产所有权属的用途。

企业发生上述情形时，属于企业自制的资产，应按企业同类资产同期对外销售价格确定销售收入；属于外购的资产，应按照被移送资产的公允价值确定销售收入。

二、不征税收入和免税收入

(一) 不征税收入

1. 财政拨款

各级人民政府对纳入预算管理的事业单位、社会团体等组织拨付的财政资金，国务院和国务院财政、税收主管部门另有规定的除外。

2. 依法收取并纳入财政管理的行政事业性收费、政府性基金

行政事业性收费是指企业根据法律法规等有关规定，按照国务院规定程序批准，在实施社会公共管理，以及在向公民、法人或者其他组织提供特定公共服务过程中，向特定对象收取并纳入财政管理的费用。

政府性基金是指企业依照法律、行政法规等有关规定，代政府收取的具有专项用途的财政资金。

3. 国务院规定的其他不征税收入

国务院规定的其他不征税收入是指企业取得的，由国务院财政、税务主管部门规定专项用途并经国务院批准的财政性资金。

(二) 免税收入

1. 国债利息收入

国债利息收入指企业持有国务院财政部门发行的国债取得的利息收入。

2. 符合条件的居民企业之间的股息、红利等权益性投资收益

符合条件的居民企业之间的股息、红利等权益性投资收益指居民企业直接投资于其他居民企业取得的投资收益，不包括连续持有居民企业公开发行并上市流通的股票不足12个月取得的投资收益。

3. 在中国境内设立机构、场所的非居民企业从居民企业取得与该机构、场所有实际联系的股息、红利等权益性投资收益

该收益不包括连续持有居民企业公开发行并上市流通不足 12 个月取得的投资收益。

4. 符合条件的非营利组织的收入

该收入不包括非营利组织从事营利性活动取得的收入,国务院财政、税务主管部门另有规定的除外。

符合条件的非营利组织是指同时符合下列条件的组织。

(1) 依法履行非营利组织登记手续。

(2) 从事公益性或者非营利性活动。

(3) 取得的收入除用于与该组织有关的、合理的支出外,全部用于登记核定或者章程规定的公益性或者非营利性事业。

(4) 财产及其孳生息不用于分配。

(5) 按照登记核定或者章程规定,该组织注销后的剩余财产用于公益性或者非营利性目的,或者由登记管理机关转赠给与该组织性质、宗旨相同的组织,并向社会公告。

(6) 投入人对投入该组织的财产不保留或享有任何财产权利。

(7) 工作人员工资福利开支控制在规定的比例内,不变相分配该组织的财产。

三、扣除原则和范围

(一) 税前扣除项目的原则

1. 权责发生制原则

权责发生制原则是指企业发生的费用应该在发生的所属期间扣除。

2. 配比原则

配比原则是指企业发生的费用应当与收入配比扣除。

3. 合理性原则

合理性原则是指企业发生可以扣除的费用从性质和根源上必须与取得的应税收入直接相关。

4. 确定性原则

确定性原则即扣除的金额必须是确定的。

(二) 扣除项目的范围

1. 成本

成本是指企业在生产经营活动中发生的销售成本、销货成本、业务支出以及其他耗费。

2. 费用

费用是指企业在生产经营活动中发生的销售费用、管理费用和财务费用,已经计入成本

的有关费用除外。

3. 税金

税金是指企业发生的除企业所得税和允许抵扣的增值税以外的各项税金及其附加。

4. 损失

损失是指企业在生产经营活动中发生的固定资产和存货的盘亏、毁损、报废损失、转让财产损失、呆账损失、坏账损失、自然灾害等不可抗力因素造成的损失以及其他损失。

企业发生的损失，减除责任人赔偿和保险赔款后的余额，依照国务院财政、税务主管部门的规定扣除。企业已经作为损失处理的资产，在以后纳税年度全部收回或者部分收回时，应当计入当期收入。

5. 其他支出

其他支出是指除成本、费用、税金、损失外，企业在生产经营活动中发生的与生产经营活动有关的、合理的支出。

(三) 扣除项目及其标准

1. 工资、薪金支出

企业发生的合理的工资、薪金支出，准予扣除。

工资、薪金支出是指企业每一纳税年度支付给在本企业任职或者受雇的员工的所有现金或者非现金形式的劳动报酬，包括基本工资、奖金、津贴、补贴、年终加薪、加班工资，以及与员工任职或者受雇有关的其他支出。

2. 工会经费、职工教育经费、职工福利费

工会经费、职工教育经费、职工福利费是企业经营中为满足职工的集体生活需要、提高职工职业技能所发生的支出，基本上属于职工福利性质的支出。未超过标准的按实际数扣除，超过标准的只能按标准扣除。

企业发生的职工福利费支出，不超过工资薪金总额14%的部分，准予扣除。

企业拨缴的工会经费，不超过工资薪金总额2%的部分，准予扣除。实际操作中，应取得已正确填开套印有财政部票据监制章的《工会经费拨缴款专用收据》。

除国务院财政、税务主管部门另有规定外，企业发生的职工教育经费支出，自2018年1月1日起不超过工资薪金总额8%的部分，准予扣除；超过部分，准予在以后纳税年度结转扣除。如果企业没有实际发生职工教育经费支出，而是采取预提，则不允许税前扣除。

【例6-2】 成都市一家企业2019年已计入成本、费用的全年实发工资总额为400万元（属于合理限度的范围），实际发生的工会经费6万元、职工福利费60万元、职工教育经费15万元。计算三项经费的纳税调整额。

【解析】 允许扣除的工会经费限额=400×2%=8（万元），实际发生6万元，因此按发生额扣除，不需要调整；允许扣除的职工福利费限额=400×14%=56（万元），实际发生额60万元，超标，调增4万元；允许扣除的职工教育经费限额=400×8%=32（万元），实际

发生额 15 万元，不需要调整。

【例 6-3】某企业 2019 年实际发放职工工资 300 万元，其中含福利部门人员工资 20 万元；除福利部门人员工资外的职工福利费总额为 44.7 万元，拨缴工会经费 5 万元，职工教育经费支出 9 万元。计算工资及三项经费的纳税调整额。

【解析】可以扣除的职工福利费限额 = 280×14% = 39.2（万元）

应调增应纳税所得额 =（20+44.7）-39.2 = 25.5（万元）

可以扣除的工会经费限额 = 280×2% = 5.6（万元）

可以扣除的职工教育经费限额 = 280×8% = 22.4（万元）

工会经费可全额扣除；职工教育经费不需要调整。

3. 社会保险费

（1）企业依照国务院有关主管部门或者省级人民政府规定的范围和标准为职工缴纳的基本养老保险费、基本医疗保险费、失业保险费、工伤保险费、生育保险费基本社会保险费和住房公积金，准予扣除。

（2）企业缴纳的补充养老保险费、补充医疗保险费，在国务院财政、税务主管部门规定的范围和标准内，准予扣除。

（3）除企业依照国家有关规定为特殊工种职工支付的人身安全保险费和国务院财政、税务主管部门规定可以扣除的其他商业保险费外，企业为其投资者或者职工支付的商业保险费，不得扣除。

4. 利息费用

企业在生产经营活动中发生的下列利息支出，准予扣除。

（1）非金融企业向金融企业借款的利息支出、金融企业的各项存款利息支出和同业拆借利息支出、企业经批准发行债券的利息支出。

（2）非金融企业向非金融企业借款的利息支出，不超过按照金融企业同期同类贷款利率计算的数额的部分。

5. 借款费用

（1）企业在生产经营活动中发生的合理的不需要资本化的借款费用，准予扣除。

（2）企业为购置、建造固定资产、无形资产和经过 12 个月以上的建造才能达到预定可销售状态的存货发生借款的，在有关资产购置、建造期间发生的合理的借款费用，应当作为资本性支出计入有关资产的成本，即所谓的借款费用资本化；有关资产交付使用后发生的借款利息，可在发生当期扣除。

（3）企业通过发行债券、取得贷款、吸收保户储金等方式融资而发生的合理的费用支出，符合资本化条件的，应计入相关资产成本；不符合资本化条件的，应作为财务费用，准予在企业所得税前据实扣除。

6. 业务招待费

企业发生的与生产经营活动有关的业务招待费，按照发生额的 60% 扣除，但最高不得超过当年销售（营业）收入的5‰。当年销售（营业）收入包括主营业务收入、其他业务收入和视同销售收入，即销售货物收入、劳务收入、出租财产收入、转让无形资产使用权收入、（企业对外处置资产时取得的）视同销售收入等。

【例6-4】某企业2019年实现销售收入8 000万元，其中主营业务收入7 600万元，其他业务收入400万元；当年实际发生业务招待费30万元。计算该企业不得在税前扣除的业务招待费。

【解析】业务招待费最高扣除限额=8 000×5‰=40（万元）

实际发生额的60%=30×60%=18（万元）

18万元小于40万元，2019年准予在税前扣除的业务招待费为18万元。

不得在税前扣除的业务招待费=30-18=12（万元）

7. 广告费和业务宣传费

企业每一纳税年度发生的符合条件的广告费和业务宣传费，除国务院财政、税务主管部门另有规定外，不超过当年销售（营业）收入15%的部分，准予扣除；超过部分，准予在以后纳税年度结转扣除。

【例6-5】A公司2019年实现销售收入5 000万元。其中主营业务收入4 800万元，其他业务收入200万元；实际发生广告费和业务宣传费800万元。计算税前可以扣除的广告费和业务宣传费。

【解析】扣除限额=5 000×15%=750（万元）

2019年实际发生额800万元超过扣除限额，准予在税前扣除的金额为750万元，超过标准的50万元可以结转以后年度扣除。

8. 公益性捐赠支出

企业发生的公益性捐赠支出，在年度利润总额12%以内的部分，准予在计算应纳税所得额时扣除；超过年度利润总额12%的部分，准予以后3年内在计算应纳税所得额时结转扣除。

年度利润总额是指企业按照国家统一会计制度的规定计算的年度会计利润。

公益性捐赠是指企业通过县级以上人民政府及其部门，或者通过省级以上人民政府有关部门认定的公益性社会团体，用于《中华人民共和国公益事业捐赠法》（以下简称《公益事业捐赠法》）规定的公益事业的捐赠。公益性社会团体是指符合条件的基金会、慈善组织等社会团体。

按《公益事业捐赠法》的规定，以下属于公益事业的捐赠。

(1) 救助灾害、救济贫困、扶助残疾人等困难的社会群体和个人的活动。

(2) 教育、科学、文化、卫生、体育事业。

(3) 环境保护、社会公共设施建设。

(4) 促进社会发展和进步的其他社会公共和福利事业。

【例6-6】某服装厂（一般纳税人）通过民政局向灾区捐赠钱物。其中，现金10万元；

自产棉被一批,账面成本80万元,售价金额(不含增值税)100万元,增值税13万元;已取得民政局开具的公益性捐赠票据。假定该厂当年实现利润总额1 050万元。计算税前可以扣除的捐赠额。

【解析】视同销售:视同销售收入100万元,应计入收入总额;视同销售成本80万元,计入扣除项目,在税前扣除。

对外捐赠:按税法确认的捐赠额 = 10 + 100 + 13 = 123(万元)

捐赠扣除限额 = 1 050 × 12% = 126(万元)

而实际捐赠额为123万元,没有超过扣除限额。当年可在税前扣除的捐赠额为123万元。

9. 固定资产租赁费支出

企业根据生产经营活动的需要租入固定资产支付的租赁费,按照以下方法扣除:以经营租赁方式租入固定资产发生的租赁费,按照租赁期限均匀扣除;以融资租赁方式租入固定资产发生的租赁费,按照规定构成融资租入固定资产价值的部分提取折旧费用,分期扣除。

10. 其他支出

企业按照法律、行政法规有关规定提取的用于环境保护、生态恢复等专项资金,准予扣除。但上述专项资金提取以后改变用途的,不得扣除。

企业发生的合理的劳动保护支出,准予扣除。企业根据劳动保护法等有关法律、法规的规定,确因工作需要为雇员配备或提供工作服、手套、安全保护用品、防暑降温用品支出,一般可以据实扣除。但由于我国地域辽阔,地区差异较大,部分项目的税前扣除标准通常由省、自治区、直辖市主管税务机关制定。

企业在货币交易中,以及纳税年度终了将人民币以外的货币性资产、负债按照期末即期人民币汇率中间价折算为人民币时产生的汇兑损失,除已经计入有关资产成本以及与向所有者进行利润分配相关的部分外,准予扣除。

非居民企业在中国境内设立的机构、场所,就其中国境外总机构发生的与该机构、场所生产经营有关的费用,能够提供总机构出具的费用汇集范围、定额、分配依据和方法等证明文件,并合理计算分摊的,准予扣除。

四、不得扣除的项目

在计算应纳税所得额时,下列支出不得扣除。
(1)向投资者支付的股息、红利等权益性投资收益款项。
(2)企业所得税税款。
(3)税收滞纳金。
(4)罚金、罚款和被没收财物的损失。
(5)不允许税前扣除的捐赠支出,包括非公益性捐赠、超标准的公益性捐赠支出。
(6)赞助支出,即企业发生的与生产经营活动无关的各种非广告性质支出。

(7) 未经核定的准备金支出,即不符合国务院财政、税务主管部门规定的各项资产减值准备、风险准备等准备金支出。

(8) 与取得收入无关的其他支出。

【例6-7】下列项目中,不可以从应纳税所得额中扣除的是(   )。
A. 企业支付的违约金　　　　　　　B. 企业之间支付的管理费
C. 企业内营业机构之间支付的租金　D. 非银行企业内营业机构之间支付的利息

【解析】ABCD。符合不得扣除项目。

五、亏损弥补

税法所称的亏损是指企业根据企业所得税法及其实施条例的规定将每一纳税年度的收入总额减除不征税收入、免税收入和各项扣除后小于零的数额。

企业纳税年度发生的亏损,准予向以后年度结转,用以后年度的所得弥补,但结转年限最长不得超过5年。因此,企业以前年度有亏损的,在规定的期限内,企业可以按规定用税前所得加以弥补,弥补后仍有所得的,便是应纳税所得额。如果弥补后仍有亏损的,可继续按照上述规定进行处理。

自2018年1月1日起,当年具备高新技术企业或科技型中小企业资格的企业,其具备资格年度之前5个年度发生的尚未弥补完的亏损,准予结转以后年度弥补,最长结转年限由5年延长至10年。

第四节　资产的税务处理

资产是由于资本投资而形成的财产,对于资本性支出以及无形资产受让、开办、开发费用,不允许作为成本、费用从纳税人的收入总额中做一次性扣除,只能采取分次计提折旧或分次摊销的方式予以扣除,即纳税人经营活动中使用的固定资产的折旧费用、无形资产和长期待摊费用的摊销费用可以扣除。纳入税务处理范围的资产形式主要有固定资产、生物资产、无形资产、长期待摊费用、投资资产、存货等,除盘盈固定资产外,均以历史成本为计税基础。企业持有各项资产期间资产增值或减值,除国务院财政、税务主管部门规定可以确认损益外,不得调整该资产的计税基础。

一、固定资产的税务处理

固定资产是指企业为生产产品、提供劳务、出租或经营管理而持有的、使用时间超过12个月的非货币性资产,包括房屋、建筑物、机器、机械、运输工具以及其他与生产经营活动有关的设备、器具、工具等。

(一) 固定资产的计税基础

企业应按照以下方法确定固定资产计税基础。

(1) 外购的固定资产,以购买价款和支付的相关税费以及直接归属于使该资产达到预定用途发生的其他支出为计税基础。

(2) 自行建造的固定资产,以竣工结算前发生的支出为计税基础。

(3) 融资租入的固定资产,以租赁合同约定的付款总额和承租人在签订租赁合同过程中发生的相关费用为计税基础;租赁合同未约定付款总额的,以该资产的公允价值和承租人在签订租赁合同过程中发生的相关费用为计税基础。

(4) 盘盈的固定资产,以同类固定资产的重置完全价值为计税基础。

(5) 通过捐赠、投资、非货币性资产交换、债务重组等方式取得的固定资产,以该资产的公允价值和支付的相关税费为计税基础。

(6) 改建的固定资产,除已足额提取折旧的固定资产和租入的固定资产以外的其他固定资产,以改建过程中发生的改建支出增加计税基础。

(二) 固定资产折旧的范围

在计算应纳税所得额时,企业按照规定计算的固定资产折旧,准予扣除。下列固定资产不得计算折旧扣除。

(1) 房屋、建筑物以外未投入使用的固定资产。

(2) 以经营租赁方式租入的固定资产。

(3) 以融资租赁方式租出的固定资产。

(4) 已足额提取折旧仍继续使用的固定资产。

(5) 与经营活动无关的固定资产。

(6) 单独估价作为固定资产入账的土地。

(7) 其他不得计算折旧扣除的固定资产。

(三) 固定资产折旧的计提方法

(1) 企业应当自固定资产投入使用月份的次月起计算折旧;停止使用的固定资产,应当自停止使用月份的次月起停止计算折旧。

(2) 企业应当根据固定资产的性质和使用情况,合理确定固定资产的预计净残值。固定资产的预计净残值一经确定,不得变更。

(3) 固定资产按照直线法计算的折旧,准予扣除。

(四) 固定资产折旧的计提年限

除国务院财政、税务主管部门另有规定外,固定资产计算折旧的最低年限如下。

(1) 房屋、建筑物,为20年。

(2) 飞机、火车、轮船、机器、机械和其他生产设备,为10年。

(3) 与生产经营活动有关的器具、工具、家具等,为5年。

(4) 飞机、火车、轮船以外的运输工具,为4年。

(5) 电子设备,为3年。

从事开采石油、天然气等矿产资源的企业,在开始商业性生产前发生的费用和有关固定资产的折耗、折旧方法,由国务院财政、税务主管部门另行规定。

二、生物资产的税务处理

生物资产是指有生命的动物和植物。生物资产分为消耗性生物资产、生产性生物资产和公益性生物资产。消耗性生物资产是指为出售而持有的,或在将来收获为农产品的生物资产,包括生长中的大田作物、蔬菜、用材林以及存栏待售的牲畜等;生产性生物资产是指为产出农产品、提供劳务或出租等目的而持有的生物资产,包括经济林、薪炭林、产畜和役畜等;公益性生物资产是指以防护、环境保护为主要目的的生物资产,包括防风固沙林、水土保持林和水源涵养林等。

(一) 生物资产的计税基础

生产性生物资产按照以下方法确定计税基础。

(1) 外购的生产性生物资产,以购买价款和支付的相关税费为计税基础。

(2) 通过捐赠、投资、非货币性资产交换、债务重组等方式取得的生产性生物资产,以该资产的公允价值和支付的相关税费为计税基础。

(二) 生物资产的折旧方法和折旧年限

生产性生物资产按照直线法计算的折旧,准予扣除。企业应当自生产性生物资产投入使用月份的次月起计算折旧,停止使用的生产性生物资产,应当自停止使用月份的次月起停止计算折旧。

企业应当根据生产性生物资产的性质和使用情况,合理确定生产性生物资产的预计净残值。生产性生物资产的预计净残值一经确定,不得变更。

生产性生物资产计算折旧的最低年限如下。

(1) 林木类生产性生物资产,为 10 年。

(2) 畜类生产性生物资产,为 3 年。

三、无形资产的税务处理

无形资产是指企业长期使用但没有实物形态的资产,包括专利权、商标权、著作权、土地使用权、非专利技术、商誉等。

(一) 无形资产的计税基础

无形资产按照以下方法确定计税基础。

(1) 外购的无形资产,以购买价款和支付的相关税费以及直接归属于使该资产达到预定用途发生的其他支出为计税基础。

(2) 自行开发的无形资产,以开发过程中该资产符合资本化条件后至达到预定用途前发生的支出为计税基础。

(3) 通过捐赠、投资、非货币性资产交换、债务重组等方式取得的无形资产,以该资产的公允价值和支付的相关税费为计税基础。

（二）无形资产摊销的范围

在计算应纳税所得额时，企业按照规定计算的无形资产摊销费用，准予扣除。

下列无形资产不得计算摊销费用扣除。

（1）自行开发的支出已在计算应纳税所得额时扣除的无形资产。

（2）自创商誉。

（3）与经营活动无关的无形资产。

（4）其他不得计算摊销费用扣除的无形资产。

（三）无形资产摊销方法及年限

无形资产的摊销采取直线法计算。无形资产的摊销年限不得低于10年。外购商誉的支出，在企业整体转让或清算时，准予扣除。

四、长期待摊费用的税务处理

长期待摊费用是指企业发生的应在一个年度以上或几个年度进行摊销的费用。在计算应纳税所得额时，企业发生的下列支出作为长期待摊费用，按照规定摊销的，准予扣除。

（1）已足额提取折旧的固定资产的改建支出。

（2）租入固定资产的改建支出。

（3）固定资产的大修理支出。

（4）其他应当作为长期待摊费用的支出。

企业的固定资产修理支出可在发生当期直接扣除。企业的固定资产改良支出，如果有关固定资产尚未提足折旧，可增加固定资产价值；如果有关固定资产已提足折旧，可作为长期待摊费用，在规定的期间内平均摊销。

大修理支出，按照固定资产尚可使用年限分期摊销，税法所指固定资产的大修理支出，是指同时符合下列条件的支出：修理支出达到取得固定资产时的计税基础50%以上；修理后固定资产的使用年限延长2年以上。

其他应当作为长期待摊费用的支出，自支出发生月份的次月起，分期摊销，摊销年限不得低于3年。

五、存货的税务处理

存货是指企业持有以备出售的产品或商品、处在生产过程中的在产品、在生产或提供劳务过程中耗用的材料和物料等。

（一）存货的计税基础

存货按照以下方法确定成本。

（1）通过支付现金方式取得的存货，以购买价款和支付的相关税费为成本。

（2）通过支付现金以外的方式取得的存货，以该存货的公允价值和支付的相关税费为成本。

(3) 生产性生物资产收获的农产品,以产出或采收过程中发生的材料费、人工费和分摊的间接费用等必要支出为成本。

(二) 存货的成本计算方法

企业使用或销售的存货的成本计算方法,可以在先进先出法、加权平均法、个别计价法中选用一种。计价方法一经选用,不得随意变更。

六、投资资产的税务处理

投资资产是指企业对外进行权益性投资和债权性投资而形成的资产。

(一) 投资资产的成本

投资资产按照以下方法确定成本。

(1) 通过支付现金方式取得的投资资产,以购买价款为成本。

(2) 通过支付现金以外的方式取得的投资资产,以该资产的公允价值和支付的相关税费为成本。

(二) 投资资产成本的扣除方法

企业对外投资期间,投资资产的成本在计算应纳税额时不得扣除;企业在转让或处置投资资产时,投资资产的成本准予扣除。

七、税法规定与会计规定差异的处理

税法规定与会计规定差异的处理是指在计算应纳税所得额时,企业财务、会计处理办法与税收法律、行政法规的规定不一致的,应当依照税收法律、行政法规的规定予以调整。

(1) 企业不能提供完整、准确的收入及成本、费用凭证,不能正确计算应纳税所得额的,由税务计算核定其应纳税所得额。

(2) 企业依法清算时,以其清算终了后的清算所得为应纳税所得额,按规定缴纳企业所得税。

(3) 企业应纳税所得额是根据税收法规计算出来的,它在数额上与依据财务会计制度计算的利润总额往往不一致。因此,税法规定,对企业按照有关财务会计规定计算的利润总额,要按照税法的规定进行必要调整后,才能作为应纳税所得额计算缴纳所得税。

第五节 应纳税额的计算

一、居民企业应纳税额的计算

居民企业应纳税所得额的计算方法有直接计算法和间接计算法。

1. 直接计算法

直接计算法的公式如下:

应纳税所得额=收入总额-不征税收入-免税收入-税前扣除额-允许弥补以前年度亏损

2. 间接计算法

间接计算法的公式如下：

应纳税所得额=会计利润总额±纳税调整项目金额

应纳税额调整项目包括两方面的内容：一是企业的财务会计处理和税收规定不一致的应予以调整的金额；二是企业按税法规定准予扣除的税收金额。

【例6-8】某股份有限公司2019年度实现销售收入2 000万元，取得其持有的国库券利息收入100万元，其他收入200万元，实际发生各项成本费用共计1 100万元，其中，合理的工资薪金总额220万元，业务招待费110万元，有工会经费拨缴款专用收据的工会经费12万元，职工福利费20万元，职工教育经费20万元，税收滞纳金20万元，提取的各项未经审核的准备金支出为80万元。假定该企业"应付福利费"科目年初无余额，无以前年度未弥补亏损。计算该公司当年应纳的企业所得税。

【解析】(1) 第一步，计算该公司的应税收入总额。

按税法规定，国债利息收入属于免税收入，所以，该公司的应税收入总额=2 000+200=2 200（万元）。

(2) 第二步，计算公司税前扣除额。按税法规定，下列项目的税前扣除如下。

①合理的工资薪金可以计入税前扣除额，即合理的工资薪金总额220万元可以计入税前扣除额。

②工会经费按工资薪金总额的2%扣除，可以扣除的工会经费限额=220×2%=4.4（万元）。12万元>4.4万元，所以，按4.4万元计入税前扣除额。

③职工教育经费按工资薪金总额的8%扣除，可以扣除的职工教育经费限额=220×8%=17.6（万元）。20万元>17.6万元，所以，按照17.6万元计入税前扣除额；超过部分，准予在以后纳税年度结转扣除。

④企业发生的职工福利费支出，不超过工资薪金总额14%的部分，准予扣除。可以扣除的职工福利费限额=220×14%=30.8（万元）。20万元<30.8万元，企业发生的职工福利费支出20万元可以全部计入税前扣除额。

⑤业务招待费只能按实际发生额的60%扣除，但最高不得超过当年销售收入的5‰，实际发生额的60%=110×60%=66（万元），业务招待费最高扣除限额=2 000×5‰=10（万元），66万元>10万元，所以，按照10万元计入税前扣除额。

⑥企业支付的税收滞纳金20万元按规定不得计入税前扣除额。

⑦企业提取的各项未经审核的准备金支出80万元，不得计入税前扣除额。所以，

税前扣除额= 1 100 - (110-10) - (12-4.4) - (20-17.6) -20-80=890（万元）

(3) 第三步，计算应纳税所得额。

应纳税所得额=收入总额-不征税收入-免税收入-税前扣除额-允许弥补以前年度亏损=
2 200 -890= 1 310（万元）

(4) 第四步，确定税率。

根据已知的条件，该公司2019年度适用税率为25%。

(5) 第五步，计算应纳税额。

该公司2019年度应纳企业所得税税额= 1 310×25% =327.5（万元）

【例6-9】某股份有限公司2019年度按照国家统一会计制度计算的年度利润总额为1 000万元。本年实现销售收入2 000万元，取得其持有的国库券利息收入300万元，其他收入200万元，实际发生各项成本费用共计1 500万元，其中，合理的工资薪金总额300万元；业务招待费100万元；广告费和业务宣传费合计310万元；当年1月1日起，向非金融机构贷款100万元用于补充流动资金，贷款期限为1年，年利率为8%，金融企业同期同类贷款利率为6%；有工会经费拨缴款专用收据的工会经费支出10万元，职工福利费50万元，职工教育经费20万元；由于违法经营被工商行政部门罚款20万元；提取的各项未经审核的准备金支出为100万元；企业以现金支付符合公益性捐赠支出150万元；非广告性赞助支出12.5万元。假设该公司当年无其他纳税调整事项，假定该企业"应付福利费"科目年初无余额，无以前年度未弥补亏损。计算该公司当年应纳的企业所得税额。

【解析】(1) 需要进行纳税调整的项目金额如下。

①国库券利息收入300万元，属于免税收入，应作纳税调减处理。

②业务招待费100万元，按税法规定，实际发生额的60% =100×60% =60（万元），但业务招待费最高扣除限额=2 000×5‰= 10（万元），所以，应作纳税调增90（100-10）万元处理。

③广告费和业务宣传费合计310万元，按税法规定，扣除限额=2 000×15% =300（万元），所以，应作纳税调增10万元处理；超过部分（10万元），准予在以后纳税年度结转扣除。

④财务费用中的利息费用可以扣除的部分=100×8% =8（万元），按税法规定，允许扣除的标准=100×6% =6（万元），所以，2 (8-6) 万元应作纳税调增处理。

⑤工会经费支出10万元，按税法规定，可以扣除的工会经费限额=300×2% =6（万元），所以，4 (10-6) 万元应作纳税调增处理。

⑥职工福利费50万元，按税法规定，可以扣除的职工福利费限额=300×14% =42（万元），所以，8 (50-42) 万元应作纳税调增处理。

⑦职工教育经费20万元，按税法规定，可以扣除的职工教育经费限额=300×8% =24（万元），不需要调整。

⑧由于违法经营被工商行政部门罚款20万元，不得在税前扣除，应全额作纳税调增处理；提取的各项未经审核的准备金支出为100万元，不得在税前扣除，应全额作纳税调增处理；非广告性赞助支出12.5万元，不得在税前扣除，应全额作纳税调增处理。

⑨企业以现金支付符合公益性捐赠支出150万元，按税法规定，扣除限额= 1 000×12% =120（万元），超过部分（30万元）应作纳税调增处理。

综上所述，应作如下纳税调整。

纳税调增金额=90+10+2+4+8+20+100+30+12.5=276.5（万元）

纳税调减金额=300（万元）

（2）应纳税所得额的确定。

应纳税所得额=利润总额+纳税调增金额-纳税调减金额= 1 000 +276.5-300=976.5（万元）

（3）确定税率。该公司2019年度适用税率为25%。

（4）计算企业所得税应纳税额=应纳税所得额×适用税率=976.5×25%=244.125（万元）

二、境外所得抵扣税额的计算

境外所得抵扣税额的计算，实际上涉及如何避免重复征税的问题。重复征税是指对同一纳税人或不同纳税人的同一征税对象或税源进行两次或两次以上的征税行为。世界上大多数国家在税收管辖权上同时采用居民管辖权和地域管辖权，即税收管辖权重叠，因此产生了重复征税。

我国避免重复征税的具体方法是限额抵免法。

限额抵免法是指一国政府针对本国纳税人来源于境外所得征税时，在优先承认其他国家的来源地税收管辖权的前提下，以本国纳税人在国外缴纳税款冲抵本国税收的方法。税收抵免法是一种较好地缓解国际重复征税的方法。当然，抵免已在境外缴纳的企业所得税税额时，应当提供中国境外税务机关出具的税款所属年度的有关纳税凭证。

从适用对象的不同进行划分，税收抵免可以分为直接抵免和间接抵免。

1. 直接抵免

直接抵免是指一国对同一纳税人直接缴纳和负担的外国税收，从本国应纳税额中给予的抵免。直接抵免的适用对象是跨国总分支机构。直接抵免从形式上可以分为全额抵免和普通抵免。全额抵免是指同一纳税人直接缴纳和负担的外国税收，可以全额从本国应纳税额中给予抵免。普通抵免是指同一纳税人直接缴纳和负担的外国税收，从本国应纳税额中给予的抵免一般不得超过境外所得按本国税率计算出的抵免限额。我国企业所得税法规定的直接抵免是普通抵免而非全额抵免。

《中华人民共和国企业所得税法》（以下简称《企业所得税法》）第二十三条规定，企业取得的下列所得已在境外缴纳的所得税税额，可以从其当期应纳税额中抵免，抵免限额为该项所得依照《企业所得税法》规定计算的应纳税额；超过抵免限额的部分，可以在以后五个年度内，用每年度抵免限额抵免当年应抵税额后的余额进行抵补：①居民企业来源于中国境外的应税所得；②非居民企业在中国境内设立机构、场所，取得发生在中国境外但与该机构、场所有实际联系的应税所得。

自2017年1月1日起，企业可以选择按国别（地区）分别计算［即"分国（地区）不分项"］，或者不按国别（地区）汇总计算［即"不分国（地区）不分项"］其来源于境外的应纳税所得额,并按照有关规定分别计算其可抵免境外所得税税额和抵免限额。上述方式一经选择,5年内不得改变。

抵免限额计算公式如下:

抵免限额=中国境内、境外所得按税法规定计算的应纳税总额×来源于某国(地区)的应纳税所得额÷中国境内、境外应纳税所得总额

应纳税总额=中国境内、境外应纳税所得总额×基本税率(25%)

抵免限额=按税法计算的来源于某国(地区)的应纳税所得额×基本税率(25%)

企业取得的境外所得已在境外缴纳的所得税款是指应该缴纳并实际缴纳的所得税款,不包括纳税后又得到补偿或者由他人代为承担的税款,也不包括企业由于计算失误或其他原因多缴纳的税款。除税收协定另有规定外,境外所得在境外实际享受的税收优惠,一般也不给予税收饶让抵免。

2. 间接抵免

间接抵免是指一国对本国母公司下属的具有独立法人身份的境外经济实体,间接在国外缴纳的税款,按予以认定的份额,从母公司应纳税额中予以抵免。一般来说,间接抵免适用于本国居民企业,而不适用于非居民企业和个人。

《企业所得税法》第二十四条规定,居民企业从其直接或者间接控制的外国企业分得的来源于中国境外的股息、红利等权益性投资收益,外国企业在境外实际缴纳的所得税税额中属于该项所得负担的部分,可以作为该居民企业的可抵免境外所得税税额,在规定的抵免限额内抵免。

直接控制是指居民企业直接持有外国企业20%以上股份。间接控制是指居民企业以间接持股方式持有外国企业20%以上股份,具体认定办法由国务院财政、税务主管部门另行制定。

三、居民企业核定征收应纳税额的计算

(一) 核定征收企业所得税的范围

纳税人具有下列情形之一的,核定征收企业所得税。

(1) 依照法律、行政法规的规定可以不设置账簿的。

(2) 依照法律、行政法规的规定应当设置但未设置账簿的。

(3) 擅自销毁账簿或者拒不提供纳税资料的。

(4) 虽设置账簿,但账目混乱或者成本资料、收入凭证、费用凭证残缺不全,难以查账的。

(5) 发生纳税义务,未按照规定的期限办理纳税申报,经税务机关责令限期申报,逾期仍不申报的。

(6) 申报的计税依据明显偏低,又无正当理由的。

(二) 核定应税所得率征收计算

税务机关应根据纳税人具体情况,对核定征收企业所得税的纳税人,核定应税所得率或者核定应纳所得税额。

采用应税所得率方式核定征收企业所得税的,应纳所得税额计算公式为:

$$应纳所得税额=应纳税所得额×适用税率$$

$$应纳税所得额=应税收入额×应税所得率 或 应纳税所得额$$

$$=成本(费用)支出额÷(1-应税所得率)×应税所得率$$

实行应税所得率方式核定征收企业所得税的纳税人,经营多业的,无论其经营项目是否单独核算,均由税务机关根据其主营项目确定适用的应税所得率。

主营项目应为纳税人所有经营项目中,收入总额或者成本(费用)支出额或者耗用原材料、燃料、动力数量所占比重最大的项目。

四、非居民企业应纳税额的计算

《企业所得税法》规定,非居民企业在中国境内未设立机构、场所,或者虽设立机构、场所但取得的所得与其所设机构、场所没有实际联系的,应当就其来源于中国境内的所得按20%的税率缴纳企业所得税,并按照下列方法计算其应纳税所得额。

(1)股息、红利等权益性投资收益和利息、租金、特许权使用费所得,以收入全额为应纳税所得额。

(2)转让财产所得,以收入全额减除财产净值后的余额为应纳税所得额。

(3)其他所得,参照前两项规定的方法计算应纳税所得额。

第六节 企业所得税的税收优惠

一、免征与减征优惠

(一)从事农、林、牧、渔业项目的所得

1. 免征企业所得税的所得

企业从事下列项目的所得,免征企业所得税。

(1)蔬菜、谷物、薯类、油料、豆类、棉花、麻类、糖料、水果、坚果的种植。

(2)农作物新品种的选育。

(3)中药材的种植。

(4)林木的培育和种植。

(5)牲畜、家禽的饲养。

(6)林产品的采集。

(7)灌溉、农产品初加工、兽医、农技推广、农机作业和维修等农、林、牧、渔服务

业项目。

(8) 远洋捕捞。

2. 减半征收企业所得税的所得

企业从事下列项目的所得，减半征收企业所得税。

(1) 花卉、茶以及其他饮料作物和香料作物的种植。

(2) 海水养殖、内陆养殖。

(二) 从事国家重点扶持的公共基础设施项目投资经营的所得

从事国家重点扶持的公共基础设施项目投资经营的所得可以免征、减征企业所得税。

国家重点扶持的公共基础设施项目，是指《公共基础设施项目企业所得税优惠目录》规定的港口码头、机场、铁路、公路、城市公共交通、电力、水利等项目。

企业从事规定的国家重点扶持的公共基础设施项目的投资经营的所得，自项目取得第一笔生产经营收入所属纳税年度起，第一年至第三年免征企业所得税，第四年至第六年减半征收企业所得税。

企业承包经营、承包建设和内部自建自用上述规定的项目，不得享受上述规定的企业所得税优惠。

(三) 从事符合条件的环境保护、节能节水项目的所得

从事符合条件的环境保护、节能节水项目的所得可以免征、减征企业所得税。

符合条件的环境保护、节能节水项目，包括公共污水处理、公共垃圾处理、沼气综合开发利用、节能减排技术改造、海水淡化等。

企业从事符合条件的环境保护、节能节水项目的所得，自项目取得第一笔生产经营收入所属纳税年度起，第一年至第三年免征企业所得税，第四年至第六年减半征收企业所得税。

上述享受减免税优惠的项目，在减免税期限内转让的，受让方自受让之日起，可以在剩余期限内享受规定的减免税优惠；减免税期限届满后转让的，受让方不得就该项目重复享受减免税优惠。

(四) 符合条件的技术转让所得

企业符合条件的技术转让所得可以免征、减征企业所得税。

符合条件的技术转让所得免征、减征企业所得税，是指一个纳税年度内，居民企业技术转让所得不超过500万元的部分，免征企业所得税；超过500万元的部分，减半征收企业所得税。

二、高新技术企业优惠

国家需要重点扶持的高新技术企业，按15%的税率征收企业所得税。

税法所称国家需要重点扶持的高新技术企业，是指在《国家重点支持的高新技术领域》内，持续进行研究开发与技术成果转化，形成企业核心自主知识产权，并以此为基础开展经营活动,在中国境内(不包括港、澳、台地区)注册一年以上,并同时符合下列条件的居民企业。

(1) 产品(服务)属于《国家重点支持的高新技术领域》规定的范围。
(2) 研究开发费用占销售收入的比例不低于规定比例。
(3) 高新技术产品(服务)收入占企业总收入的比例不低于规定比例。
(4) 科技人员占企业职工总数的比例不低于规定比例。
(5) 高新技术企业认定管理办法规定的其他条件。

国家重点支持的高新技术领域主要包括电子信息、生物与新医药、航空航天、新材料、高技术服务、新能源及节能、资源与环境、先进制造与自动化。

三、小型微利企业优惠

符合条件的小型微利企业,按20%的税率征收企业所得税。其中,自2019年1月1日至2021年12月31日,对小型微利企业年应纳税所得额不超过100万元的部分,减按25%计入应纳税所得额,按20%的税率缴纳企业所得税;对年应纳税所得额超过100万元但不超过300万元的部分,减按50%计入应纳税所得额,按20%的税率缴纳企业所得税。

符合条件的小型微利企业是指从事国家非限制和禁止行业,并符合下列条件的企业。

(1) 工业企业,年度应纳税所得额不超过30万元,从业人数不超过100人,资产总额不超过 3 000 万元。

(2) 其他企业,年度应纳税所得额不超过30万元,从业人数不超过80人,资产总额不超过 1 000 万元。

四、加计扣除优惠

(一) 研究开发费

企业开发新技术、新产品、新工艺发生的研究开发费用,可以在计算应纳税所得额时加计扣除。

企业为开发新技术、新产品、新工艺发生的研究开发费用,未形成无形资产计入当期损益的,在按照规定据实扣除的基础上,按照研究开发费用的75%加计扣除;形成无形资产的,按照无形资产成本的175%摊销。

(二) 企业安置残疾人员所支付的工资

企业安置残疾人员及国家鼓励安置的其他就业人员所支付的工资,可以在计算应纳税所得额时加计扣除。

企业安置残疾人员的,在按照支付给残疾职工工资据实扣除的基础上,按照支付给残疾职工工资的100%加计扣除。残疾人员的范围适用《中华人民共和国残疾人保障法》的有关规定。

五、创业投资企业优惠

创业投资企业从事国家需要重点扶持和鼓励的创业投资,可以按投资额的一定比例抵扣应纳税所得额。

税法所称的抵扣应纳税所得额,是指创业投资企业采取股权投资方式投资于未上市的中小高新技术企业2年以上的,可以按照其投资额的70%在股权持有满2年的当年抵扣该创业投资企业的应纳税所得额;当年不足抵扣的,可以在以后纳税年度结转抵扣。

六、加速折旧优惠

企业的固定资产由于技术进步等原因,确需加速折旧的,可以缩短折旧年限或者采取加速折旧的方法。

可以采取缩短折旧年限或者采取加速折旧的方法的固定资产,包括由于技术进步,产品更新换代较快的固定资产;常年处于强震动、高腐蚀状态的固定资产。

采取缩短折旧年限方法的,最低折旧年限不得低于实施条例规定折旧年限的60%;采取加速折旧方法的,可以采取双倍余额递减法或者年数总和法。

七、减计收入优惠

减计收入优惠是指企业综合利用资源,生产符合国家产业政策规定的产品所取得的收入,可以在计算应纳税所得额时减计收入。

综合利用资源是指企业以《资源综合利用企业所得税优惠目录》规定的资源作为主要原材料,生产国家非限制和禁止并符合国家和行业相关标准的产品取得的收入,按90%计入收入总额。

八、税额抵免优惠

企业购置用于环境保护、节能节水、安全生产等专用设备的投资额,可以按一定比例实行税额抵免。

企业购置并实际使用《环境保护专用设备企业所得税优惠目录(2017年版)》《节能节水专用设备企业所得税优惠目录(2017年版)》《安全生产专用设备企业所得税优惠目录》规定的环境保护、节能节水、安全生产等专用设备的,该专用设备的投资额的10%可以从企业当年的应纳税额中抵免;当年不足抵免的,可以在以后5个纳税年度结转抵免。

九、民族自治地方的优惠

民族自治地方的自治机关对本民族自治地方的企业应缴纳的企业所得税中属于地方分享的部分,可以决定减征或者免征。自治州、自治县决定减征或者免征的,须报省、自治区、直辖市人民政府批准。

对民族自治地方内国家限制和禁止行业的企业,不得减征或者免征企业所得税。

十、非居民企业优惠

非居民企业在我国境内未设立机构、场所的，或者虽设立机构、场所但取得的所得与其所设机构、场所没有实际联系的，应当就其来源于中国境内的所得，按 10% 的税率缴纳企业所得税。下列所得可以免征企业所得税。

（1）外国政府向中国政府提供贷款取得的利息所得。
（2）国际金融组织向中国政府和居民企业提供优惠贷款取得的利息所得。
（3）经国务院批准的其他所得。

十一、其他优惠

（1）关于遭受自然灾害、突发事件的优惠。
（2）关于鼓励软件产业和集成电路产业发展的优惠政策。
（3）关于鼓励证券投资基金发展的优惠政策。
（4）关于其他有关行业、企业的优惠政策。

第七节 企业所得税的源泉扣缴

源泉扣缴是指依照有关法律规定或合同约定对非居民企业直接负有支付相关款项义务的单位或个人，依据企业所得税法相关规定对其他应缴纳的企业所得税进行扣缴管理的一种征收方法。

为规范和加强非居民企业所得税源泉扣缴管理，对非居民企业取得来源于中国境内的股息、红利等权益性投资收益和利息、租金、特许权使用费所得、转让财产所得以及其他所得应当缴纳的企业所得税，实行源泉扣缴。

一、扣缴义务人

（1）对非居民企业在中国境内未设立机构、场所，或者虽设立机构、场所但取得的所得与其所设机构、场所没有实际联系的，应缴纳的所得税，实行源泉扣缴，以支付人为扣缴义务人。税款由扣缴义务人在每次支付或到期应支付时，从支付或到期应支付的款项中扣缴。

上述所称支付人，是指依照有关法律规定或合同约定对非居民企业直接负有支付相关款项义务的单位或个人；所称支付，包括现金支付、汇拨支付、转账支付和权益兑价支付等货币支付和非货币支付；所称到期应支付的款项，是指支付人按照权责发生制原则应当计入相关成本、费用的应付款项。

（2）对非居民企业在中国境内取得工程作业和劳务所得应缴纳的所得税，税务机关可以指定工程价款或劳务费的支付人为扣缴义务人。

二、扣缴方法

应当扣缴的所得税,扣缴义务人未依法扣缴或无法履行扣缴义务的,由企业在所得发生地缴纳。企业未依法缴纳的,税务机关可以从该企业在中国境内其他收入项目的支付人应付的款项中,追缴该企业的应纳税款。

所得发生地是指依照法律、行政法规规定的原则确定的所得发生地。在中国境内存在多处所得发生地的,由企业选择其中之一申报缴纳企业所得税。

该企业在中国境内其他收入,是指该企业在中国境内取得的其他各种来源的收入。

税务机关在追缴该企业应纳税款时,应当将追缴理由、追缴数额、缴纳期限和缴纳方式等告知该企业。扣缴义务人每次代扣的税款,应当自代扣之日起7日内缴入国库,并向所在地的税务机关报送扣缴企业所得税报告表。

三、税源管理

(1)扣缴义务人与非居民企业首次签订与应税所得有关的业务合同或协议(以下简称合同)的,扣缴义务人应当自合同签订之日起30日内,向其主管税务机关申报办理扣缴税款登记。

(2)扣缴义务人每次与非居民企业签订与应税所得有关的业务合同时,应当自签订合同(包括修改、补充、延期合同)之日起30日内,向其主管税务机关报送《扣缴企业所得税合同备案登记表》、合同复印件及相关资料。文本为外文的应同时附送中文译本。

扣缴义务人应当设立代扣代缴税款账簿和合同资料档案,准确记录企业所得税的扣缴情况,并接受税务机关的检查。

第八节 企业所得税的征收管理

一、纳税地点

1. 居民企业的纳税地点

除税收法律、行政法规另有规定外,居民企业以企业登记注册地为纳税地点;但登记注册地在境外的,以实际管理机构所在地为纳税地点。

2. 非居民企业的纳税地点

非居民企业的纳税地点的确定,与其是否在中国境内设立机构、场所有密切关系。

(1)非居民企业在中国境内设立机构、场所的,应当就其所设机构、场所取得的来源于中国境内的所得,以及发生在中国境外但与其所设机构、场所有实际联系的所得,缴纳企业所得税。非居民企业取得上述所得,以机构、场所所在地为纳税地点。非居民企业在中国境内设立两个或者两个以上机构、场所的,经税务机关审核批准,可以选择由其主要机构、场所汇总缴纳企业所得税。

（2）非居民企业在中国境内未设立机构、场所的，或者虽设立机构、场所但取得的所得与其所设机构、场所没有实际联系的，应当就其来源于中国境内的所得缴纳企业所得税。非居民企业取得上述所得，以扣缴义务人所在地为纳税地点。

3. 汇总、合并纳税的纳税地点

居民企业在中国境内设立不具有法人资格的营业机构的，应当汇总计算并缴纳企业所得税。企业汇总计算并缴纳企业所得税时，应当统一核算应纳税所得额。

合并纳税是指母公司在合并其子公司年度企业所得税纳税申报表的基础上，统一计算年度应纳税所得额、应纳所得税额，统一申报缴纳企业所得税。由于母、子公司分别具有法人资格，各自具有纳税主体。所以，税法规定，除国务院另有规定外，企业之间不得合并缴纳企业所得税。

二、纳税期限和纳税申报

1. 纳税年度的规定

企业所得税实行按年计算、分期预缴、年终汇算清缴的征收办法。企业所得税按纳税年度计算。纳税年度自公历 1 月 1 日起至 12 月 31 日止。企业在一个纳税年度中间开业，或者终止经营活动，使该纳税年度的实际经营期不足 12 个月的，应当以其实际经营期为 1 个纳税年度。企业依法清算时，应当以清算期间作为 1 个纳税年度。

2. 企业所得税预缴申报

企业所得税虽然按年计算，但为了满足财政支出的日常需要，使税款均衡入库，加强企业所得税的日常管理，企业所得税采取分期预缴的方式征收。一般是根据企业应纳税额的大小，采取按月或按季度预缴。企业应当自月份或者季度终了之日起 15 日内，向税务机关报送预缴企业所得税纳税申报表，预缴税款。企业所得税分月或者分季预缴，由税务机关具体核定。

3. 汇算清缴

企业应当自年度终了之日起 5 个月内，向税务机关报送年度企业所得税纳税申报表，并汇算清缴，结清应缴应退税款。

企业在年度中间终止经营活动的，应当自实际经营终止之日起 60 日内，向税务机关办理当期企业所得税汇算清缴。

企业应当在办理注销登记前，就其清算所得向税务机关申报并依法缴纳企业所得税。

本章小结

企业所得税是对我国境内企业和其他取得收入的组织的生产经营所得和其他所得所征收的一种税。它是国家参与企业利润分配的重要手段。企业所得税的纳税人分为居民企业和非居民企业，居民企业承担无限纳税义务，非居民企业承担有限纳税义务。应纳税所得额是企业所得税的计税基础，按照《企业所得税法》的规定，应纳税所得额为企业每一个纳税年度的收入总额减除不征税收入、免税收入、各项扣除以及允许弥补的以前年度亏损后的余额。企业所得税按年计征，分月或分季度预缴，年终汇缴清算，多退少补。

业务实训练习

一、单项选择题

1. 下列各项中，不属于中国企业所得税纳税人的企业是（   ）。
   A. 在外国成立但实际管理机构在中国境内的企业
   B. 在中国境内成立的外商独资企业
   C. 在中国境内成立的个人独资企业
   D. 在中国境内未设立机构、场所，但又来源于中国境内所得的企业

2. 纳税人在我国境内的公益性捐赠支出，可以（   ）。
   A. 在税前全额扣除
   B. 在年度应纳税所得额12%以内的部分准予扣除
   C. 在年度利润总额12%以内的部分准予扣除
   D. 在年度应纳税所得额30%以内的部分准予扣除

3. 下列关于税前限额扣除的税法中，不正确的是（   ）。
   A. 职工教育经费不得超过工资总额的8%
   B. 业务招待费不得超过销售（营业）收入的60%
   C. 房地产企业的广告费不得超过当年销售收入的15%
   D. 利息支出不得超过按金融企业同期同类贷款利率计算的利息

4. 下列支出，可以从应纳税所得额中据实扣除的是（   ）。
   A. 建造固定资产过程中向银行借款的利息
   B. 诉讼费用
   C. 对外投资的固定资产计提的折旧费
   D. 非广告性质的赞助支出

5. 下列属于免税收入的是（   ）。
   A. 特许权使用费收入   B. 财产转让收入
   C. 劳务收入   D. 国债利息收入

6. 企业从事下列项目取得的所得中，免征企业所得税的是（   ）。
   A. 花卉种植   B. 蔬菜种植   C. 海水养殖   D. 内陆养殖

7. 下列各项支出中，可以在计算企业所得税应纳税所得额时扣除的是（   ）。
   A. 向投资者支付的股息   B. 合理的劳动保护支出
   C. 为投资者支付的商业保险费   D. 企业内营业机构之间支付的租金

8. 下列各项中，按负担所得的所在地确定所得来源地的是（　　）。
   A. 销售货物所得　　B. 权益性投资所得　　C. 动产转让所得　　D. 租金所得

二、多项选择题

1. 下列各项中，属于企业所得税征税范围的有（　　）。
   A. 居民企业来源于境外的所得　　　　B. 非居民企业来源于中国境内的所得
   C. 非居民企业来源于中国境外的所得　　D. 居民企业来源于境内的所得

2. 企业所得税的纳税义务人有（　　）。
   A. 中外合资企业　　B. 个人独资企业　　C. 股份有限公司　　D. 合伙企业

3. 下列各项中，不得从应纳税所得额中扣除的有（　　）。
   A. 纳税人在生产经营活动中发生的固定资产修理费
   B. 行政性罚款
   C. 为投资者或职工支付的商业保险费
   D. 企业之间支付的管理费

4. 现行企业所得税法中，企业的优惠方式包括（　　）。
   A. 加计扣除　　B. 加速折旧　　C. 减计收入　　D. 税额抵免

5. 下列关于企业所得税的优惠政策的说法中，错误的是（　　）。
   A. 企业购置并使用规定的环保、节能节水、安全生产等专用设备，该设备投资额的40%可以从应纳税所得额中抵免
   B. 创业投资企业从事国家需要扶持和鼓励的创业投资，可以按投资额的70%在当年应纳税所得额中抵免
   C. 企业综合利用资源生产符合国家产业政策规定的产品取得的收入，可以在计算应纳税所得额时减计收入10%
   D. 企业安置残疾人员所支付的工资，按照残疾人工资的50%加计扣除

6. 下列各项中，超过税法规定的扣除限额部分，可以结转到以后年度扣除的有（　　）。
   A. 职工教育经费支出超过工资薪金总额2.5%的部分
   B. 向非金融企业借款的利息支出超过按照金融企业同期同类贷款利率计算的数额的部分
   C. 业务招待费超过税法规定标准的部分
   D. 广告费和业务宣传费支出超过当年销售收入15%的部分

三、计算题

1. 成都一家公司2019年全年取得产品销售收入5 600万元，发生产品销售成本4 000万元；其他业务收入800万元，其他业务成本660万元；取得购买国债利息40万元；缴纳非增值税销售税金及附加300万元；发生管理费用760万元，其中新技术的研究开发费用60万元、业务招待费70万元；财务费用200万元；取得直接投资其他居民企业的权益性收益

30万元；取得营业外收入100万元，营业外支出250万元（其中公益捐赠38万元）。

要求：

计算该企业2019年应缴纳的企业所得税。

2. 某居民企业2019年全年取得产品销售收入4 000万元，发生产品销售成本2 600万元；发生销售费用770万元，其中广告费650万元；管理费用480万元，其中业务招待费25万元；财务费用60万元；销售税金160万元，含增值税120万元。取得营业外收入80万元，营业外支出50万元，其中公益捐赠30万元，税收滞纳金6万元。计入成本、费用中的实发工资总额200万元，工会经费5万元，职工福利费31万元，职工教育经费7万元。

要求：

计算该企业2019年应缴纳的企业所得税。

第七章

个人所得税法

学习目标

- 掌握个人所得税的纳税义务人、税率及应纳税额的计算方法
- 掌握个人所得税的税收优惠
- 熟悉个人所得税的征收管理办法

案例导入

赵先生是中国公民,任职于某大型企业,2019年12月,赵先生取得工资收入2 000元,取得全年一次性奖金收入 36 000 元;另外,赵先生购买了国库券,12月获得利息收入5 000 元;因赵先生家已迁入新居,另将自己原有受赠而来的住房转让他人,获得价款46万元;赵先生购买体育彩票中奖 4 500 元;赵先生曾向某杂志社投稿,12月该杂志社通知李先生其稿已被采用,稿酬 3 000 元。

思考:赵先生各项收入都属于什么性质的所得,是否应缴纳个人所得税?如需缴纳,应缴纳多少?如何缴纳?

第一节 个人所得税概述

一、个人所得税的概念

个人所得税是以个人(自然人)取得的各项应税所得为征税对象所征收的一种税。

个人所得税于1799年首创于英国,此后世界各国相继仿效,开征此税种。第二次世界大战后,西方各国个人所得税发展较快,长期稳居各税之首位,其数额占税收总额的比例在

30%以上，甚至在某些国家的个别年份，达到40%以上。相对来说，低收入国家的个人所得税所占比例较低，大多数国家在10%以下。

二、我国个人所得税的特点

（一）实行综合与分类相结合的税制

我国个人所得税采取分类与综合相结合的课征模式，主要是将我国个人取得的各种所得划分为9类，分别是工资、薪金所得，劳务报酬所得，稿酬所得，特许权使用费所得，经营所得，利息、股息、红利所得，财产租赁所得，财产转让所得，偶然所得。综合税制的优点是税负公平，能够真正体现高收入者多纳税的原则，较好地实现个人所得税调节收入分配的功能。分类税制的优点是税制简便，易于征管。综合与分类相结合的税制较好地吸收了两者的优点，既提升了税收负担的公平性，又充分考虑了税收征管的可行性。

（二）超额累进税率与比例税率并用

比例税率计算简便，便于实行源泉扣缴；超额累进税率可以合理调节收入分配，体现公平。我国现行个人所得税根据各类个人所得的不同性质和特点，将这两种形式的税率综合运用于个人所得税制。综合所得，适用3%~45%的超额累进税率；经营所得，适用5%~35%的超额累进税率；利息、股息、红利所得，财产租赁所得，财产转让所得和偶然所得，适用比例税率，税率为20%。

（三）费用扣除额较宽

各国的个人所得税均有费用扣除的规定，只是扣除的方法及额度不尽相同。我国本着费用扣除从宽的原则，采用费用定额扣除和定率扣除两种方法。对工资、薪金所得，适用的减除费用标准为每月 5 000 元，在扣除基本减除费用标准和"三险一金"等专项扣除外，还增加了专项附加扣除项目，包括子女教育、继续教育、大病医疗、住房贷款利息或住房租金、赡养老人等支出；对劳务报酬等所得，每次收入不超过 4 000 元的减除800 元，每次收入 4 000 元以上的减除20%的费用。按照这样的标准减除费用，实际上等于对绝大多数的工资、薪金所得予以免税或只征很少的税款，也使提供一般劳务、取得中低劳务报酬所得的个人大多不用负担个人所得税。

（四）源泉扣缴和自行申报并行

源泉扣缴方式主要是由支付人代扣代缴，从而可以降低征管成本。对于无法进行源泉扣缴的所得以及综合所得，由纳税人自行申报，从而最大限度地保障了个人所得税的及时、足额入库。

三、我国个人所得税的作用

（一）调节收入分配，体现社会公平

在谋求经济增长和实行市场经济体制的发展中国家，社会收入分配差距在一定时期内扩

大是不可避免的。改革开放以来,随着经济的发展,我国人民的生活水平不断提高,个人收入渠道多元化成为常态,一部分人达到较高的收入水平。因此,有必要对个人收入进行适当的税收调节。在保证人们基本生活不受影响的前提下,本着高收入者多纳税、中等收入者少纳税、低收入者不纳税的原则,通过征收个人所得税来缓解社会收入分配不公的矛盾,有利于在不损害效率的前提下,体现社会公平,保持社会稳定。

(二)增强纳税意识,树立义务观念

由于历史的原因和计划经济体制的影响,我国公民的纳税意识较为淡薄,义务观念比较缺乏。通过宣传个人所得税法,建立个人所得税的纳税申报、源泉扣缴制度,通过强化个人所得税的征收管理和对违反税法行为的处罚等措施,逐步培养全民依法履行纳税义务的观念,有利于提高全体人民的公民意识和法制意识,为社会主义市场经济的发展创造良好的社会环境。

(三)扩大聚财渠道,增加财政收入

个人所得税的课征对象是个人取得的各项应税所得,意味着只要有所得就要缴纳个人所得税,由此可以看出,个人所得税的税基广泛,其税收收入成为财政收入的重要来源。而且个人所得税是市场经济发展的产物,个人所得税收入是随着一国经济的市场化、工业化、城市化程度和人均 GDP 水平提高而不断增长的。就我国目前情况看,由于个人总体收入水平不高,个人所得税收入有限。但是,个人所得税仍然不失为一个收入弹性和增长潜力较大的税种,是国家财政收入的一个重要来源。随着社会主义市场经济体制的建立和我国经济的进一步发展,我国居民的收入水平将逐步提高,个人所得税税源将不断扩大,个人所得税收入占国家税收总额的比重将逐年增加,成为具有活力的一个主体税种。

第二节 纳税义务人与所得来源地确定

一、纳税义务人

中国公民、个体工商户以及在中国有所得的外籍人员(包括无国籍人员)和港澳台同胞,为我国个人所得税的纳税义务人。同时参照国际惯例,按照住所和时间标准,把个人所得税的纳税义务人分为居民纳税义务人和非居民纳税义务人。

(一)居民纳税义务人

根据个人所得税法的规定,凡符合下列条件之一的,为居民纳税义务人。

(1)在中国境内有住所的个人。即因户籍、家庭、经济利益关系,在中国境内习惯性居住的个人。

习惯性居住是指个人因学习、工作、探亲等原因消除之后,没有理由在其他地方继续居留时,所要回到的地方,而不是指实际居住或在某一个特定时期内的居住地。在税收意

上，习惯性居住是判定纳税义务人是居民或非居民的一个法律意义上的标准。如个人因学习、工作、探亲、旅游等原因而不在中国境外居住，但这些原因消除之后，必须回到中国境内居住的，那么，中国就是该人的习惯性居住地。

(2) 在中国境内无住所而一个纳税年度内在中国境内居住累计满183天的个人。

所谓"居住"是指真实的在中国境内的居住（入境、逗留）天数，个人入境、离境、往返或多次往返境内外的当日，均按一天计算其在中国实际逗留天数。需要注意的是，"居住"天数与"工作"天数是两个不同的概念，在计算"工作"天数时，对其入境、离境、往返或多次往返境内外的当日，均按半天计算其在中国实际工作天数。在中国境内企业任职受雇的应当将境内外休假时间计算在内，未在中国境内企业任职受雇的应当将境内休假时间计算在内。

(二) 非居民纳税义务人

在中国境内无住所又不居住，或者无住所而一个纳税年度内在中国境内居住累计不满183天的个人，为非居民个人。

在中国境内无住所的个人，在中国境内居住累计满183天的年度连续不满6年的，经向主管税务机关备案，其来源于中国境外且由境外单位或个人支付的所得，免予缴纳个人所得税；在中国境内居住累计满183天的任一年度中有一次离境超过30天的，其在中国境内居住累计满183天的年度的连续年限重新起算。

在中国境内无住所的个人，在一个纳税年度内在中国境内居住累计不超过90天的，其来源于中国境内的所得，由境外雇主支付并且不由该雇主在中国境内的机构、场所负担的部分，免予缴纳个人所得税。

二、所得来源地的确定

所谓从中国境内取得的所得，是指来源于中国境内的所得；所谓从中国境外取得的所得，是指来源于中国境外的所得。

《中华人民共和国个人所得税法实施条例》（以下简称《个人所得税法实施条例》）规定，除国务院财政、税务主管部门另有规定外，下列所得，不论支付地点是否在中国境内，均为来源于中国境内的所得。

(1) 因任职、受雇、履约等在中国境内提供劳务取得的所得。

(2) 将财产出租给承租人在中国境内使用而取得的所得。

(3) 许可各种特许权在中国境内使用而取得的所得。

(4) 转让中国境内的不动产等财产或者在中国境内转让其他财产取得的所得。

(5) 从中国境内企业事业单位、其他组织以及居民个人取得的利息、股息、红利所得。

第三节 征税对象

个人所得税的征税对象是个人取得的应税所得。居民个人取得下列第一项至第四项所得（以下称综合所得），按纳税年度合并计算个人所得税；非居民个人取得下列第一项至第四项所得，按月或按次分项计算个人所得税。纳税人取得下列第五项至第九项所得，按相关规定分别计算个人所得税。

一、工资、薪金所得

工资、薪金所得是指个人因任职或者受雇而取得的工资、薪金、奖金、年终加薪、劳动分红、津贴、补贴以及与任职或者受雇有关的其他所得。

（1）工资、薪金所得属于非独立个人劳动所得，强调个人所从事的是他人指定、安排并接受管理的劳动、工作，或服务于公司、工厂、行政、事业单位。

（2）不征税项目包括以下几个。

①独生子女补贴；

②托儿补助费；

③执行公务员工资制度未纳入基本工资总额的补贴、津贴差额和家属成员的副食品补贴；

④差旅费津贴、误餐补助；

⑤外国来华留学生，领取的生活津贴费、奖学金。

（3）退休人员再任职取得的收入，在减除按个人所得税法规定的费用扣除标准后，按"工资、薪金所得"项目征税。

（4）公司职工取得的用于购买企业国有股权的劳动分红，按"工资、薪金所得"项目征税。

二、劳务报酬所得

劳务报酬所得是指个人从事设计、装潢、安装、制图、化验、测试、医疗、法律、会计、咨询、讲学、新闻、广播、翻译、审稿、书画、雕刻、影视、录音、录像、演出、表演、广告、展览、技术服务、介绍服务、经纪服务、代办服务以及其他劳务取得的所得。

"工资、薪金所得"与"劳务报酬所得"的区别是，"工资、薪金所得"属于非独立个人劳动（雇佣），"劳务报酬所得"属于独立个人劳动（非雇佣）。

自2004年1月20日起，对商品营销活动中，企业和单位对其营销业绩突出的非雇员以培训班、研讨会、工作考察等名义组织旅游活动，通过免收差旅费、旅游费对个人实行的营销业绩奖励（包括实物、有价证券等），应根据所发生费用的全额作为该营销人员当期的劳务收入，按照"劳务报酬所得"项目征收个人所得税，并由提供上述费用的企业和单位代扣代缴。

注意：个人由于担任董事职务所取得的董事费收入，属于劳务报酬所得，按照"劳务报酬所得"项目征收个人所得税，但仅适用于个人担任公司董事、监事，且不在公司任职、受雇的情形。个人在公司（包括关联公司）任职、受雇，同时兼任董事、监事的，应将董事费、监事费与个人工资收入合并，统一按"工资、薪金所得"项目缴纳个人所得税。

三、稿酬所得

稿酬所得是指个人因其作品以图书、报刊形式出版、发表而取得的所得。作品包括文学作品、书画作品、摄影作品以及其他作品。作者去世后，财产继承人取得的遗作稿酬，亦应征收个人所得税。

任职、受雇于报纸、杂志等单位的记者、编辑等专业人员，因在本单位的报纸、杂志上发表作品取得的所得，与其当月工资收入合并，按"工资、薪金所得"项目征收个人所得税。除上述专业人员以外，其他人员在本单位的报刊、杂志上发表作品取得的所得，应按"稿酬所得"项目征收个人所得税。

出版社的专业作者撰写、编写或翻译的作品，由本社以图书形式出版而取得的稿费收入，应按"稿酬所得"项目计算缴纳个人所得税。

四、特许权使用费所得

特许权使用费所得是指个人提供专利权、商标权、著作权、非专利技术以及其他特许权的使用权取得的所得。提供著作权的使用权取得的所得，不包括稿酬所得。

作者将自己的文字作品手稿原件或复印件公开拍卖（竞价）取得的所得，属于提供著作权的使用所得，应按"特许权使用费所得"项目征收个人所得税。

个人取得特许权的经济赔偿收入，应按"特许权使用费所得"项目征收个人所得税，由支付赔款的单位和个人代扣代缴。

编剧从电视剧的制作单位取得的剧本使用费，按"特许权使用费所得"项目征税。

五、经营所得

经营所得，是指：

（1）个体工商户从事生产、经营活动取得的所得，个人独资企业投资人、合伙企业的个人合伙人来源于境内注册的个人独资企业、合伙企业生产、经营的所得；

（2）个人依法从事办学、医疗、咨询以及其他有偿服务活动取得的所得；

（3）个人对企业、事业单位承包经营、承租经营以及转包、转租取得的所得；

（4）个人从事其他生产、经营活动取得的所得。

六、利息、股息、红利所得

利息、股息、红利所得是指个人拥有债权、股权而取得的利息、股息、红利所得。自

2008年10月9日起,储蓄存款利息、个人结算账户利息所得税暂免。

七、财产租赁所得

财产租赁所得是指个人出租建筑物、土地使用权、机器设备、车船以及其他财产取得的所得。

个人取得的财产转租收入,属于"财产租赁所得"项目的征税范围,由财产转租人缴纳个人所得税。在确认纳税义务人时,应以产权凭证为依据;对无产权凭证的,由主管税务机关根据实际情况确定。产权所有人死亡,在未办理产权继承手续期间,该财产出租而有租金收入的,以领取租金的个人为纳税义务人。

八、财产转让所得

财产转让所得是指个人转让有价证券、股权、建筑物、土地使用权、机器设备、车船以及其他财产取得的所得。对个人取得的各项财产转让所得,除股票转让所得外,都要征收个人所得税。

应按照财产转让所得计征个人所得税的情形包括以下几类。
(1) 个人通过网络收购玩家的虚拟货币,加价后向他人出售取得的收入。
(2) 对个人转让限售股取得的所得。
(3) 个人因各种原因终止投资、联营、经营合作等行为,从被投资企业或合作项目、被投资企业的其他投资者以及合作项目的经营合作人取得股权转让收入、违约金、补偿金、赔偿金及以其他名目收回的款项等。

九、偶然所得

偶然所得是指个人得奖、中奖、中彩以及其他偶然性质的所得。

得奖是指参加各种有奖竞赛活动,取得名次得到的奖金;中奖、中彩是指参加各种有奖活动,如有奖销售、有奖储蓄,或者购买彩票,经过规定程序,抽中、摇中号码而取得的奖金;个人因参加企业的有奖销售活动而取得的赠品所得,也按照"偶然所得"项目计征个人所得税。

偶然所得应缴纳的个人所得税税款,一律由发奖单位或机构代扣代缴。

第四节 税率与应纳税所得额的确定

一、税率

(一) 综合所得适用税率

综合所得适用七级超额累进税率,税率为3%~45%,如表7-1所示。

居民个人每一纳税年度内取得综合所得包括工资、薪金所得,劳务报酬所得,稿酬所得和特许权使用费所得。

表7-1 综合所得适用税率表

级数	全年应纳税所得额	税率/%	速算扣除数/元
1	不超过 36 000 元的	3	0
2	超过 36 000 元至 144 000 元的部分	10	2 520
3	超过 144 000 元至 300 000 元的部分	20	16 920
4	超过 300 000 元至 420 000 元的部分	25	31 920
5	超过 420 000 元至 660 000 元的部分	30	52 920
6	超过 660 000 元至 960 000 元的部分	35	85 920
7	超过 960 000 元的部分	45	181 920

注:①本表所称全年应纳税所得额是指依照税法的规定,居民个人取得综合所得以每一纳税年度收入额减除费用 60 000 元以及专项扣除、专项附加扣除和依法确定的其他扣除后的余额;②非居民个人取得工资、薪金所得,劳务报酬所得,稿酬所得和特许权使用费所得,依照本表按月换算后计算应纳税额。

(二)经营所得适用税率

个体工商户、个人独资企业和合伙企业的生产、经营所得,适用五级超额累进税率,税率为5%~35%,如表7-2所示。

表7-2 经营所得适用税率表

级数	全年应纳税所得额	税率/%	速算扣除数/元
1	不超过 30 000 元的	5	0
2	超过 30 000 元至 90 000 元的部分	10	1 500
3	超过 90 000 元至 300 000 元的部分	20	10 500
4	超过 300 000 元至 500 000 元的部分	30	40 500
5	超过 500 000 元的部分	35	65 500

注:本表所称全年应纳税所得额是指以每一纳税年度的收入总额减除成本、费用以及损失后的余额。

这里值得注意的是,由于目前实行承包(租)经营的形式较多,分配方式也不相同,因此,承包、承租人按照承包、承租经营合同(协议)规定取得所得的适用税率也不一致。

(1)承包、承租人对企业经营成果不拥有所有权,仅是按合同(协议)规定取得一定所得的,其所得按"工资、薪金所得"项目征税,纳入年度综合所得适用3%~45%的七级超额累进税率。

(2)承包、承租人按合同(协议)的规定只向发包、出租方缴纳一定费用后,企业经营成果归其所有的,承包、承租人取得的所得,按对企事业单位的承包经营、承租经营所得项目,适用5%~35%的五级超额累进税率。

(三) 比例税率

利息、股息、红利所得，财产租赁所得，财产转让所得，偶然所得，均适用20%的比例税率。

二、应纳税所得额的确定

由于个人所得税的应税项目不同，并且取得某项所得所需费用也不相同，因此，计算个人应纳税所得额，需按不同应税项目分项计算。以某项应税项目的收入额减去税法规定的该项目费用减除标准后的余额，为该应税项应纳税所得额。两个以上的个人共同取得同一项目收入的，应当对每个人取得的收入分别按照个人所得税法的规定计算纳税。

（一）每次收入的确定

《个人所得税法》对纳税义务人的征税方法有三种：一是按年计征，如经营所得，居民个人取得的综合所得；二是按月计征，如非居民个人取得的工资、薪金所得；三是按次计征，包括利息、股息、红利所得，财产租赁所得，偶然所得和非居民个人取得的劳务报酬所得，稿酬所得，特许权使用费所得等。

在按次征收情况下，由于扣除费用依据每次应纳税所得额的大小，分别规定了定额和定率两种标准。前述六个项目的"次"，《个人所得税法实施条例》中作出了明确规定。

(1) 居民个人取得劳务报酬所得、稿酬所得、特许权使用费所得，根据不同所得项目的特点，分别规定为以下两种情况。

①属于一次性收入的，以取得该项收入为一次。

就劳务报酬所得来看，从事设计、安装、装潢、制图、化验、测试等劳务，一般是接受客户的委托，按照客户的要求，完成一次劳务后取得收入，因此，是属于只有一次性的收入，应以每次提供劳务取得的收入为一次。但需注意的是，如果一次性劳务报酬收入以分月支付方式取得的，就适用同一事项连续取得收入，以1个月内取得的收入为一次的规定。

就稿酬来看，以每次出版、发表取得的收入为一次。具体又可细分为：同一作品在出版和发表时，以预付稿酬或分次支付稿酬等形式取得的稿酬收入，应合并计算为一次；同一作品出版、发表后，因添加印数而追加稿酬的，应与以前出版、发表时取得的稿酬合并计算为一次，计征个人所得税；同一作品在报刊上连载取得收入的，以连载完成后取得的所有收入合并为一次，计征个人所得税；同一作品再版取得的所得，应视作另一次稿酬所得计征个人所得税；同一作品先在报刊上连载，然后再出版，或先出版，再在报刊上连载的，应视为两次稿酬所得征税，即连载作为一次，出版作为另一次，计征个人所得税；在两处或两处以上出版、发表或再版同一作品而取得稿酬所得，则可分别各处取得的所得或再版所得按分次所得计征个人所得税。

就特许权使用费来看，以某项使用权的一次转让所取得的收入为一次。一个非居民个人，可能不仅拥有一项特许权利，每一项特许权的使用权也可能不止一次向我国境内提供。因此，对特许权使用费所得的"次"的界定，明确为每一项使用权的每次转让所取得的收入为一次。如果该次转让取得的收入是分笔支付的,则应将各笔收入相加为一次的收入,计征个人所得税。

②属于同一事项连续取得收入的,以 1 个月内取得的收入为一次。例如,某外籍歌手(非居民个人)与一卡拉 OK 厅签约,在一定时期内每天到卡拉 OK 厅演唱一次,每次演后付酬 500 元。在计算其劳务报酬所得时,应视为同一事项的连续性收入,以其 1 个月内取得的收入为一次计征个人所得税,而不能以每天取得的收入为一次。

(2) 财产租赁所得,以 1 个月内取得的收入为一次。

(3) 利息、股息、红利所得,以支付利息、股息、红利时取得的收入为一次。

(4) 偶然所得,以每次收入为一次。

(二) 应纳税所得额和费用减除标准

(1) 居民个人取得综合所得,以每年收入额减除费用 60 000 元以及专项扣除、专项附加扣除和依法确定的其他扣除后的余额,为应纳税所得额。专项扣除、专项附加扣除和依法确定的其他扣除,以居民个人一个纳税年度的应纳税所得额为限额;一个纳税年度扣除不完的,不结转以后年度扣除。

①专项扣除,包括居民个人按照国家规定的范围和标准缴纳的基本养老保险、基本医疗保险、失业保险等社会保险费和住房公积金等。

②专项附加扣除,包括子女教育、继续教育、大病医疗、住房贷款利息或者住房租金、赡养老人等支出,具体范围、标准和实施步骤由国务院确定,并报全国人民代表大会常务委员会备案。

③依法确定的其他扣除,包括个人缴付符合国家规定的企业年金、职业年金,个人购买符合国家规定的商业健康保险、税收递延型商业养老保险的支出,以及国务院规定可以扣除的其他项目。

(2) 非居民个人的工资、薪金所得,以每月收入额减除费用 5 000 元后的余额为应纳税所得额;劳务报酬所得、稿酬所得、特许权使用费所得,以每次收入额为应纳税所得额。

(3) 经营所得,以每一纳税年度的收入总额减除成本、费用以及损失后的余额,为应纳税所得额。所称成本、费用是指生产、经营活动中发生的各项直接支出和分配计入成本的间接费用,以及销售费用、管理费用、财务费用;所称损失,是指生产、经营活动中发生的固定资产和存货的盘亏、毁损、报废损失,转让财产损失,坏账损失,自然灾害等不可抗力因素造成的损失以及其他损失。

取得经营所得的个人,没有综合所得的,计算其每一纳税年度的应纳税所得额时,应当减除费用 60 000 元、专项扣除、专项附加扣除以及依法确定的其他扣除。专项附加扣除在办理汇算清缴时减除。

对个体工商户业主、个人独资企业和合伙企业自然人投资者的生产经营所得依法计征个人所得税时,个体工商户业主、个人独资企业和合伙企业是自然人投资者本人的费用扣除标准统一为 60 000 元/年 (5 000 元/月)。

对企事业单位的承包经营、承租经营所得，以每一纳税年度的收入总额，减除必要费用后的余额，为应纳税所得额。每一纳税年度的收入总额是指纳税义务人按照承包经营、承租经营合同规定分得的经营利润和工资、薪金性质的所得；所说的减除必要费用是指按年减除60 000元。

（4）财产租赁所得，每次收入不超过 4 000 元的，减除费用800 元；每次收入 4 000元以上的，减除20%的费用，其余额为应纳税所得额。

（5）财产转让所得，以转让财产的收入额减除财产原值和合理费用后的余额，为应纳税所得额。纳税义务人未提供完整、准确的财产原值凭证，不能正确计算财产原值的，由主管税务机关核定其财产原值。合理费用，是指卖出财产时按照有关规定支付的有关费用。

财产原值具体包括以下内容。
①有价证券，为买入价以及买入时按照规定缴纳的有关费用。
②建筑物，为建造费或购进价格以及其他有关费用。
③土地使用权，为取得土地使用权所支付的金额，开发土地的费用以及其他有关费用。
④机器设备、车船，为购进价格、运输费、安装费以及其他有关费用。
⑤其他财产，参照以上方法确定。

（6）利息、股息、红利所得和偶然所得，以每次收入额为应纳税所得额。

（7）专项附加扣除标准。

专项附加扣除标准目前包含子女教育、继续教育、大病医疗、住房贷款利息或住房租金、赡养老人6项支出，并将根据教育、医疗、住房、养老等民生支出的变化情况，适时调整专项附加扣除的范围和标准。取得综合所得和经营所得的居民个人可以享受专项附加扣除。

①子女教育。纳税人年满3岁的子女接受学前教育和学历教育的相关支出，按照每个子女每月 1 000 元（每年 12 000 元）的标准定额扣除。

学前教育包括年满3岁至小学入学前教育；学历教育包括义务教育（小学、初中教育）、高中阶段教育（普通高中、中等职业、技工教育）、高等教育（大学专科、大学本科、硕士研究生、博士研究生教育）。

父母可以选择由其中一方按扣除标准的100%扣除，也可以选择由双方分别按扣除标准的50%扣除，具体扣除方式在一个纳税年度内不能变更。

纳税人子女在中国境外接受教育的，纳税人应当留存境外学校录取通知书、留学签证等相关教育的证明资料备查。

②继续教育。纳税人在中国境内接受学历（学位）继续教育的支出，在学历（学位）教育期间按照每月400元（每年 4 800 元）定额扣除。同一学历（学位）继续教育的扣除期限不能超过48个月（4年）。纳税人接受技能人员职业资格继续教育、专业技术人员职业资格继续教育支出，在取得相关证书的当年，按照 3 600 元定额扣除。

个人接受本科及以下学历（学位）继续教育，符合税法规定扣除条件的，可以选择由其父母扣除，也可以选择由本人扣除。

纳税人接受技能人员职业资格继续教育、专业技术人员职业资格继续教育的，应当留存相关证书等资料备查。

③大病医疗。在一个纳税年度内，纳税人发生的与基本医保相关的医药费用支出，扣除医保报销后个人负担（指医保目录范围内的自付部分）累计超过 15 000 元的部分，由纳税人在办理年度汇算清缴时，在 80 000 元限额内据实扣除。

纳税人发生的医药费用支出可以选择由本人或其配偶扣除；未成年子女发生的医药费用支出可以选择由其父母一方扣除。纳税人及其配偶、未成年子女发生的医药费用支出，应按前述规定分别计算扣除额。

纳税人应当留存医药服务收费及医保报销相关票据原件（或复印件）等资料备查。医疗保障部门应当向患者提供在医疗保障信息系统记录的本人年度医药费用信息查询服务。

④住房贷款利息。纳税人本人或配偶，单独或共同使用商业银行或住房公积金个人住房贷款，为本人或其配偶购买中国境内住房，发生的首套住房贷款利息支出，在实际发生贷款利息的年度，按照每月 1 000 元（每年 12 000 元）的标准定额扣除，扣除期限最长不超过 240 个月（20 年）。纳税人只能享受一套首套住房贷款利息扣除。

所称首套住房贷款是指购买住房享受首套住房贷款利率的住房贷款。

经夫妻双方约定，可以选择由其中一方扣除，具体扣除方式在确定后，一个纳税年度内不得变更。

夫妻双方婚前分别购买住房发生的首套住房贷款，其贷款利息支出，婚后可以选择其中一套购买的住房，由购买方按扣除标准的 100% 扣除，也可以由夫妻双方对各自购买的住房分别按扣除标准的 50% 扣除，具体扣除方式在一个纳税年度内不能变更。

纳税人应当留存住房贷款合同、贷款还款支出凭证备查。

⑤住房租金。纳税人在主要工作城市没有自有住房而发生的住房租金支出，可以按照以下标准定额扣除：直辖市、省会（首府）城市、计划单列市以及国务院确定的其他城市，扣除标准为每月 1 500 元（每年 18 000 元）。除上述所列城市外，市辖区户籍人口超过 100 万的城市，扣除标准为每月 1 100 元（每年 13 200 元）；市辖区户籍人口不超过 100 万的城市，扣除标准为每月 800 元（每年 9 600 元）。

市辖区户籍人口，以国家统计局公布的数据为准。

所称主要工作城市是指纳税人任职受雇的直辖市、计划单列市、副省级城市、地级市（地区、州、盟）全部行政区域范围；纳税人无任职受雇单位的，为受理其综合所得汇算清缴的税务机关所在城市。

夫妻双方主要工作城市相同的，只能由一方扣除住房租金支出。

住房租金支出由签订租赁住房合同的承租人扣除。

纳税人及其配偶在一个纳税年度内不得同时分别享受住房贷款利息专项附加扣除和住房

租金专项附加扣除。

纳税人应当留存住房租赁合同、协议等有关资料备查。

⑥赡养老人。纳税人赡养一位及以上被赡养人的赡养支出，统一按以下标准等额扣除：纳税人为独生子女的，按每月 2 000 元（每年 24 000 元）的标准定额扣除；纳税人为非独生子女的，由其余兄弟姐妹分摊每月 2 000 元（每年 24 000 元）的扣除额度，每人分摊的额度最高不得超过每月 1 000 元（每年 12 000 元）。可以由赡养人均摊或约定分摊，也可以由被赡养人指定分摊。约定或指定分摊的须签订书面分摊协议，指定分摊优于约定分摊。具体分摊方式和额度在一个纳税年度内不得变更。

所称被赡养人是指年满 60 岁的父母，以及子女均已去世的年满 60 岁的祖父母、外祖父母。

(三) 应纳税所得额的其他规定

(1) 劳务报酬所得、稿酬所得、特许权使用费所得以收入减除 20% 的费用后的余额为收入额。稿酬所得的收入额减按 70% 计算。个人兼有不同的劳务报酬所得，应当分别减除费用，计算缴纳个人所得税。

(2) 个人将其所得对教育、扶贫、济困等公益慈善事业进行捐赠，捐赠额未超过纳税义务人申报的应纳税所得额 30% 的部分，可以从其应纳税所得额中扣除。国务院规定对公益慈善事业捐赠实行全额税前扣除的，从其规定。

所称个人将其所得对教育、扶贫、济困等公益慈善事业进行捐赠，是指个人将其所得通过中国境内的公益性社会组织、国家机关向教育、扶贫、济困等公益慈善事业的捐赠；所称应纳税所得额，是指计算扣除捐赠额之前的应纳税所得额。

(3) 个人所得的形式，包括现金、实物、有价证券和其他形式的经济利益。所得为实物的，应当按照取得的凭证上所注明的价格计算应纳税所得额，无凭证的实物或凭证上所注明的价格明显偏低的，参照市场价格核定应纳税所得额；所得为有价证券的，根据票面价格和市场价格核定应纳税所得额；所得为其他形式的经济利益的，参照市场价格核定应纳税所得额。

(4) 居民个人从中国境外取得的所得，可以从其应纳税额中抵免已在境外缴纳的个人所得税税额，但抵免额不得超过该纳税人境外所得依照《个人所得税法》规定计算的应纳税额。

(5) 所得为人民币以外货币的，按照办理纳税申报或扣缴申报的上一月最后一日人民币汇率中间价，折合成人民币计算应纳税所得额。年度终了后办理汇算清缴的，对已经按月、按季或按次预缴税款的人民币以外货币所得，不再重新折算；对应当补缴税款的所得部分，按照上一纳税年度最后一日人民币汇率中间价，折合成人民币计算应纳税所得额。

(6) 对个人从事技术转让、提供劳务等过程中所支付的中介费，如能提供有效、合法凭证的，允许从其所得中扣除。

第五节 个人所得应纳税额的计算

一、居民个人综合所得应纳税额的计算

首先，工资、薪金所得全额计入收入额；劳务报酬、特许权使用费所得的收入额为实际取得劳务报酬、特许权使用费收入的80%；此外，稿酬所得的收入额在扣除20%费用基础上，再减按70%计算，即稿酬所得的收入额为实际取得稿酬收入的56%。

其次，居民个人的综合所得，以每一纳税年度的收入额减除费用60 000元以及专项扣除、专项附加扣除和依法确定的其他扣除后的余额，为应纳税所得额。

居民个人取得综合所得，按年计算个人所得税；有扣缴义务人的，由扣缴义务人按月或按次预扣预缴税款；需要办理汇算清缴的，应当在取得所得的次年3月1日至6月30日内办理汇算清缴。

（一）居民个人预扣预缴

扣缴义务人向居民个人支付工资、薪金所得，劳务报酬所得，稿酬所得，特许权使用费所得时，按以下方法预扣预缴个人所得税，并向主管税务机关报送《个人所得税扣缴申报表》。年度预扣预缴税额与年度应纳税额不一致的，由居民个人于次年3月1日至6月30日向主管税务机关办理综合所得年度汇算清缴，税款多退少补。

1. 工资薪金所得预扣预缴税款的计算

扣缴义务人向居民个人支付工资、薪金所得时，应当按照累计预扣法计算预扣税款，并按月办理全员全额扣缴申报。

累计预扣法是指扣缴义务人在一个纳税年度内预扣预缴税款时，以纳税人在本单位截至当年月份工资、薪金所得累计收入减除累计免税收入、累计减除费用、累计专项扣除、累计专项附加扣除和累计依法确定的其他扣除后的余额为累计预扣预缴应纳税所得额，适用个人所得税预扣率表一（见表7-3），先计算累计应预扣预缴税额，再减除累计减免税额和累计已预扣预缴税额，其余额为本期应预扣预缴税额。余额为负值时，暂不退税。纳税年度终了后余额仍为负值时，由纳税人通过办理综合所得年度汇算清缴，税款多退少补。具体计算公式为：

本期应预扣预缴税款＝（累计预扣预缴应纳税所得额×预扣率-速算扣除数）-累计减免税额-累计已预扣预缴税额

累计预扣预缴应纳税所得额＝累计收入-累计免税收入-累计减除费用-累计专项扣除-累计专项附加扣除-累计依法确定的其他扣除

式中，累计减除费用，按照5 000元/月乘以纳税人当年截至本月在本单位的任职受雇月份数计算。

表 7-3　个人所得税预扣率表一

(居民个人工资、薪金所得预扣预缴适用)

级数	累计预扣预缴应纳税所得额	预扣率/%	速算扣除数/元
1	不超过 36 000 元的部分	3	0
2	超过 36 000 元至 144 000 元的部分	10	2 520
3	超过 144 000 元至 300 000 元的部分	20	16 920
4	超过 300 000 元至 420 000 元的部分	25	31 920
5	超过 420 000 元至 660 000 元的部分	30	52 920
6	超过 660 000 元至 960 000 元的部分	35	85 920
7	超过 960 000 元的部分	45	181 920

累计预扣法仅适用于中国居民个人取得的工资、薪金所得的日常预扣预缴,由该个人任职单位作为扣缴义务人,按月为其办理全额扣缴申报。向居民个人支付的劳务报酬所得、稿酬所得和特许权使用费所得,或向非居民个人支付的综合所得,则不采用累计预扣法计算应纳个人所得税额。

2. 劳务报酬所得、稿酬所得、特许权使用费所得预扣预缴税款的计算

扣缴义务人向居民个人支付劳务报酬所得、稿酬所得、特许权使用费所得,按次或按月预扣预缴个人所得税。具体预扣预缴方法如下。

(1) 劳务报酬所得、稿酬所得、特许权使用费所得以收入减除费用后的余额为收入额。其中,稿酬所得的收入额减按70%计算。

(2) 劳务报酬所得、稿酬所得、特许权使用费所得每次收入不超过 4 000 元的,减除费用按800 元计算;每次收入 4 000 元以上的,减除费用按20%计算。

(3) 劳务报酬所得、稿酬所得、特许权使用费所得,以每次收入额为预扣预缴应纳税所得额。劳务报酬所得适用20%~40%的超额累进预扣率(见表7-4),稿酬所得、特许权使用费所得适用20%的比例预扣率。

劳务报酬所得应预扣预缴税额的计算公式为:

劳务报酬所得应预扣预缴税额=预扣预缴应纳税所得额×预扣率-速算扣除数

稿酬所得、特许权使用费所得应预扣预缴税额的计算公式为:

稿酬所得、特许权使用费所得应预扣预缴税额=预扣预缴应纳税所得额×20%

表 7-4　个人所得税预扣率表二

(居民个人劳务报酬所得预扣预缴适用)

级数	预扣预缴应纳税所得额	预扣率/%	速算扣除数/元
1	不超过 20 000 元的部分	20	0
2	超过 20 000 元至 50 000 元的部分	30	2 000
3	超过 50 000 元的部分	40	7 000

(二) 综合所得应纳税额的计算及汇算清缴

居民个人的综合所得，以每一纳税年度的收入额减除费用 60 000 元以及专项扣除、专项附加扣除和依法确定的其他扣除后的余额，为应纳税所得额。

劳务报酬所得、稿酬所得、特许权使用费所得以收入减除 20% 的费用后的余额为收入额。稿酬所得的收入额减按 70% 计算。

居民个人综合所得应纳税额的计算公式为：

应纳税额 = 全年应纳税所得额 × 适用税率 − 速算扣除数
　　　　 = (全年收入额 − 60 000 元 − 社保、住房公积金费用 − 享受的专项附加扣除 − 享受的其他扣除) × 适用税率 − 速算扣除数

【例 7-1】 假定某居民个人纳税人 2019 年扣除"四险一金"后共取得含税工资收入 12 万元，除住房贷款专项附加扣除外，该纳税人不享受其余专项附加扣除和税法规定的其他扣除。计算其当年应纳个人所得税税额。

【解析】 全年应纳税所得额 = 120 000 − 60 000 − 12 000 = 48 000（元）

应纳税额 = 48 000 × 10% − 2 520 = 2 280（元）

【例 7-2】 假定某居民个人纳税人为独生子女，2019 年交完社保和住房公积金后共取得税前工资收入 20 万元，劳务报酬 1 万元，稿酬 1 万元。该纳税人有两个小孩且均由其扣除子女教育专项附加，纳税人的父母健在且均已年满 60 岁。计算其当年应纳个人所得税税额。

【解析】 全年应纳税所得额 = 200 000 + 10 000 × (1 − 20%) + 10 000 × 70% × (1 − 20%) − 60 000 − 12 000 × 2 − 24 000 = 105 600（元）

应纳税额 = 105 600 × 10% − 2 520 = 8 040（元）

【例 7-3】 某居民个人于 2019 年取得如下所得。

(1) 每月应发工资均为 30 000 元，每月减除费用 5 000 元，"三险一金"等专项扣除为 4 500 元，从 1 月起享受子女教育专项附加扣除 1 000 元，没有减免收入及减免税额等情况。

(2) 5 月份取得劳务报酬所得 1 000 元。

(3) 将其拥有的两处住房中的一套已使用 7 年的住房出售，转让收入 220 000 元，该房产造价 120 000 元，另支付交易费用等相关费用 4 000 元。

(4) 储蓄存款利息收入 800 元，股息收入 10 000 元。

计算综合所得应预扣预缴个人所得税税额、其他所得应缴纳个人所得税税额及综合所得汇算清缴应纳个人所得税税额。

【解析】（1）工资薪金所得应预扣预缴个人所得税税额的计算。

1 月工资应预扣预缴个人所得税税额为：

(30 000 − 5 000 − 4 500 − 1 000) × 3% = 585（元）

2 月工资应预扣预缴个人所得税税额为：

(30 000 × 2 − 5 000 × 2 − 4 500 × 2 − 1 000 × 2) × 10% − 2 520 − 585 = 795（元）

3月工资应预扣预缴个人所得税税额为：

(30 000×3-5 000×3-4 500×3-1 000×3)×10%-2 520-585-795=1 950（元）

4月工资应预扣预缴个人所得税税额为：

(30 000×4-5 000×4-4 500×4-1 000×4)×10%-2 520-585-795-1 950=1 950（元）

5月工资应预扣预缴个人所得税税额为：

(30 000×5-5 000×5-4 500×5-1 000×5)×10%-2 520-585-795-1 950-1 950=1 950（元）

6月工资应预扣预缴个人所得税税额为：

(30 000×6-5 000×6-4 500×6-1 000×6)×10%-2 520-585-795-1 950-1 950-1 950=1 950（元）

7月工资应预扣预缴个人所得税税额为：

(30 000×7-5 000×7-4 500×7-1 000×7)×10%-2 520-585-795-1 950-1 950-1 950-1 950=1 950（元）

8月工资应预扣预缴个人所得税税额为：

(30 000×8-5 000×8-4 500×8-1 000×8)×20%-16 920-585-795-1 950-1 950-1 950-1 950-1 950=3 150（元）

9月工资应预扣预缴个人所得税税额为：

(30 000×9-5 000×9-4 500×9-1 000×9)×20%-16 920-585-795-1 950-1 950-1 950-1 950-1 950-3 150=3 900（元）

10月工资应预扣预缴个人所得税税额为：

(30 000×10-5 000×10-4 500×10-1 000×10)×20%-16 920-585-795-1 950-1 950-1 950-1 950-1 950-3 150-3 900=3 900（元）

11月工资应预扣预缴个人所得税税额为：

(30 000×11-5 000×11-4 500×11-1 000×11)×20%-16 920-585-795-1 950-1 950-1 950-1 950-1 950-3 150-3 900-3 900=3 900（元）

12月工资应预扣预缴个人所得税税额为：

(30 000×12-5 000×12-4 500×12-1 000×12)×20%-16 920-585-795-1 950-1 950-1 950-1 950-1 950-3 150-3 900-3 900-3 900=3 900（元）

2019年度共预扣预缴个人所得税额为：

585+795+1 950+1 950+1 950+1 950+1 950+3 150+3 900+3 900+3 900+3 900=29 880（元）

（2）劳务报酬所得应预扣预缴个人所得税税额的计算。

收入额=1 000-800=200（元）

应预扣预缴个人所得税税额=200×20%=40（元）

(3) 出售非唯一房产，取得财产转让所得应缴纳个人所得税的计算

应纳个人所得税税额=（220 000-120 000-4 000）×20%=19 200（元）

(4) 利息收入和股息收入应缴纳个人所得税的计算。

储蓄存款利息收入免税。

股息收入应纳的个人所得税税款=10 000×20%=2 000（元）

(5) 汇算清缴应纳个人所得税税额的计算。

全年综合所得应纳税所得额=30 000×12+1 000×（1-20%）-60 000-4 500×12-1 000×12=234 800（元）

综合所得应纳个人所得税税额=234 800×20%-16 920=30 040（元）

2019年度共预扣预缴税款=29 880+40=29 920（元）

汇算清缴应补（退）个人所得税税额=30 040-29 920=120（元）

二、非居民个人取得工资、薪金所得，劳务报酬所得，稿酬所得和特许权使用费所得应纳税额的计算

非居民个人取得工资、薪金所得，劳务报酬所得，稿酬所得和特许权使用费所得以收入减除20%的费用后的余额为收入额；稿酬所得的收入额减按70%计算。

非居民个人的工资、薪金所得，以每月收入额减除费用5 000元后的余额为应纳税所得额；劳务报酬所得、稿酬所得、特许权使用费所得，以每次收入额为应纳税所得额。

非居民个人取得工资、薪金所得，劳务报酬所得，稿酬所得和特许权使用费所得，依照表7-1按月换算后计算应纳税额。非居民个人从我国境内取得所得时，适用的税率表如表7-5所示。

表7-5 非居民个人工资、薪金所得，劳务报酬所得，稿酬所得，特许权使用费所得适用税率表

级数	应纳税所得额	税率/%	速算扣除数/元
1	不超过 3 000 元的	3	0
2	超过 3 000 元至 12 000 元的部分	10	210
3	超过 12 000 元至 25 000 元的部分	20	1 410
4	超过 25 000 元至 35 000 元的部分	25	2 660
5	超过 35 000 元至 55 000 元的部分	30	4 410
6	超过 55 000 元至 80 000 元的部分	35	7 160
7	超过 80 000 元的部分	45	15 160

【例7-4】 假定某外商投资企业中工作的美国专家（假设为非居民纳税人），2019年2月取得由该企业发放的含税工资收入10 400元，此外还从别处取得劳务报酬5 000元。计算当月其应纳个人所得税税额。

【解析】 该非居民个人当月工资、薪金所得应纳税额=（10 400-5 000）×10%-210=

330（元）

该非居民个人当月劳务报酬所得应纳税额=5 000×（1-20%）×10%-210=190（元）

三、经营所得应纳税额的计算

经营所得应纳税额的计算公式为：

应纳税额=全年应纳税所得额×适用税率-速算扣除数

=（全年收入总额-成本、费用以及损失）×适用税率-速算扣除数

四、财产租赁所得应纳税额的计算

财产租赁所得，实行按次计征的办法。财产租赁所得一般以个人每次取得的收入，定额或者定率减除规定费用后的余额为应纳税所得额。每次收入不超过 4 000 元的，减除费用 800 元；每次收入 4 000 元以上的，减除 20% 的费用，其余额为应纳税所得额。其计算公式为：

每次收入不足 4 000 元的，应纳税所得额=收入-800

每次收入 4 000 元以上的，应纳税所得额=收入×（1-20%）

财产租赁所得，以一个月内取得的收入为一次。

在确定财产租赁的应纳税所得额时，纳税人在出租财产过程中缴纳的税金和教育费附加，可持完税凭证，从其财产租赁收入中扣除，准予扣除的项目除了规定的费用和有关税、费外，还准予扣除能够提供有效、准确凭证，证明由纳税人负担的该出租财产实际开支的修缮费用。允许扣除的修缮费用，以 800 元为限；一次扣除不完的，准予在下一次继续扣除，直至扣完为止。

个人出租财产取得的财产租赁收入，在计算、缴纳个人所得税时，应依次扣除以下费用：财产租赁过程中缴纳的税费；由纳税人负担的因该出租财产实际开支的修缮费用；税法规定的费用扣除标准。

应纳税所得额的计算公式为：

每次（月）收入不超过 4 000 元的，应纳税所得额=每次（月）收入额-准予扣除项目-修缮费用（800 元为限）-800 元

每次（月）收入超过 4 000 元的，应纳税所得额=[每次（月）收入额-准予扣除项目-修缮费用（800 元为限）]×（1-20%）

应纳税额的计算公式为：

应纳税额=应纳税所得额×适用税率

财产租赁所得适用 20% 的比例税率。但个人按市场价格出租的居民住房取得的所得，自 2001 年 1 月 1 日起暂减按 10% 的税率征收个人所得税。

【例7-5】 2019 年 7 月杨女士将其自有住房按市场价格出租给张某用于居住，租赁期限 1 年，每月取得租金收入 3 500 元，当年 8 月发生房屋修缮费用 2 000 元。请计算当年杨女

士应缴纳的个人所得税。(不考虑出租房屋的其他税种)

【解析】8月、9月应缴纳个人所得税=(3 500 -800-800)×10%×2=380(元)

10月应缴纳个人所得税=(3 500 -400-800)×10%=230(元)

7月、11月、12月应缴纳个人所得税=(3 500 -800)×10%×3=810(元)

2019年杨女士的租金收入应缴纳的个人所得税税额=380+230+810=1 420(元)

五、财产转让所得应纳税额的计算

财产转让所得，实行按次计征的办法。财产转让所得，以个人每次转让财产的收入总额减除财产原值和合理费用后的余额，为应纳税所得额。其计算公式为：

$$应纳税所得额=收入总额-财产原值-合理税费$$

纳税义务人未提供完整、准确的财产原值凭证，不能正确计算财产原值的，由主管税务机关核定其财产原值。

合理税费，是指卖出财产时按照有关规定支付的有关费用。

目前，对转让股票所得暂不征个人所得税。对个人转让自用5年以上、并且是家庭唯一生活用房取得的所得，免征个人所得税。

$$应纳税额=应纳税所得额×20\% =(收入总额-财产原值-合理税费)×20\%$$

六、利息、股息、红利所得和偶然所得应纳税额的计算

利息、股息、红利所得和偶然所得应纳税额的计算公式为：

$$应纳税额=应纳税所得额×适用税率=每次收入额×20\%$$

七、全年一次性奖金应纳税额的计算

全年一次性奖金是指行政机关、企事业单位等扣缴义务人根据其全年经济效益和对雇员全年工作业绩的综合考核情况，向雇员发放的一次性奖金。一次性奖金也包括年终加薪、实行年薪制和绩效工资办法的单位根据考核情况兑现的年薪和绩效工资。

居民个人取得全年一次性奖金，在2023年12月31日前，可选择不并入当年综合所得，按以下计税办法，由扣缴义务人发放时代扣代缴。

将居民个人取得的全年一次性奖金，除以12个月，按其商数依照按月换算后的综合所得税率表确定适用税率和速算扣除数，如表7-6所示。

表7-6 全年一次性奖金按月换算后的综合所得税率表

级数	应纳税所得额	税率/%	速算扣除数/元
1	不超过3 000元的	3	0
2	超过3 000元至12 000元的部分	10	210
3	超过12 000元至25 000元的部分	20	1 410

级数	应纳税所得额	税率/%	速算扣除数/元
4	超过 25 000 元至 35 000 元的部分	25	2 660
5	超过 35 000 元至 55 000 元的部分	30	4 410
6	超过 55 000 元至 80 000 元的部分	35	7 160
7	超过 80 000 元的部分	45	15 160

在一个纳税年度内，对每一个纳税人，该计税办法只允许采用一次。

实行年薪制和绩效工资的单位，居民个人取得年终兑现的年薪和绩效工资按上述办法执行。居民个人取得全年一次性奖金，也可以选择并入当年综合所得计算纳税。

居民个人取得除全年一次性奖金以外的其他各种名目奖金，如半年奖、季度奖、加班奖、现金奖、考勤奖等，一律与当月工资、薪金收入合并，按税法规定缴纳个人所得税。

自 2022 年 1 月 1 日起，居民个人取得全年一次性奖金，应并入当年综合所得计算缴纳个人所得税。

【例 7-6】 假定中国居民个人李某 2019 年在我国境内 1—12 月每月的税后工资为 3 800 元，12 月 31 日又一次性领取年终含税奖金 60 000 元。请计算李某取得年终奖金应缴纳的个人所得税。

【解析】（1）年终奖金适用的税率和速算扣除数为：

按 12 个月分摊后，每月奖金=60 000÷12=5 000（元），根据工资、薪金七级超额累进税率的规定，适用的税率和速算扣除数分别为 10%、210 元。

（2）年终奖金应缴纳个人所得税为：

$$应纳税额=年终奖金收入\times适用税率-速算扣除数$$
$$=60\ 000\times10\%-210=5\ 790（元）$$

八、境外所得已纳税额的扣除

为避免发生国家间对同一所得的重复征税，同时维护我国的税收权益，《个人所得税法》规定，纳税人从中国境外取得的所得，准予其在应纳税额中抵免已在境外实缴的个人所得税税款，但抵免额不得超过该纳税人境外所得依照本法规定计算的应纳税额。

税法所说的"已在境外缴纳的个人所得税税额"，是指纳税人从中国境外取得的所得，依照该所得来源国家或者地区的法律应当缴纳并实际已经缴纳的税额。

税法所说的"依照本法规定计算的税额"，是指纳税人从中国境外取得的所得，区别不同国家（地区）和不同应税项目依照我国税法规定的费用减除标准和适用税率计算的应纳税额。该应纳税额也就是扣除限额，同一国家或者地区内不同应税项目的应纳税额之和，为该国家或者地区的扣除限额。

当个人从中国境外一国（地区）取得所得在该国（地区）实际缴纳的个人所得税税额，

低于依照税法规定计算出的同一国家（地区）扣除限额时，应当在中国补缴差额部分的税款；当该项税额超过扣除限额时，其超过部分不得在当年的应纳税额中扣除，但可以于以后年度在同一国家（地区）的扣除限额的余额中补扣，补扣期限最长不得超过 5 年。

纳税人依照税法的规定申请抵免已在境外缴纳的个人所得税税额时，应当提供境外税务机关填发的完税凭证原件。

第六节　税收优惠

一、免征个人所得税的优惠

（1）省级人民政府、国务院部委和中国人民解放军军以上单位，以及外国组织、国际组织颁发的科学、教育、技术、文化、卫生、体育、环境保护等方面的奖金。

（2）国债和国家发行的金融债券利息。

国债利息是指个人持有中华人民共和国财政部发行的债券而取得的利息所得；国家发行的金融债券利息是指个人持有经国务院批准发行的金融债券而取得的利息所得。

（3）按照国家统一规定发给的补贴、津贴。这是指按照国务院规定发给的政府特殊津贴（即国家对为社会各项事业的发展作出突出贡献的人员颁发的一项特定津贴，并非泛指国务院批准发放的其他各项补贴、津贴）和国务院规定免税的补贴、津贴。

（4）福利费、抚恤金、救济金。福利费是指由于某些特定事件或原因而给职工或其家庭的正常生活造成一定困难，企业、事业单位、国家机关、社会团体从其根据国家有关规定提留的福利费或者工会经费中支付给职工的临时性生活困难补助；救济金是指各级人民政府民政部门支付给个人的生活困难补助费。

（5）保险赔款。

（6）军人的转业费、复员费。

（7）按照国家统一规定发给干部、职工的安家费、退职费、退休工资、离休工资、离休生活补助费。

（8）依照我国有关法律规定应予免税的各国驻华使馆、领事馆的外交代表、领事官员和其他人员的所得，即依照《中华人民共和国外交特权与豁免条例》和《中华人民共和国领事特权与豁免条例》规定免税的所得。

（9）中国政府参加的国际公约、签订的协议中规定免税的所得。

（10）经国务院财政部门批准免税的所得。

二、减征个人所得税的优惠

（1）残疾、孤寡人员和烈属的所得。

（2）因严重自然灾害造成重大损失的。

(3) 其他经国务院财政部门批准减免的。

注意，减征的幅度和期限由各省、自治区、直辖市人民政府决定；经省级人民政府批准可以减征个人所得税的残疾、孤寡人员和烈属的所得仅限于劳动所得，具体所得项目为：工资、薪金所得，个体工商户的生产经营所得，对企事业单位的承包经营、承租经营所得，劳务报酬所得，稿酬所得，特许权使用费所得。其他所得不能减征个人所得税。

第七节　征收管理

现行个人所得税的征收方法采用自行申报纳税和全员全额扣缴申报纳税两种形式。

一、自行申报纳税

自行申报纳税是指由纳税人在税法规定的纳税期限内，自行向税务机关申报取得的应税所得项目和数额，如实填写个人所得税纳税申报表，并按照税法规定计算应纳税额，据此缴纳个人所得税的一种征收方法。

（一）纳税人应当依法办理纳税申报的情形

有下列情形之一的，纳税人应当依法办理纳税申报。
(1) 取得综合所得需要办理汇算清缴。
(2) 取得应税所得没有扣缴义务人。
(3) 取得应税所得，扣缴义务人未扣缴税款。
(4) 取得境外所得。
(5) 因移居境外注销中国户籍。
(6) 非居民个人在中国境内从两处以上取得工资、薪金所得。
(7) 国务院规定的其他情形。

（二）纳税人应当依法办理汇算清缴的情形

取得综合所得且符合下列情形之一的纳税人，应当依法办理汇算清缴。
(1) 从两处以上取得综合所得，且综合所得年收入额减除专项扣除后的余额超过 60 000 元。
(2) 取得劳务报酬所得、稿酬所得、特许权使用费所得中一项或多项所得，且综合所得年收入额减除专项扣除的余额超过 60 000 元。
(3) 纳税年度内预缴税额低于应纳税额。
(4) 纳税人申请退税。

需要办理汇算清缴的纳税人，应当在取得所得的次年 3 月 1 日至 6 月 30 日内，向任职、受雇单位所在地主管税务机关办理纳税申报，并报送《个人所得税年度自行纳税申报表》。纳税人有两处以上任职、受雇单位的，选择向其中一处任职、受雇单位所在地主管税务机关办理纳税申报；纳税人没有任职、受雇单位的，向户籍所在地或经常居住地主管税务机关办理纳税申报。

纳税人办理综合所得汇算清缴，应当准备与收入、专项扣除、专项附加扣除、依法确定的其他扣除、捐赠、享受税收优惠等相关的资料，并按规定留存备查或报送。

纳税人办理汇算清缴退税或扣缴义务人为纳税人办理汇算清缴退税的，税务机关审核后，按照国库管理的有关规定办理退税。纳税人申请退税时提供的汇算清缴信息有误的，税务机关应告知其更正；纳税人更正的，税务机关应当及时办理退税。纳税人申请退税，应提供其在中国境内开设的银行账户，并在汇算清缴地就地办理税款退库。

（三）取得应税所得，扣缴义务人未扣缴税款的纳税申报

纳税人取得应税所得，扣缴义务人未扣缴税款的，应当区别以下情形办理纳税申报。

（1）居民个人取得综合所得的，且符合前述所述情形的，应当依法办理汇算清缴。

（2）非居民个人取得工资、薪金所得，劳务报酬所得，稿酬所得，特许权使用费所得的，应当在取得所得的次年6月30日前，向扣缴义务人所在地主管税务机关办理纳税申报，并报送《个人所得税自行纳税申报表（A表）》。有两个以上扣缴义务人均未扣缴税款的，选择向其中一处扣缴义务人所在地主管税务机关办理纳税申报。

非居民个人在次年6月30日前离境（临时离境除外）的，应当在离境前办理纳税申报。

（3）纳税人取得利息、股息、红利所得，财产租赁所得，财产转让所得和偶然所得的，应当在取得所得的次年6月30日前，按相关规定向主管税务机关办理纳税申报，并报送《个人所得税自行纳税申报表（A表）》。

税务机关通知限期缴纳的，纳税人应当按照期限缴纳税款。

纳税人取得应税所得没有扣缴义务人的，应当在取得所得的次月15日内向税务机关报送纳税申报表，并缴纳税款。

（四）非居民个人在中国境内从两处以上取得工资、薪金所得的纳税申报

非居民个人在中国境内从两处以上取得工资、薪金所得的，应当在取得所得的次月15日内，向其中一处任职、受雇单位所在地主管税务机关办理纳税申报，并报送《个人所得税自行纳税申报表（A表）》。

（五）纳税申报方式

纳税人可以采用远程办税端、邮寄等方式申报，也可以直接到主管税务机关申报。

二、全员全额扣缴申报纳税

税法规定，扣缴义务人向个人支付应税款项时，应当依照个人所得税法规定预扣或者代扣税款，按时缴库，并专项记载备查。

全员全额扣缴申报，是指扣缴义务人应当在代扣税款的次月15日内，向主管税务机关报送其支付所得的所有个人的有关信息、支付所得数额、扣除事项和数额、扣缴税款的具体数额和总额以及其他相关涉税信息资料。这种方法，有利于控制税源、防止漏税和逃税。

(一) 扣缴义务人和代扣预扣税款的范围

(1) 扣缴义务人是指向个人支付所得的单位或者个人。所称支付，包括现金支付、汇拨支付、转账支付和以有价证券、实物以及其他形式的支付。

(2) 实行个人所得税全员全额扣缴申报的应税所得包括以下项目。

①工资、薪金所得；

②劳务报酬所得；

③稿酬所得；

④特许权使用费所得；

⑤利息、股息、红利所得；

⑥财产租赁所得；

⑦财产转让所得；

⑧偶然所得。

扣缴义务人应当依法办理全员全额扣缴申报。

(二) 扣缴义务人责任与义务

(1) 支付工资、薪金所得的扣缴义务人应当于年度终了后两个月内，向纳税人提供其个人所得和已扣缴税款等信息。纳税人年度中间需要提供上述信息的，扣缴义务人应当提供。纳税人取得除工资、薪金所得以外的其他所得，扣缴义务人应当在扣缴税款后，及时向纳税人提供其个人所得和已扣缴税款等信息。

(2) 扣缴义务人应当按照纳税人提供的信息计算税款、办理扣缴申报，不得擅自更改纳税人提供的信息。扣缴义务人发现纳税人提供的信息与实际情况不符的，可以要求纳税人修改。纳税人拒绝修改的，扣缴义务人应当报告税务机关，税务机关应当及时处理。

纳税人发现扣缴义务人提供或扣缴申报的个人信息、支付所得、扣缴税款等信息与实际情况不符的，有权要求扣缴义务人修改。扣缴义务人拒绝修改的，纳税人应当报告税务机关，税务机关应当及时处理。

(3) 扣缴义务人对纳税人提供的《个人所得税专项附加扣除信息表》，应当按照规定妥善保存备查。

(4) 扣缴义务人应当依法对纳税人报送的专项附加扣除等相关涉税信息和资料保密。

(5) 对扣缴义务人按照规定扣缴的税款，按年付给2%的手续费。不包括税务机关、司法机关等查补或责令补扣的税款。扣缴义务人领取的扣缴手续费可用于提升办税能力、奖励办税人员。

(6) 扣缴义务人依法履行代扣代缴义务，纳税人不得拒绝。纳税人拒绝的，扣缴义务人应当及时报告税务机关。

(7) 扣缴义务人有未按照规定向税务机关报送资料和信息、未按照纳税人提供信息虚报虚扣专项附加扣除、应扣未扣税款、不缴或少缴已扣税款、借用或冒用他人身份等行为的，依照《中华人民共和国税收征收管理法》等相关法律、行政法规处理。

(三) 代扣代缴期限

扣缴义务人每月或每次预扣、代扣的税款,应当在次月 15 日内缴入国库,并向税务机关报送《个人所得税扣缴申报表》。

扣缴义务人首次向纳税人支付所得时,应当按照纳税人提供的纳税人识别号等基础信息,填写《个人所得税基础信息表(A 表)》,并于次月扣缴申报时向税务机关报送。

扣缴义务人对纳税人向其报告的相关基础信息变化情况,应当于次月扣缴申报时向税务机关报送。

三、专项附加扣除的操作办法

自 2019 年 1 月 1 日起,纳税人享受子女教育、继续教育、大病医疗、住房贷款利息或住房租金、赡养老人专项附加扣除的,依照《专项附加扣除操作办法》办理。

(一) 享受扣除及办理时间

(1) 纳税人享受符合规定的专项附加扣除的计算时间分别如下。

①子女教育。学前教育阶段,为子女年满 3 周岁当月至小学入学前一月。学历教育,为子女接受全日制学历教育入学的当月至全日制学历教育结束的当月。

②继续教育。学历(学位)继续教育,为在中国境内接受学历(学位)继续教育入学的当月至学历(学位)继续教育结束的当月,同一学历(学位)继续教育的扣除期限最长不得超过 48 个月。技能人员职业资格继续教育、专业技术人员职业资格继续教育,为取得相关证书的当年。

③大病医疗。为医疗保障信息系统记录的医药费用实际支出的当年。

④住房贷款利息。为贷款合同约定开始还款的当月至贷款全部归还或贷款合同终止的当月,扣除期限最长不得超过 240 个月。

⑤住房租金。为租赁合同(协议)约定的房屋租赁期开始的当月至租赁期结束的当月。提前终止合同(协议)的,以实际租赁期限为准。

⑥赡养老人。为被赡养人年满 60 周岁的当月至赡养义务终止的年末。

上述规定的学历教育和学历(学位)继续教育的期间,包含因病或其他非主观原因休学但学籍继续保留的休学期间,以及施教机构按规定组织实施的寒暑假等假期。

(2) 享受子女教育、继续教育、住房贷款利息或住房租金、赡养老人专项附加扣除的纳税人,自符合条件开始,可以向支付工资、薪金所得的扣缴义务人提供上述专项附加扣除有关信息,由扣缴义务人在预扣预缴税款时,按其在本单位本年可享受的累计扣除额办理扣除;也可以在次年 3 月 1 日至 6 月 30 日内,向汇缴地主管税务机关办理汇算清缴申报时扣除。

纳税人同时从两处以上取得工资、薪金所得,并由扣缴义务人办理上述专项附加扣除的,对同一专项附加扣除项目,一个纳税年度内,纳税人只能选择从其中一处扣除。

享受大病医疗专项附加扣除的纳税人,由其在次年 3 月 1 日至 6 月 30 日内,自行向汇缴地主管税务机关办理汇算清缴申报时扣除。

（3）扣缴义务人办理工资、薪金所得预扣预缴时，应当根据纳税人报送的《个人所得税专项附加扣除信息表》（以下简称《扣除信息表》）为纳税人办理专项附加扣除。

纳税人年度中间更换工作单位的，在原单位任职、受雇期间已享受的专项附加扣除金额，不得在新任职、受雇单位扣除。原扣缴义务人应当自纳税人离职不再发放工资薪金所得的当月起，停止为其办理专项附加扣除。

（4）纳税人未取得工资薪金所得，仅取得劳务报酬所得、稿酬所得、特许权使用费所得需要享受专项附加扣除的，应当在次年3月1日至6月30日内，自行向汇缴地主管税务机关报送《扣除信息表》，并在办理汇算清缴申报时扣除。

（5）一个纳税年度内，纳税人在扣缴义务人预扣预缴税款环节未享受或未足额享受专项附加扣除的，可以在当年内向支付工资、薪金的扣缴义务人申请在剩余月份发放工资薪金时补充扣除；也可以在次年3月1日至6月30日内，自行向汇缴地主管税务机关办理汇算清缴申报时扣除。

（二）报送信息及留存备查资料

（1）纳税人选择在扣缴义务人发放工资、薪金所得时享受专项附加扣除的，首次享受时应当填写并向扣缴义务人报送《扣除信息表》；纳税年度中间相关信息发生变化的，纳税人应当更新《扣除信息表》相应栏次，并及时报送给扣缴义务人。

更换工作单位的纳税人，需要由新任职、受雇扣缴义务人办理专项附加扣除的，应当在入职的当月，填写并向扣缴义务人报送《扣除信息表》。

（2）纳税人次年需要由扣缴义务人继续办理专项附加扣除的，应当于每年12月对次年享受专项附加扣除的内容进行确认，并报送至扣缴义务人。纳税人未及时确认的，扣缴义务人于次年1月起暂停扣除，待纳税人确认后再行办理专项附加扣除。

扣缴义务人应当将纳税人报送的专项附加扣除信息，在次月办理扣缴申报时一并报送至主管税务机关。

（3）纳税人选择在汇算清缴申报时享受专项附加扣除的，应当填写并向汇缴地主管税务机关报送《扣除信息表》。

（4）纳税人将需要享受的专项附加扣除项目信息填报至《扣除信息表》相应栏次。填报要素完整的，扣缴义务人或主管税务机关应当受理；填报要素不完整的，扣缴义务人或主管税务机关应当及时告知纳税人补正或重新填报。纳税人未补正或重新填报的，暂不办理相关专项附加扣除，待纳税人补正或重新填报后再行办理。

（5）纳税人享受子女教育专项附加扣除，应当填报配偶及子女的姓名、身份证件类型及号码、子女当前受教育阶段及起止时间、子女就读学校以及本人与配偶之间扣除分配比例等信息。

纳税人子女在境外接受教育的，应当留存境外学校录取通知书、留学签证等境外教育佐证资料备查。

（6）纳税人享受继续教育专项附加扣除，接受学历（学位）继续教育的，应当填报教育起止时间、教育阶段等信息；接受技能人员或专业技术人员职业资格继续教育的，应当填报证书名称、证书编号、发证机关、发证（批准）时间等信息。

纳税人接受技能人员职业资格继续教育、专业技术人员职业资格继续教育的，应当留存职业资格相关证书等资料备查。

（7）纳税人享受住房贷款利息专项附加扣除，应当填报住房权属信息、住房坐落地址、贷款方式、贷款银行、贷款合同编号、贷款期限、首次还款日期等信息；纳税人有配偶的，填写配偶姓名、身份证件类型及号码。

纳税人需要留存住房贷款合同、贷款还款支出凭证等资料备查。

（8）纳税人享受住房租金专项附加扣除，应当填报主要工作城市、租赁住房坐落地址、出租人姓名及身份证件类型和号码或出租方单位名称及纳税人识别号（社会统一信用代码）、租赁起止时间等信息；纳税人有配偶的，填写配偶姓名、身份证件类型及号码。

纳税人需要留存住房租赁合同或协议等资料备查。

（9）纳税人享受赡养老人专项附加扣除，应当填报纳税人是否为独生子女、月扣除金额、被赡养人姓名及身份证件类型和号码、与纳税人关系；有共同赡养人的，需填报分摊方式、共同赡养人姓名及身份证件类型和号码等信息。

纳税人需要留存约定或指定分摊的书面分摊协议等资料备查。

（10）纳税人享受大病医疗专项附加扣除，应当填报患者姓名、身份证件类型及号码、与纳税人关系、与基本医保相关的医药费用总金额、医保目录范围内个人负担的自付金额等信息。

纳税人需要留存大病患者医药服务收费及医保报销相关票据原件或复印件，或医疗保障部门出具的纳税年度医药费用清单等资料备查。

（11）纳税人应当对报送的专项附加扣除信息的真实性、准确性、完整性负责。

（三）信息报送方式

（1）纳税人可以通过远程办税端、电子或纸质报表等方式，向扣缴义务人或主管税务机关报送个人专项附加扣除信息。

（2）纳税人选择纳税年度内由扣缴义务人办理专项附加扣除的，按下列规定办理。

①纳税人通过远程办税端选择扣缴义务人并报送专项附加扣除信息的，扣缴义务人根据接收的扣除信息办理扣除。

②纳税人通过填写电子或纸质《扣除信息表》直接报送扣缴义务人的，扣缴义务人将相关信息导入或录入扣缴端软件，并在次月办理扣缴申报时提交给主管税务机关。《扣除信息表》应当一式两份，纳税人和扣缴义务人签字（章）后分别留存备查。

（3）纳税人选择年度终了后办理汇算清缴申报时享受专项附加扣除的，既可以通过远程办税端报送专项附加扣除信息，也可以将电子或纸质《扣除信息表》（一式两份）报送给汇缴地主管税务机关。

报送电子《扣除信息表》的,主管税务机关受理打印,交由纳税人签字后,一份由纳税人留存备查,一份由税务机关留存;报送纸质《扣除信息表》的,纳税人签字确认、主管税务机关受理签章后,一份退还纳税人留存备查,一份由税务机关留存。

(4) 扣缴义务人和税务机关应当告知纳税人办理专项附加扣除的方式和渠道,鼓励并引导纳税人采用远程办税端报送信息。

(四) 后续管理

(1) 纳税人应当将《扣除信息表》及相关留存备查资料,自法定汇算清缴期结束后保存5年。

纳税人报送给扣缴义务人的《扣除信息表》,扣缴义务人应当自预扣预缴年度的次年起留存5年。

(2) 纳税人向扣缴义务人提供专项附加扣除信息的,扣缴义务人应当按照规定予以扣除,不得拒绝。扣缴义务人应当为纳税人报送的专项附加扣除信息保密。

(3) 扣缴义务人应当及时按照纳税人提供的信息计算办理扣缴申报,不得擅自更改纳税人提供的相关信息。

扣缴义务人发现纳税人提供的信息与实际情况不符的,可以要求纳税人修改。纳税人拒绝修改的,扣缴义务人应当向主管税务机关报告,税务机关应当及时处理。

除纳税人另有要求外,扣缴义务人应当于年度终了后两个月内,向纳税人提供已办理的专项附加扣除项目及金额等信息。

(4) 税务机关定期对纳税人提供的专项附加扣除信息开展抽查。

(5) 税务机关核查时,纳税人无法提供留存备查资料,或留存备查资料不能支持相关情况的,税务机关可以要求纳税人提供其他佐证;不能提供其他材料佐证的,或佐证材料仍不足以支持的,不得享受相关专项附加扣除。

(6) 税务机关核查专项附加扣除情况时,可以提请有关单位和个人协助核查,相关单位和个人应当协助。

(7) 纳税人有下列情形之一的,主管税务机关应当责令其改正;情形严重的,应当纳入有关信用信息系统,并按照国家有关规定实施联合惩戒;涉及违反税收征管法等法律法规的,税务机关依法进行处理。

①报送虚假专项附加扣除信息。
②重复享受专项附加扣除。
③超范围或标准享受专项附加扣除。
④拒不提供留存备查资料。
⑤税务总局规定的其他情形。

纳税人在任职、受雇单位报送虚假扣除信息的,税务机关责令改正的同时,通知扣缴义务人。

本章小结

个人所得税是对个人取得的各项所得征收的一种税。对于个人所得税的纳税义务人依据住所和居住时间两个标准,分为居民和非居民,分别承担不同的纳税义务;居民纳税人负有无限纳税义务,非居民负有有限的纳税义务。

个人所得税的应税项目中,工资、薪金所得,劳务报酬所得,稿酬所得和特许权使用费所得适用七级超额累进税率,税率为3%~45%;经营所得适用5%~35%的五级超额累进税率;财产租赁所得,股息、利息、红利所得,财产转让所得及偶然所得适用20%的比例税率。

业务实训练习

一、单项选择题

1. 下列各项中,属于非居民纳税人的是（ ）。
   A. 在中国境内无住所且不居住,但有来源于中国境内所得
   B. 在中国境内无住所
   C. 在中国境内无住所,但居住时间满一个纳税年度
   D. 在中国境内有住所,但目前未居住

2. 2019年,某演员参加一次商业演出,取得演出费26 000元,其缴纳个人所得税时,不正确的是（ ）。
   A. 应与"工资、薪金"等所得合并　　B. 属于"劳务报酬"所得
   C. 费用扣除其收入的20%　　　　　D. 费用扣除标准是定额800元

3. 2019年,王某的一篇论文被编入某论文集出版,取得稿酬5 000元,当年因添加印数又取得追加稿酬2 000元。王某所获稿酬中纳税收入为（ ）元。
   A. 6 200　　　B. 4 500　　　C. 3 920　　　D. 2 800

4. 某工程师2019年将自己研制的一项非专利技术使用权提供给甲企业,取得技术转让收入3 000元;又将自己发明的一项专利转让给乙企业,取得收入45 000元。该工程师两次所得纳税收入为（ ）元。
   A. 47 200　　B. 36 000　　C. 2 400　　　D. 38 400

5. 2019年8月,李某出版小说一本取得稿酬80 000元。李某8月份的纳税收入为（ ）元。
   A. 78 200　　B. 44 800　　C. 64 000　　D. 56 000

6. 下列不适用代扣代缴方式纳税的有（ ）。
   A. 工资薪金所得　　　　　　　　B. 稿酬所得
   C. 个体户生产经营所得　　　　　D. 劳务报酬所得

7. 下列各项中,不能按次计算征收个人所得税的是(　　)。
   A. 股息、利息、红利所得　　　　　B. 稿酬所得
   C. 工资薪金所得　　　　　　　　　D. 财产租赁所得
8. 退休职工李某本月取得下列收入,不需要缴纳个人所得税的是(　　)。
   A. 退休工资 2 200 元　　　　　　 B. 股票红利收入 1 000 元
   C. 咨询费收入 1 500 元　　　　　 D. 杂志上发表文章稿酬 3 000 元
9. 我国个人所得税的类型是(　　)。
   A. 分类所得税制　　B. 综合所得税制　　C. 混合所得税制　　D. 以上都不是
10. 下列项目中,属于偶然所得的是(　　)。
    A. 个人为单位或他人提供担保获得报酬　　B. 彩票中奖所得
    C. 单位给员工分的奖金　　　　　　　　　D. 发表论文获得的稿费

二、多项选择题

1. 个人所得税项目中,采用费用定额扣除(800元)或定率扣除(20%)的项目有(　　)。
   A. 财产转让所得　　　　　　　　　B. 财产租赁所得
   C. 特许权使用费所得　　　　　　　D. 劳务报酬所得
2. 下列关于"次"的规定中,说法正确的有(　　)。
   A. 同一事项连续取得收入的,以全部取得的收入为一次
   B. 同一作品再版取得的稿酬,应当单独看作一次所得征税
   C. 同一作品出版社分三次支付的稿酬,应当看作一次所得征税
   D. 出租房屋所得,以一个月作一次所得征税
3. 下列项目中,免征、减征、不征个人所得税的有(　　)。
   A. 个人按规定标准取得的拆迁补偿款
   B. 单位为职工个人购买商业性补充养老保险
   C. 个人取得 1 000 元的单张有奖发票奖金
   D. 商业保险赔款
4. 下列各项中,适用5%~35%的超额累进税率计征个人所得税的有(　　)。
   A. 个体工商户的生产经营所得　　　B. 个人独资企业的生产经营所得
   C. 对企事业单位的承包经营所得　　D. 合伙企业的生产经营所得
5. 下列各项中,应当按照"工资、薪金所得"项目征收个人所得税的是(　　)。
   A. 劳动分红　　　　　　　　　　　B. 独生子女补贴
   C. 差旅费津贴　　　　　　　　　　D. 超过规定标准的误餐费
6. 下列项目中,属于劳务报酬所得的是(　　)。
   A. 个人书画展卖取得的报酬
   B. 提供著作的版权而取得的报酬

C. 将国外的作品翻译出版取得的报酬

D. 高校教师受出版社委托进行审稿取得的报酬

7. 下列各项中，以取得的收入为应纳税所得额直接计征个人所得税的是（　　）。

A. 稿酬所得　　　　　　　　　　B. 偶然所得

C. 股息、利息、红利所得　　　　D. 特许权使用费所得

8. 下列所得可以免征个人所得税的有（　　）。

A. 购买国家金融债券取得的利息　　B. 购买国债取得的利息收入

C. 个人取得的教育储蓄存款利息所得　　D. 单位集资获得的利息收入

三、计算题

1. 某高校赵教授2019年取得的收入项目如下。

（1）赵教授扣除"五险一金"后共取得含税工资收入30万元。

（2）5月因担任另一高校的博士论文答辩取得答辩费5 000元，又为该校作一场学术报告取得收入3 000元。

（3）自1月1日起将自有住房按市场价出租给李某居住，每月租金5 500元。其中，7月份发生维修费1 200元，取得装修公司出具的正式发票。

（4）8月取得国债利息收入1 850元，某上市公司发行的企业债券利息收入1 000元。

（5）10月购买福利彩票中奖30 000元。

（6）从5月开始在某晚报连载小说3个月，每月取得稿酬3 600元，然后送交出版社出版，一次取得稿酬20 000元。

（7）12月将小说手稿在国内公开拍卖，拍卖收入90 000元。

（8）赵教授有两个小孩且均由其扣除子女教育专项附加，其父母健在且均已满60岁。

要求：

计算赵教授2019年应纳个人所得税税额。

2. 高级工程师李某2019年取得以下收入。

（1）扣除"五险一金"后税前工资收入20万元；

（2）为某装饰公司设计图纸，取得设计费10 000元；

（3）购买彩票中奖2 000元；

（4）学术报告收入5 000元；

（5）将自有的商业用房出租给某公司，租期一年，每个月租金3 500元，并于12月支付修缮费用1 500元。

（6）出版著作一部，得稿酬20 000元。

（7）李某有一个小孩且均由其扣除子女教育专项附加，只有母亲健在且已满60周岁。

要求：

计算李某2019年应缴纳的个人所得税。

第八章

资源税类税法

学习目标

- 了解资源税法
- 掌握资源税、城镇土地使用税、耕地占用税和土地增值税的纳税人、征税范围、计税依据及税额的计算
- 熟悉资源税、城镇土地使用税、耕地占用税和土地增值税的征收管理办法

案例导入

某油田2019年10月共计开采原油8 000吨,当月销售原油6 000吨,取得销售收入(不含增值税)18 000 000元,同时还向购买方收取违约金23 400元,优质费5 850元;支付运输费用20 000元(运输发票已比对)。已知销售原油的资源税税率为6%。

思考:该油田10月份应如何缴纳资源税?

资源税类税法是指以资源为征税对象的各种法律规范的总称,主要包括资源税法、城镇土地使用税法、耕地占用税法和土地增值税法。

第一节 资源税法

一、资源税的概念及特点

(一)资源税的概念

资源税,是国家对我国境内从事国有资源开采的单位和个人,就其资源产品的销售和使用征收的一种税。

资源税法是国家制定的用以调整资源税征收与缴纳之间权利与义务关系的法律规范。

《中华人民共和国资源税法》于 2019 年 8 月 26 日由中华人民共和国第十三届全国人民代表大会常务委员会第十二次会议通过，自 2020 年 9 月 1 日起施行。

（二）资源税的特点

（1）资源税的征收范围小。目前我国的资源税征税范围较窄，仅将部分级差收入差异较大、资源较为普遍、易于征收管理的矿产品和盐纳入征税范围。

（2）资源税的征税目的是调节级差收入。资源税的立法目的主要在于调节资源开采企业因资源开采条件的差异所形成的级差收入，把由于自然条件优越而形成的级差收入收归国有。

二、资源税的纳税人及税目、税率

（一）资源税的纳税人

1. 纳税人

在中华人民共和国领域和中华人民共和国管辖的其他海域开采应税资源的单位和个人，为资源税的纳税人。所说单位是指国有企业、集体企业、私有企业、股份制企业、其他企业和行政单位、事业单位、军事单位、社会团体及其他单位；所说个人，是指个体经营者和其他个人。其他单位和其他个人包括外商投资企业、外国企业及外籍人员。

2. 扣缴义务人

我国以收购未税矿产品的单位作为资源税的扣缴义务人。未税矿产品是指资源税纳税人在销售其矿产品时不能向扣缴义务人提供资源税管理证明的矿产品。资源税管理证明是证明销售的矿产品已缴纳资源税或已向当地税务机关办理纳税申报的有效凭证。

扣缴义务人具体包括：独立矿山、联合企业及其他收购未税矿产品的单位。其中，独立矿山是指只有采矿或只有采矿和选矿并实行独立核算、自负盈亏的单位；联合企业是指采、选、冶（或加工）连续生产的企业或采、冶（或加工）连续生产的企业，其采矿单位一般是该企业的二级或二级以下的核算单位。

（二）税目和税率

资源税税目税率如表 8-1 所示。

表 8-1 资源税税目税率表

	税目	征收对象	税率
能源矿产	原油	原矿	6%
	天然气、页岩气、天然气水合物	原矿	6%
	煤	原矿或选矿	2%~10%
	煤成（层）气	原矿	1%~2%
	铀、钍	原矿	4%
	油页岩、油砂、天然沥青、石煤	原矿或选矿	1%~4%
	地热	原矿	1%~20% 或者每立方米 1~30 元

续表

税目			征收对象	税率
金属矿产	黑色金属	铁、锰、铬、钒、钛	原矿或选矿	1%～9%
	有色金属	铜、铅、锌、锡、镍、锑、镁、钴、铋、汞	原矿或选矿	2%～10%
		铝土矿	原矿或选矿	2%～9%
		钨	选矿	6.5%
		钼	选矿	8%
		金、银	原矿或选矿	2%～6%
		铂、钯、钌、锇、铱、铑	原矿或选矿	5%～10%
		轻稀土	选矿	7%～12%
		中重稀土	选矿	20%
		铍、锂、锆、锶、铷、铯、铌、钽、锗、镓、铟、铊、铪、铼、镉、硒、碲	原矿或选矿	2%～10%
非金属矿产	矿物类	高岭土	原矿或选矿	1%～6%
		石灰岩	原矿或选矿	1%～6%或每吨（每立方米）1～10元
		磷	原矿或选矿	3%～8%
		石墨	原矿或选矿	3%～12%
		萤石、硫铁矿、自然硫	原矿或选矿	1%～8%
		天然石英砂、脉石英、粉石英、水晶、工业用金刚石、冰洲石、蓝晶石、硅线石（矽线石）、长石、滑石、刚玉、菱镁矿、颜料矿物、天然碱、芒硝、钠硝石、明矾石、砷、硼、碘、溴、膨润土、硅藻石、陶瓷土、耐火黏土、铁矾土、凹凸棒石黏土、海泡石黏土、伊利石黏土、累托石黏土	原矿或选矿	1%～12%
		叶蜡石、硅灰石、透辉石、珍珠岩、云母、沸石、重晶石、毒重石、方解石、蛭石、透闪石、工业用电气石、白垩、石棉、蓝石棉、红柱石、石榴子石、石膏	原矿或选矿	2%～12%

续表

税目			征收对象	税率
非金属矿产	矿物类	其他黏土（铸型用黏土、砖瓦用黏土、陶粒用黏土、水泥配料用黏土、水泥配料用黄土、水泥配料用泥岩、保温材料用黏土）	原矿或选矿	1%~5%或每吨（或每立方米）0.1~5元
非金属矿产	岩石类	大理岩、花岗岩、白云岩、石英岩、砂岩、辉绿岩、安山岩、闪长岩、板岩、玄武岩、片麻岩、角闪岩、页岩、浮石、凝灰岩、黑曜岩、霞石正长岩、蛇纹岩、麦饭石、泥灰岩、含钾岩石、含钾砂页岩、天然油石、橄榄岩、松脂岩、粗面岩、辉长岩、辉石岩、正长岩、火山灰、火山渣、泥炭	原矿或选矿	1%~10%
		砂石	原矿或选矿	1%~5%或每吨（或每立方米）0.1~5元
	宝玉石类	宝石、玉石、宝石级金刚石、玛瑙、黄玉、碧玺	原矿或选矿	4%~20%
水气矿产		二氧化碳气、硫化氢气、氦气、氡气	原矿	2%~5%
		矿泉水	原矿	1%~20%或每立方米1~30元
盐		钠盐、钾盐、镁盐、锂盐	选矿	3%~15%
		天然卤水	原矿	3%~15%或每吨（或者每立方米）1~10元
		海盐		2%~5%

备注：(1) 铝土矿包括耐火级矾土、研磨级矾土等高铝黏土。(2) 氯化钠初级产品是指井矿盐、湖盐原盐、提取地下卤水晒制的盐和海盐原盐，包括固体和液体形态的初级产品。(3) 海盐是指海水晒制的盐，不包括提取地下卤水晒制的盐。

（1）纳税人在开采主矿产品的过程中伴采的其他应税矿产品，凡未单独规定适用税额的，一律按主矿产品或视同主矿产品税目征收资源税。

（2）扣缴义务人代扣代缴资源税适用的单位税额按如下规定执行。

①独立矿山、联合企业收购与本单位矿种相同的未税矿产品，按照本单位相同矿种应税产品的单位税额，依据收购数量代扣代缴资源税。

②独立矿山、联合企业收购与本单位矿种不同的未税矿产品，以及其他收购单位收购的未税矿产品，按照收购地相应矿种规定的单位税额，依据收购数量代扣代缴资源税。

③纳税人具体适用的税率,在《资源税税目税率表》规定的税率幅度内,根据纳税人所开采或者生产应税产品的资源品位、开采条件等情况,由财政部商国务院有关部门确定;财政部未列举名称且未确定具体适用税率的其他非金属矿原矿和有色金属矿原矿,由省、自治区、直辖市人民政府根据实际情况确定,报财政部和国家税务总局备案。

三、资源税应纳税额的计算

资源税的应纳税额,按照从价定率或者从量定额的办法,分别以应税产品的销售额乘以纳税人具体适用的比例税率或者以应税产品的销售数量乘以纳税人具体适用的定额税率计算。其计算有如下两种方式:

$$应纳税额 = 销售额 \times 比例税率$$
$$应纳税额 = 课税数量 \times 单位税额$$

扣缴义务人代扣代缴的应纳税额 = 收购未税矿产品的数量 × 适用的单位税额

(一) 计税依据

纳税人开采或者生产应税产品,自用于连续生产应税产品的,不缴纳资源税;自用于其他方面的,视同销售,缴纳资源税。

1. 销售额的确定

(1) 一般销售额的确定。

销售额为纳税人销售应税产品向购买方收取的全部价款和价外费用,但不包括收取的增值税销项税额。

价外费用包括价外向购买方收取的手续费、补贴、基金、集资费、返还利润、奖励费、违约金、滞纳金、延期付款利息、赔偿金、代收款项、代垫款项、包装费、包装物租金、储备费、优质费、运输装卸费以及其他各种性质的价外收费。

但下列项目不包括在内:同时符合条件的代垫运输费用(承运部门的运输费用发票开具给购买方的;纳税人将该项发票转交给购买方的);同时符合条件代为收取的政府性基金或者行政事业性收费(由国务院或者财政部批准设立的政府性基金,由国务院或者省级人民政府及其财政、价格主管部门批准设立的行政事业性收费;收取时开具省级以上财政部门印制的财政票据;所收款项全额上缴财政)。

(2) 核定销售额。

纳税人申报的应税产品销售额明显偏低并且无正当理由的、有视同销售应税产品行为而无销售额的,除财政部、国家税务总局另有规定外,按下列顺序确定销售额。

①按纳税人最近时期同类产品的平均销售价格确定。
②按其他纳税人最近时期同类产品的平均销售价格确定。
③按组成计税价格确定。

组成计税价格的计算公式为:

$$组成计税价格 = 成本 \times (1 + 成本利润率) \div (1 - 税率)$$

式中，成本是指应税产品的实际生产成本；成本利润率由省、自治区、直辖市税务机关确定。

(3) 销售额的特殊规定。

纳税人开采应税矿产品由其关联单位对外销售的，按其关联单位的销售额征收资源税。

纳税人既有对外销售应税产品，又有将应税产品自用于除连续生产应税产品以外的其他方面的，则自用的这部分应税产品，按纳税人对外销售应税产品的平均价格计算销售额征收资源税。

纳税人将其开采的应税产品直接出口的，按其离岸价格（不含增值税）计算销售额征收资源税。

2. 课税数量的确定

纳税人开采或者生产应税产品销售的，以销售数量为课税数量。

纳税人开采或者生产应税产品自用的，以自用数量为课税数量。

在实际生产经营过程中，有些情况是比较特殊的，因此，有些具体情况的课税数量采取以下方法确认。

(1) 纳税人开采或者生产不同税目应税产品的，应当分别核算不同税目应税产品的销售额或者销售数量；未分别核算或者不能准确提供不同税目应税产品的销售额或者销售数量的，从高适用税率。

(2) 纳税人不能准确提供应税产品销售数量或移送使用数量的，以应税产品的产量或主管税务机关确定的折算比换算成的数量为课税数量。

(3) 原油中的稠油、高凝油与稀油划分不清或不易划分的，一律按原油的数量课税。

(4) 纳税人以自产的液体盐加工固体盐，按固体盐税额征税，以加工的固体盐数量为课税数量。纳税人以外购的液体盐加工固体盐，其加工固体盐所耗用液体盐的已纳税额准予抵扣。

（二）应纳税额的计算

1. 从量定额征收

采用从量定额征收时，应纳税额的计算公式为：

$$应纳税额 = 课税数量 \times 单位税额$$

$$代扣代缴应纳税额 = 收购未税矿产品的数量 \times 适用的单位税额$$

【例8-1】某砂石开采企业2020年9月销售砂石3 000立方米，资源税税率为2元/立方米。请计算该企业9月份应纳资源税税额。

【解析】销售砂石应纳税额 = 3 000 × 2 = 6 000（元）

2. 从价定额征收

采用从价定额征收时，应纳税额的计算公式为：

$$应纳税额 = 销售额 \times 税率$$

【例8-2】某砂某油田2020年9月销售原油20 000吨,开具增值税专用发票取得销售额10 000万元、增值税1 300万元,原油资源税税率为8%。请计算该油田9月份应缴纳的资源税。

【解析】销售原油应纳税额=10 000×8%=800(万元)

四、资源税的税收优惠

(一)有下列情形之一的,免征资源税

(1)开采原油以及在油田范围内运输原油过程中用于加热的原油、天然气。

(2)煤炭开采企业因安全生产需要抽采的煤成(层)气。

(二)有下列情形之一的,减征资源税

(1)从低丰度油气田开采的原油、天然气,减征20%资源税。

(2)高含硫天然气、三次采油和从深水油气田开采的原油、天然气,减征30%资源税。

(3)稠油、高凝油减征40%资源税。

(4)从衰竭期矿山开采的矿产品,减征30%资源税。

根据国民经济和社会发展需要,国务院对有利于促进资源节约集约利用、保护环境等的情形可以规定免征或者减征资源税,报全国人民代表大会常务委员会备案。

(三)有下列情形之一的,省、自治区、直辖市可以决定免征或者减征资源税

(1)纳税人开采或者生产应税产品过程中,因意外事故或者自然灾害等原因遭受重大损失。

(2)纳税人开采共伴生矿、低品位矿、尾矿。

五、纳税环节的特殊规定

以自采原矿加工精矿产品的,在原矿移送使用时不缴纳资源税,在精矿销售或自用时缴纳资源税。

纳税人以自采原矿加工金锭的,在金锭销售或自用时缴纳资源税。

纳税人销售自采原矿或自采原矿加工的金精矿、粗金,在原矿或金精矿、粗金销售时缴纳资源税,在移送使用时不缴纳资源税。

以应税产品投资、分配、抵债、赠与、以物易物等,视同销售,依照有关规定计算缴纳资源税。

以液体盐加工固体盐的,按固体盐税额征税。如果纳税人以外购的液体盐加工固体盐,其加工固体盐所耗用液体盐的已纳税额准予在其应纳固体盐税额中抵扣。

六、资源税的征收管理

(一) 纳税义务发生时间

(1) 纳税人采取分期收款结算方式的,其纳税义务发生时间,为销售合同规定的收款日期的当天;纳税人采取预收货款结算方式的,其纳税义务发生时间,为发出应税产品的当天;纳税人采取其他结算方式的,其纳税义务发生时间,为收讫销售款或者取得索取销售款凭据的当天。

(2) 纳税人自产自用应税产品的纳税义务发生时间,为移送使用应税产品的当天。

(3) 扣缴义务人代扣代缴税款的纳税义务发生时间,为支付首笔货款或者首次开具应支付货款凭据的当天。

(二) 纳税期限

(1) 纳税人的纳税期限为1日、3日、5日、10日、15日或者1个月,由主管税务机关根据实际情况具体核定。不能按固定期限计算纳税的,可以按次计算纳税。

(2) 纳税人以1个月为一期纳税的,自期满之日起10日内申报纳税;以1日、3日、5日、10日或者15日为一期纳税的,自期满之日起5日内预缴税款,于次月1日起10日内申报纳税并结清上月税款。

(3) 扣缴义务人的解缴税款期限,比照上文 (1)、(2) 执行。

(三) 纳税地点

(1) 纳税人应纳的资源税,应当向应税产品的开采或者生产所在地主管税务机关缴纳。

(2) 纳税人在本省、自治区、直辖市范围内开采或者生产应税产品,其纳税地点需要调整的,由省、自治区、直辖市税务机关决定。

(3) 跨省、自治区、直辖市开采或者生产资源税应税产品的纳税人,其下属生产单位与核算单位不在同一省、自治区、直辖市的,对其开采或者生产的应税产品,一律在开采地或者生产地纳税。实行从量计征的应税产品,其应纳税款一律由独立核算的单位按照每个开采地或者生产地的销售量及适用税率计算划拨;实行从价计征的应税产品,其应纳税款一律由独立核算的单位按照每个开采地或者生产地的销售量、单位销售价格及适用税率计算划拨。

(4) 扣缴义务人代扣代缴的资源税,应当向收购地主管税务机关缴纳。

第二节 城镇土地使用税法

一、城镇土地使用税概述

(一) 城镇土地使用税的概念

城镇土地使用税是指以开征范围内的土地为征税对象,以实际占用的土地单位面积为计税标准,按规定税额对拥有土地使用权的单位和个人征收的一种税。

(二) 城镇土地使用税的特点

现行城镇土地使用税具有以下特点。

1. 对占用土地的行为征税

广义上,土地是一种财产,对土地课税在国外属于财产税。但是,根据我国宪法规定,城镇土地的所有权归国家,单位和个人对占用的土地只有使用权而无所有权。因此,现行的城镇土地使用税实质上是对占用土地资源或行为的课税,属于准财产税,而非严格意义上的财产税。

2. 征税对象是土地

我国的土地归国家所有,单位和个人只有占用权或使用权,而无所有权,国家既可以凭借财产权力对土地使用人获取的收益进行分配,又可以凭借政治权力对土地使用者进行征税。开征城镇土地使用税,实质上是运用国家政治权力,将纳税人获取的本应属于国家的土地收益集中到国家手中。

3. 征税范围有所限定

现行城镇土地使用税征税范围限定在城市、县城、建制镇、工矿区,上述范围之外的土地不属于城镇土地使用税的征税范围。城镇土地使用税在筹集地方财政资金、调节土地使用和收益分配方面,发挥了积极作用。

4. 实行差别幅度税额

开征城镇土地使用税的主要目的之一,是调节土地的级差收入,而级差收入的产生主要取决于土地的位置。占有土地位置优越的纳税人,可以节约运输和流通费用,扩大销售和经营规模,取得额外经济收益。为了有利于体现国家政策,城镇土地使用税实行差别幅度税额,不同城镇适用不同税额,对同一城镇的不同地段,根据市政建设状况和经济繁荣程度也确定不等的负担水平。

(三) 开征城镇土地使用税的作用

1. 促进合理、节约使用土地

过去,我国对非农业用地基本上采取行政划拨、无偿使用的办法,企业、单位总是尽量多占地、占好地,宽打窄用,占而不用,造成大量土地资源的浪费,与我国土地资源严重不足的现状形成了尖锐的矛盾。开征城镇土地使用税后,国有土地不再由单位、个人无偿使用,而要按规定向国家纳税。这样,就可以促使企业在用地时精打细算,把空余不用的土地让出来,起到加强土地管理、合理节约用地的作用。

2. 调节土地级差收入,鼓励平等竞争

征收城镇土地使用税,并按城镇土地的不同位置设置差别税额,土地位置好,级差收入多的,多征税;土地位置差,级差收入少的,少征税。这样,将国有土地的级差收入纳入国家财政,不仅有利于理顺国家和土地使用者的分配关系,还为企业之间的平等竞争创造了一

3. 广集财政资金，完善地方税体系

土地是一种税资源稳定且具有非流动性的税基，通常是地方财政的主要收入来源之一。

（四）城镇土地使用税的纳税义务人

城镇土地使用税的纳税义务人是指在城市、县城、建制镇、工矿区范围内使用土地的单位和个人。所说单位包括国有企业、集体企业、私营企业、股份制企业、外商投资企业、外国企业以及其他企业和事业单位、社会团体、国家机关、军队以及其他单位；所说个人包括个体工商户以及其他个人。

城镇土地使用税的纳税人通常包括以下几类。

（1）拥有土地使用权的单位或个人。

（2）拥有土地使用权的纳税人不在土地所在地的，由代管人或实际使用人纳税。

（3）土地使用权未确定或权属纠纷未解决的，由实际使用人纳税；土地使用权共有的，由共有各方分别纳税。

（4）房管部门经租的公房用地，凡土地使用权属于房管部门的，由房管部门缴纳土地使用税。

（五）城镇土地使用税的征税对象

城镇土地使用税的征税范围为城市、县城、建制镇和工矿区内的国家所有和集体所有的土地。

具体的征税范围是：城市的征税范围为市区和郊区的土地；县城的征税范围为县人民政府所在的城镇的土地；建制镇的征税范围为镇人民政府所在地的土地；工矿区的征税范围为工商业比较发达，人口比较集中，符合国务院规定的建制镇标准，但尚未设立建制镇的大中型工矿企业所在地的土地。工矿区的设立必须经省、自治区、直辖市人民政府批准。

对城市、县城、建制镇和工矿区的具体征税范围的确定，由省、自治区、直辖市人民政府划定。

（六）城镇土地使用税的税率

城镇土地使用税实行分级幅度定额税率，按大、中、小城市和县城、建制镇、工矿区分别规定每平方米土地使用年应纳税额，具体标准如表 8-2 所示。

表 8-2 城镇土地使用税税率表

级别	人口/人	每平方米税额/元
大城市	50 万以上	1.5 ~ 30
中等城市	20 万 ~ 50 万	1.2 ~ 24
小城市	20 万以下	0.9 ~ 18
县城、建制镇、工矿区	—	0.6 ~ 12

大、中、小城市以公安部门登记在册的非农业正式户口人数为依据。其中，市区及郊区非农业人口在50万人以上者，称为大城市；市区及郊区非农业人口在20万至50万人之间者，称为中等城市；市区及郊区非农业人口在20万人以下者，称为小城市。

各省、自治区、直辖市人民政府可根据市政建设情况和经济繁荣程度在规定税额幅度内，确定所辖地区的适用税额幅度。市、县人民政府应当根据实际情况，将本地区土地划分为若干等级，在省、自治区、直辖市人民政府确定的税额幅度内，制定相应的适用税额标准，报省、自治区、直辖市人民政府批准执行。经省、自治区、直辖市人民政府批准，经济落后地区土地使用税的适用税额标准可以适当降低，但降低额不得超过上述规定最低税额的30%。经济发达地区土地使用税的适用税额标准可以适当提高，但须报经财政部批准。

城镇土地使用税规定幅度税额主要考虑到我国各地区存在悬殊的土地级差收益，同一地区内不同地段的市政建设情况和经济繁荣程度也有较大的差别。把土地使用税税额定为幅度税额，拉开档次，而且每个幅度税额的差距规定了20倍。这样，各地政府在划分本辖区不同地段的等级、确定适用税额时，有选择余地，便于具体划分和确定。幅度税额还可以调节不同地区、不同地段之间的土地级差收益，尽可能地平衡税负。

（七）城镇土地使用税应纳税额的计算

城镇土地使用税以纳税人实际占用的土地面积为计税依据，依照规定税额计算征收。其计算公式如下：

全年应纳税额＝实际占用应税土地面积（平方米）×适用税额

式中，实际占用应税土地面积，是指由省、自治区、直辖市人民政府确定的单位组织测定的土地面积。尚未组织测量，但纳税人持有政府部门核发的土地使用证书的，以证书确认的土地面积为计税依据；尚未核发土地使用证书的，纳税人应据实申报土地面积，待土地面积测定后，按测定面积进行调整。

土地使用权共有的各方，应按其实际使用的土地面积占总面积的比例，分别计算缴纳城镇土地使用税。

【例8-3】某企业在城郊的使用土地面积为4 000平方米，经税务机关核定为应税土地，每平方米年税额为5元。计算该企业全年应缴纳的城镇土地使用税税额。

【解析】应纳城镇土地使用税税额＝4 000×5＝20 000（元）

二、城镇土地使用税的税收优惠

（1）国家机关、人民团体、军队自用的土地免征城镇土地使用税。

①人民团体是指国务院授权的政府部门批准设立或登记备案，并由国家拨付行政事业费的各种社会团体。

②国家机关、人民团体、军队自用的土地是指这些单位本身的办公用地和公务用地。

（2）由国家财政部门拨付事业经费的单位自用的土地免征城镇土地使用税。

①由国家财政部门拨付事业经费的单位是指由国家财政部门拨付经费、实行全额预算管

理或差额预算管理的事业单位。不包括实行自收自支、自负盈亏的事业单位。

②事业单位自用的土地是指这些单位本身的业务用地。

③企业办的学校、医院、托儿所、幼儿园,其自用的土地免征城镇土地使用税。

(3) 宗教寺庙、公园、名胜古迹自用的土地免征城镇土地使用税。

①宗教寺庙自用的土地是指举行宗教仪式等的用地和寺庙内的宗教人员生活用地。

②公园、名胜古迹自用的土地是指供公共参观游览的用地及其管理单位的办公用地。公园、名胜古迹中附设的营业场所,如影剧院、饮食部、茶社、照相馆等用地,应征收城镇土地使用税。

(4) 市政街道、广场、绿化地带等公共用地免征城镇土地使用税。非社会性的公共用地不能免税,如企业内的广场、道路、绿化等占用的土地不能免征城镇土地使用税。

(5) 直接用于农、林、牧、渔业的生产用地免征城镇土地使用税。这部分土地是指直接从事种植、养殖、饲养的专业用地,不包括农副产品加工厂占地和从事农、林、牧、渔业生产单位的生活、办公用地。

(6) 经批准开山填海整治的土地和改造的废弃土地,从使用的月份起免缴城镇土地使用税 5~10 年。

开山填海整治的土地是指纳税人经有关部门批准后自行填海整治的土地,不包括纳税人通过出让、转让、划拨等方式取得的已填海整治的土地。

(7) 企业办的学校、医院、托儿所、幼儿园,其用地能与企业其他用地明确区分的,可以比照由国家财政部门拨付事业经费的单位自用的土地,免征城镇土地使用税。

(8) 对免税单位与纳税单位之间无偿使用的土地(如公安、海关等单位使用铁路、民航等单位的土地),免征城镇土地使用税;对纳税单位无偿使用免税单位的土地,纳税单位应照章缴纳城镇土地使用税。纳税单位与免税单位共同使用、共有使用权土地上的多层建筑,对纳税单位可按其占用的建筑面积占总建筑面积的比例计征城镇土地使用税。

(9) 对非营利性医疗机构自用的土地,免征城镇土地使用税。

(10) 对企业厂区(包括生产、办公及生活区)以内的绿化用地,应照章征收城镇土地使用税;厂区以外的公共绿化用地和向社会开放的公园用地,暂免征收城镇土地使用税。

三、城镇土地使用税的征收管理

(一) 纳税义务发生时间

(1) 购置新建商品房,自房屋交付使用之次月起,计征城镇土地使用税。

(2) 购置存量房,自办理房屋权属转移、变更登记手续,房地产权属登记机关签发房屋权属证书之次月起,计征城镇土地使用税。

(3) 出租、出借房产,自交付出租、出借房产之次月起,计征城镇土地使用税。

(4) 房地产开发企业自用、出租、出借本企业建造的商品房,自房屋使用或交付次月起,计征城镇土地使用税。

(5) 纳税人新征用的耕地，自批准征用之日起满一年开始缴纳城镇土地使用税。

(6) 纳税人新征用的非耕地，自批准征用次月起缴纳城镇土地使用税。

(7) 通过招标、拍卖、挂牌方式取得的建设用地，不属于新征用的耕地，纳税人应按照《财政部国家税务总局关于房产税城镇土地使用税有关政策的通知》第二条规定，从合同约定交付土地时间的次月起缴纳城镇土地使用税；合同未约定交付土地时间的，从合同签订的次月起缴纳城镇土地使用税。

(二) 纳税期限

按照规定，城镇土地使用税按年计算、分期缴纳。具体缴纳期限由省、自治区、直辖市人民政府确定。

(三) 纳税地点

城镇土地使用税由土地所在地的税务机关征收。土地管理机关应当向土地所在地的税务机关提供土地使用权属资料。

(四) 纳税申报

纳税人应依照当地税务机关规定的期限，填写《城镇土地使用税纳税申报表》，明确其占用土地的权属、位置、用途、面积和税务机关规定的其他内容，据实向当地税务机关办理纳税申报登记，并提供有关的证明文件资料。纳税人新征用的土地，必须于批准新征用之日起30日内申报登记。纳税人如有住址变更、土地使用权属转换等情况，从转移之日起，按规定期限办理申报变更登记。

第三节　耕地占用税法

一、耕地占用税概述

(一) 耕地占用税的概念

耕地占用税是指对占用耕地建设建筑物、构筑物或者从事其他非农业建设的单位和个人就其实际占用的耕地面积征收的一种税，它属于对特定土地资源占用课税。

(二) 耕地占用税的特点

耕地占用税作为一个出于特定目的、对特定的土地资源课征的税种，与其他税种相比，具有比较鲜明的特点，主要表现在以下方面。

1. 兼有资源税与特定行为税的性质

耕地占用税对占用农用耕地建设建筑物、构筑物或从事其他非农用建设的行为征税，以约束占用耕地的行为、促进土地资源的合理运用为目的，除具有资源税的属性外，还具有明显的特定行为税的特点。

2. 采用地区差别税率

耕地占用税采用地区差别税率，根据不同地区的具体情况，分别制定差别税额，以适应我国地域辽阔、各地区之间耕地质量差别较大、人均占有耕地面积相差悬殊的具体情况，具有因地制宜的特点。

3. 在占用耕地环节一次性课征

耕地占用税在纳税人获准占用耕地的环节征收，具有一次性征收的特点。

（三）耕地占用税的纳税义务人

在中华人民共和国境内占用耕地建设建筑物、构筑物或者从事非农业建设的单位和个人，为耕地占用税的纳税人。

（四）耕地占用税的征税对象

耕地占用税的征税对象是占用耕地建设建筑物、构筑物或从事其他非农业建设的行为。其中，决定耕地占用税征税对象有两方面要素：一是建设行为；二是被占耕地。耕地是指用于种植农作物的土地，包括国家所有和集体所有的耕地。具体列入耕地占用税征税范围的耕地有以下几种。

（1）种植粮食作物、经济作物的土地，包括粮田、棉田、麻田、烟田、蔗田等。

（2）菜地，即用于种植各类蔬菜的土地。

（3）园地，包括苗圃、花圃、茶园、果园、桑园和其他种植经济林木的土地。

（4）鱼塘。

（5）其他农用土地，例如已开发从事种植、养殖的滩涂、草场、水面、林地等。

纳税人占用除耕地以外的农用地，比如林地、牧草地、农田水利用地、养殖水面以及渔业水域滩涂等，均应按照条例规定，缴纳耕地占用税。

建设直接为农业生产服务的生产设施占用农用地的，不征收耕地占用税。

（五）耕地占用税的税率

我国耕地占用税的税额规定如下。

（1）人均耕地不超过 1 亩①的地区（以县自治区、不设区的市、市辖区为单位，下同），每平方米为 10 ~ 50 元；

（2）人均耕地超过 1 亩但不超过 2 亩的地区，每平方米 8 ~ 40 元；

（3）人均耕地超过 2 亩但不超过 3 亩的地区，每平方米 6 ~ 30 元；

（4）人均耕地超过 3 亩的地区，每平方米 5 ~ 25 元。

（六）耕地占用税应纳税额的计算

1. 计税依据

耕地占用税以纳税人实际占用的耕地面积为计税依据，按照规定的适用税额一次性

---

① 1 亩 ≈ 666.67 平方米。

征收。

2. 耕地占用税的计算

$$应纳税额＝实际占用耕地面积×适用税额$$

【例8-4】假设某市一家企业新占用 20 000 平方米耕地用于工业建设，所占耕地适用的定额税率为 20 元/平方米。计算该企业应纳的耕地占用税。

【解析】应纳耕地占用税税额＝20 000×20＝400 000（元）

（七）耕地占用税的税收优惠

1. 免征耕地占用税的情形

下列情形免征耕地占用税。

（1）军事设施占用耕地。

①指挥机关，地上、地下的军事指挥、作战工程。

②军用机场、港口、码头。

③营区、训练场、试验场。

④军用洞库、仓库。

⑤军用通信、侦察、导航、观测台站和测量、导航、助航标志。

⑥军用公路、铁路专用线，军用通信、输电线路，军用输油、输水管道。

⑦边防、海防管控设施。

⑧国务院和中央军事委员会规定的其他军事设施。

（2）学校、幼儿园、社会福利机构、医疗机构占用耕地。

①免税的学校，具体范围包括县级以上人民政府教育行政部门批准成立的大学、中学、小学，学历性职业教育学校以及特殊教育学校。学校内经营性场所和教职工住房占用耕地的，按照当地适用税额缴纳耕地占用税。

②免税的幼儿园，具体范围限于县级人民政府教育行政部门登记注册或备案的幼儿园内专门用于幼儿保育、教育的场所。

③免税的社会福利机构，具体范围限于在县级以上人民政府民政部门登记或备案的老年人社会福利机构、残疾人社会福利机构、儿童社会福利机构内专门为老年人、残疾人、孤儿和弃婴提供养护、康复、托管等服务的场所。

④免税的医疗机构，具体范围限于县级以上人民政府卫生健康行政部门批准设立并依法登记取得《医疗机构执业许可证》的机构内专门从事疾病诊断、治疗活动的场所及其配套设施。医疗机构内职工住房占用耕地的，按照当地适用税额缴纳耕地占用税。

2. 可享受耕地占用税减免照顾的纳税人

按照耕地占用税的有关政策规定，下列纳税人可享受耕地占用税减税照顾。

（1）铁路线路、公路线路、飞机场跑道、停机坪、港口、航道占用耕地，减按每平方米 2 元的税额征收耕地占用税。

（2）农村居民占用耕地新建住宅，按照当地适用税额减半征收耕地占用税。

（3）农村烈士家属、残疾军人、鳏寡孤独以及革命老根据地、少数民族聚居区和边远贫困山区生活困难的农村居民，在规定用地标准以内新建住宅缴纳耕地占用税确有困难的，经所在地乡（镇）人民政府审核，报经县级人民政府批准后，可以免征或者减征耕地占用税。

（4）占用林地、牧草地、农田水利用地、养殖水面以及渔业水域滩涂等其他农用地建房或者从事非农业建设的，适用税额可以适当低于当地占用耕地的适用税额，具体适用税额按照各省、自治区、直辖市人民政府的规定执行。

（5）建设直接为农业生产服务的生产设施占用前款规定的农用地的，不征收耕地占用税。

税法规定免征或者减征耕地占用税后，纳税人改变原占地用途，不再属于免征或者减征耕地占用税情形的，应自改变用途之日起30日内按改变用途的实际占用耕地面积和当地适用税额补缴税款。

（八）耕地占用税的征收管理

耕地占用税由地方税务机关负责征收。土地管理部门在通知单位或者个人办理占用耕地手续时，应当同时通知耕地所在地同级地方税务机关。

经批准占用耕地的，耕地占用税纳税义务发生时间为纳税人收到土地管理部门办理占用农用地手续通知的当天。未经批准占用耕地的，耕地占用税纳税义务发生时间为纳税人实际占用耕地的当天。纳税人占用耕地或其他农用地，应当在耕地或其他农用地所在地申报纳税。

获准占用耕地的单位或者个人应当在收到土地管理部门的通知之日起30日内缴纳耕地占用税。土地管理部门凭耕地占用税完税凭证或者免税凭证和其他有关文件发放建设用地批准书。

第四节 土地增值税法

一、土地增值税的概述

（一）土地增值税的概念

土地增值税是指对有偿转让国有土地使用权、地上建筑物及其附着物产权（简称转让房地产），并取得增值收入的单位和个人征收的一种税。

（二）土地增值税的特点

1. 征税面比较广

凡在我国境内转让房地产并取得收入的单位和个人，除税法规定免税外，均应依照税法规定缴纳土地增值税。这里的单位和个人，不论其经济性质如何，也不论内、外资企业或中、外籍人员，还无论专营或兼营房地产业务，均有缴纳土地增值税的义务。

2. 征税对象是转让房地产取得的增值额

作为征税对象的增值额是纳税人转让房地产的收入减去税法规定准予扣除项目金额后的余额。

3. 按照超率累进税率计税

土地增值税的税率是按照转让房地产的增值率来确定的,增值率越高,适用税率越高;增值率越低,适用税率越低。

4. 采用扣除法和评估价格法确定增值额

土地增值税的增值额是根据纳税人转让房地产的收入减去税法规定准予扣除项目金额后的余额来确定的,但对旧房及建筑物的转让,以及对纳税人转让房地产收入申报不实、成交价格偏低的,则采用评估价格法确定增值额,计征土地增值税。

5. 按次征收

土地增值税在房地产发生转让的环节,实行按次征收。每发生一次转让行为,就应根据每次取得的增值额征一次税。

(三) 土地增值税的作用

征收土地增值税,是国家运用税收手段规范房地产市场秩序,合理调节土地增值收益分配,维护国家权益,促进房地产市场健康发展的重要举措。土地增值税的作用主要体现在以下三个方面。

1. 加强国家的宏观调控职能

土地增值税的征收有利于增强国家对房地产开发和房地产交易市场的调控,特别是利用税收杠杆对房地产业的开发、经营和房地产市场进行适当调控,以保证房地产业和房地产市场的健康发展,控制投资规模,促进土地资源的合理利用。

2. 抑制投机者牟取暴利的行为,保障国家的土地权益

土地收益主要来源于土地的增值,包括自然增值和投资增值。在我国,土地资源属国家所有,国家为整治和开发土地投入巨额资金,应参与土地增值收益分配,并取得较大份额。同时,对房地产开发者投资、开发房地产,也保证其获得合理收益,即能够得到合理的投资回报,以促进房地产业的正常发展。然而,有些地区出于招商引资或急于求成搞建设的考虑,盲目进行土地开发,竞相压低国有土地价格,给炒买炒卖留下可乘之机,致使国家土地增值收益流失严重,极大地损害了国家利益。征收土地增值税,可以在一定程度上堵塞漏洞,减少国家土地资源及增值性收益的流失,遏制土地投机行为,保护房地产开发者的合法权益,维护国家的整体利益。

3. 增加财政收入

土地增值税的征收规范了国家参与土地增值税收益的分配,增加了国家财政收入的来源。目前,土地增值税收入属于地方财政收入,为地方政府积累建设资金发挥了积极作用。

二、土地增值税的征税对象和征税范围

(一) 土地增值税的征税对象

土地增值税的征税对象是取得国有土地使用权的主体在转让国有土地使用权及其地上建筑物时获得的增值额。

(二) 土地增值税的征税范围

1. 征税范围

土地增值税的征税范围是指有偿转让国有土地使用权、地上建筑物及其附着物。不包括以继承、赠与方式无偿转让房地产的行为。

这里所说的国有土地是指国家法律规定属于国家所有的土地；地上建筑物是指建于土地上的一切建筑，包括地上地下的各种附属设施；附着物是指附着于土地上的不能移动或一经移动即遭损坏的物品。

2. 征税范围的界定

土地增值税的征税范围常以下面的三条标准来判定。

（1）转让的土地使用权是否为国家所有。
（2）土地使用权、地上建筑物及其附着物的产权是否发生转让。
（3）是否取得了收入。转让国有土地使用权、地上建筑物及其附着物并取得收入，是指以出售或其他方式有偿转让房地产的行为，不包括以继承、赠与方式无偿转让房地产的行为。

(三) 征税范围的若干具体规定

1. 合作建房

对于一方出地、一方出资金，双方合作建房，建成后按比例分房自用的，暂免征收土地增值税。但是，建成后转让的，属于征收土地增值税的范围。

2. 交换房地产

交换房地产行为既发生了房产产权、土地使用权的转移，交换双方又取得了实物形态的收入，按照规定属于征收土地增值税的范围。但对个人之间互换自有居住用房地产的，经当地税务机关核实，可以免征土地增值税。

3. 房地产抵押

在抵押期间不征收土地增值税。待抵押期满后，视该房地产是否转移产权来确定是否征收土地增值税。以房地产抵债而发生房地产产权转让的，属于征收土地增值税的范围。

4. 房地产出租

房地产出租，出租人取得了收入，但没有发生房地产产权的转让，不属于征收土地增值税的范围。

5. 房地产评估增值

房地产评估增值，没有发生房地产权属的转让，不属于征收土地增值税的范围。

6. 国家收回国有土地使用权、征用地上建筑物及其附着物

国家收回国有土地使用权或征用地上建筑物及其附着物，虽然发生了权属的变更，原房地产所有人也取得了收入，但按照《中华人民共和国土地增值税暂行条例》（以下简称《土地增值税暂行条例》）的有关规定，可以免征土地增值税。

7. 房地产的代建房行为

对于房地产开发公司而言，虽然取得了收入，但没有发生房地产权属的转移，其收入属于劳务收入性质，故不属于土地增值税的征税范围。

8. 土地使用者转让、抵押或置换土地

无论其是否取得了该土地的使用权属证书，无论其在转让、抵押或置换土地过程中是否与对方当事人办理了土地使用权属证书变更登记手续，只要土地使用者享有占有、使用、收益或处分该土地的权利，且有合同等证据表明其实质转让、抵押或置换了土地并取得了相应的经济利益，土地使用者及其对方当事人应当依照税法规定缴纳土地增值税等相关税收。

三、土地增值税的纳税义务人

土地增值税的纳税人是有偿转让国有土地使用权、地上建筑物及其附着物的单位和个人，包括各类企业单位、事业单位、机关、社会团体、个体工商业户以及其他单位和个人。根据《国务院关于外商投资企业和外国企业适用增值税、消费税、营业税等税收暂行条例的有关问题的通知》的规定，土地增值税也同样适用于涉外企业、单位和个人。因此，包括外商投资企业、外国企业、外国驻华机构、外国公民、华侨以及港澳台同胞等在内，任何主体只要在中国境内有偿转让房地产并产生土地增值收入，就是土地增值税的纳税义务人，均应按相关规定照章纳税。

四、土地增值税的税率

土地增值税税率实行四级超率累进税率，每级增值额未超过扣除项目金额的比例，均包括本比例数。土地增值税四级超率累进税率如表8-3所示。

表8-3 土地增值税四级超率累进税率表

级数	增值额与扣除项目金额的比率	税率/%	速算扣除系数/%
1	不超过50%的部分	30	0
2	超过50%至100%的部分	40	5
3	超过100%至200%的部分	50	15
4	超过200%的部分	60	35

五、土地增值税应纳税额的计算

(一) 应税收入的确定

根据《土地增值税暂行条例》及其实施细则的规定,纳税人转让房地产取得的应税收入,应包括转让房地产的全部价款及有关的经济收益。从收入的形式来看,包括货币收入、实物收入和其他收入在内的全部价款及有关的经济利益。

(1) 对取得的实物收入,要按收入时的市场价格折算成货币收入。

(2) 对取得的无形资产收入,要进行专门的评估,在确定其价值后折算成货币收入。

(3) 取得的收入为外国货币的,应当以取得收入当天或当月1日国家公布的市场汇价折合成人民币,据以计算土地增值税税额。当月以分期收款方式取得的外币收入,也应按实际收款日或收款当月1日国家公布的市场汇价折合成人民币。

(4) 对于县级及县级以上人民政府要求房地产开发企业在售房时代收的各项费用,如果代收费用是计入房价中向购买方一并收取的,可作为转让房地产所取得的收入计税;如果代收费用未计入房价中,而是在房价之外单独收取的,可以不作为转让房地产的收入。对于代收费用作为转让收入计税的,在计算扣除项目金额时,可予以扣除,但不允许作为加计20%扣除的基数;对于代收费用未作为转让房地产的收入计税的,在计算增值额时不允许扣除代收费用。

(二) 扣除项目金额的确定

税法准予纳税人从转让收入额中减除的扣除项目金额主要包括以下几项。

1. 取得土地使用权所支付的金额

取得土地使用权所支付的金额是指纳税人为取得土地使用权所支付的地价款和按国家统一规定缴纳的有关费用。

2. 房地产开发成本

房地产开发成本是指纳税人房地产开发项目实际发生的成本,包括土地征用及拆迁补偿费、前期工程费、建筑安装工程费、基础设施费、公共配套设施费、开发间接费用等。

3. 房地产开发费用

房地产开发费用是指与房地产开发项目有关的销售费用、管理费用和财务费用。

如果纳税人能够按转让房地产项目计算分摊利息支出,并能提供金融机构的贷款证明的,利息可以据实扣除,但最高不能超过按商业银行同类同期贷款利率计算的金额。同时,其他房地产开发费用按取得土地使用权所支付的金额与房地产开发成本之和的5%以内予以扣除。

如果纳税人不能按转让房地产项目计算分摊利息支出或不能提供金融机构贷款证明的,利息不单独扣除,允许扣除的房地产开发费用为取得土地使用权所支付的金额与房地产开发成本之和的10%以内。

具体的扣除比例由各省、自治区、直辖市人民政府进行规定。

4. 与转让房地产有关的税金

这些税金主要包括纳税人转让房地产时缴纳的城市维护建设税和印花税，教育费附加也可视同税金予以扣除。

5. 财政部规定的其他扣除项目

根据《中华人民共和国土地增值税暂行条例实施细则》的相关规定，从事房地产开发的纳税人可按取得土地使用权支付的金额和房地产开发成本计算的金额之和，加计20%的扣除。此条优惠只适用于从事房地产开发的纳税人。

6. 旧房及建筑物的评估价格

本条扣除有一定针对性，主要针对转让已使用的房屋和建筑物的扣除项目。纳税人转让旧房的，除了可扣除房屋及建筑物的评估价格外，还可以扣除取得土地使用权所支付的金额和与转让房地产有关的税金。

旧房及建筑物的评估价格是指在转让已使用的房屋及建筑物时，由政府批准设立的房地产评估机构评定的重置成本价乘以成新度折扣率后的价格。评估价格须经当地税务机关确认。重置成本价的含义是对旧房及建筑物，按转让时的建材价格及人工费用计算，建造同样面积、同样层次、同样结构、同样建设标准的新房及建筑物所需花费的成本费用。成新度折扣率的含义是按旧房的新旧程度作一定比例的折扣。

（三）应纳税额的计算

土地增值税以转让房地产的增值额为税基，依据超率累进税率，计算应纳税额。计算的基本原理和方法是，首先以出售房地产的总收入减除扣除项目金额，求得增值额；再以增值额同扣除项目相比，其比值即为土地增值率；然后，根据具体的土地增值率确定适用税率，用增值额和适用税率相乘，求得应纳税额。

根据以上所述，可分以下四步来计算应纳税额。

(1) 计算增值额：

$$增值额 = 收入额 - 扣除项目金额$$

(2) 计算增值率：

$$增值率 = 增值额 \div 扣除项目金额 \times 100\%$$

(3) 确定适用税率：依据计算的增值率，确定适用税率。

(4) 依据适用税率计算应纳税额：

$$应纳税额 = 增值额 \times 适用税率 - 扣除项目金额 \times 速算扣除系数$$

【例8-5】某房地产开发公司建造并出售了一幢写字楼，取得销售收入1 000万元。该公司为建造该写字楼支付的地价款为100万元，建设该写字楼花费的房地产开发成本为200万元（注：该公司因同时建造别的商品房，不能按该写字楼计算分摊银行贷款利息支出）。假定该公司所在地政府确定的费用扣除比例为10%，转让环节有关税费共计59.5万元。请计算该公司转让写字楼应纳的土地增值税。

【解析】(1) 确定转让房地产收入为1 000万元。

(2) 确定转让房地产的扣除项目金额：

取得土地使用权所支付的金额为100万元；房地产开发成本为200万元；与转让房地产有关的费用为：(100+200)×10%=30（万元）；与转让房地产有关的税金为59.5万元；从事房地产开发的加计扣除为：(100+200)×20%=60（万元）

扣除项目金额总计为：100+200+30+59.5+60=449.5（万元）

(3) 转让房地产的增值额为：1 000-449.5=550.5（万元）

(4) 增值额与扣除项目金额的比率为：550.5÷449.5×100%=122%

(5) 土地增值税税额为：550.5×50%-449.5×15%=275.25-67.43=207.82（万元）

【例8-6】文理房地产开发企业2016年6月将其开发的写字楼一幢出售，收入为3 800万元。企业为开发该项目支付土地出让金600万元，房地产开发成本为1 400万元，专门为开发该项目支付的贷款利息有120万元，为转让该项目缴纳税金210.9万元。企业可以按土地使用出让费、开发成本之和的5%计算扣除开发费用。另，房地产开发企业可以按土地出让费和开发成本之和的20%加计扣除。请计算该房地产开发企业应缴纳的土地增值税。

【解析】(1) 转让收入3 800万元。

(2) 扣除项目包括：①支付土地出让金600万元；②开发成本1 400万元；③利息120万元；④税金210.9万元；⑤开发费用为(600+1 400)×5%=100（万元）；⑥加计扣除(600+1 400)×20%=400（万元）；⑦扣除金额=600+1 400+120+210.9+100+400=2 830.9（万元）

(3) 增值额=3 800-2 830.9=969.1（万元）

(4) 增值率=969.1÷2 830.9×100%=34.23%

(5) 应纳税额=969.1×30%-2 830.9×0=290.73（万元）

六、土地增值税的税收优惠

(1) 对建造普通标准住宅的减免税优惠。税法规定，纳税人建造普通标准住宅出售，增值额未超过扣除项目金额20%的，免征土地增值税。

(2) 因国家建设需要依法征收的房地产，免征土地增值税。这里所说的"因国家建设需要依法征收的房地产"，是指因城市实施规划、国家建设的需要而被政府批准征收的房产或收回的土地使用权。因城市实施规划、国家建设的需要而搬迁，由纳税人自行转让原房地产的，比照有关规定免征土地增值税。

七、土地增值税的征收管理

（一）纳税申报

土地增值税的纳税人应在转让房地产合同签订后的7日内，到房地产所在地主管税务机关办理纳税申报,并向税务机关提交房屋及建筑物产权、土地使用权证书,土地转让、房产买卖合同,房地产评估报告及其他与转让房地产有关的资料。纳税人因经常发生房地产转让而难以在每次转让后申报的,经税务机关审核同意后,可以定期进行纳税申报,具体期限由税务机关根据相关规定确定。

对纳税人在房地产开发项目全部竣工结算前转让房地产取得的收入,由于涉及成本确定或其他原因而无法据以计算增值额的,可以预征土地增值税,待该项目全部竣工、办理结算后再进行清算,多退少补。

土地增值税纳税人主要有两大类:一类是从事房地产开发(包括专营和兼营)的纳税人;一类是非从事房地产开发的纳税人。这两类纳税人在办理纳税申报时略有不同。

（二）纳税地点

土地增值税的纳税人应向房地产所在地主管税务机关办理纳税申报,并在税务机关核定的期限内缴纳土地增值税。这里所说的"房地产所在地",是指房地产的坐落地。纳税人转让的房地产坐落在两个或两个以上地区的,应按房地产所在地分别申报纳税。在实际工作中,纳税地点的确定又可分为以下两种情况。

（1）纳税人是法人的。当转让的房地产坐落地与其机构所在地或经营所在地一致时,则在办理税务登记的原管辖税务机关申报纳税即可;如果转让的房地产坐落地与其机构所在地或经营所在地不一致,则应在房地产坐落地所管辖的税务机关申报纳税。

（2）纳税人是自然人的。当转让的房地产坐落地与其居住所在地一致时,则在住所所在地税务机关申报纳税;当转让的房地产坐落地与其居住所在地不一致时,则在房地产坐落地的税务机关申报纳税。

本章小结

资源税,是国家对我国境内从事国有资源开采的单位和个人,就其资源产品的销售和使用征收的一种税。资源税有从价征收和从量征收两种计征方法。

城镇土地使用税,是指以开征范围的土地为征税对象,以实际占用的土地单位面积为计税标准,按规定税额对拥有土地使用权的单位和个人征收的一种税。城镇土地使用税实行分级幅度定额税率,按大、中、小城市和县城、建制镇、工矿区分别规定每平方米土地年应纳税额。

耕地占用税,是指对占用耕地建房或者从事其他非农业建设的单位和个人,就其实际占用的耕地面积征收的一种税。它属于对特定土地资源占用课税。

土地增值税是指对有偿转让国有土地使用权、地上建筑物及其他附着物产权,并取得增值收入的单位和个人征收的一种税。

业务实训练习

一、单项选择题

1. 资源税的纳税人包括（ ）。
   A. 出口盐的盐业公司 B. 开采金矿的矿业集团
   C. 销售汽油的加油站 D. 进口天然气的进出口公司

2. 需要缴纳资源税的单位是（ ）。
   A. 油田生产的天然气 B. 煤矿生产的天然气
   C. 销售给用户的天然气公司 D. 使用天然气的用户

3. 下列单位出售的矿产品中，不缴纳资源税的是（ ）。
   A. 采矿销售的黑色金属原矿 B. 油田出售的天然气
   C. 煤矿销售的煤矿瓦斯 D. 盐场销售的湖盐原盐

4. 下列选项中，可以不征或免征土地增值税的是（ ）。
   A. 将房屋出租 B. 个人之间交换的商铺
   C. 企业与个人之间交换的房地产 D. 以房地产抵债而发生房地产权属转让的

5. 房地产开发企业转让房地产，其已缴纳的税金不得单独扣除的是（ ）。
   A. 增值税 B. 城建税 C. 印花税 D. 教育费附加

6. 土地增值税纳税人应在签订房地产转让合同（ ）日内，到房地产所在地税务机关办理纳税申报。
   A. 3 B. 7 C. 15 D. 30

7. 下列情况中，应当缴纳城镇土地使用税的是（ ）。
   A. 天安门广场用地 B. 某农村饲养场用地
   C. 某工矿区的产品仓库用地 D. 某矿山的采矿厂用地

8. 土地增值税所规定四级超率累进税率，每级（ ）的比例，均包括本比例数。
   A. 增值税未超过扣除项目金额 B. 增值税超过扣除项目金额
   C. 增值税小于扣除项目金额 D. 增值税大于扣除项目金额

9. 转让（ ）土地使用权、地上建筑物及其附着物并取得收入的单位和个人，为土地增值税的纳税义务人。
   A. 集体 B. 国有 C. 农村集体 D. 企业

10. 土地增值税适用税率的速算扣除系数分别为5%、15%、（ ）。
    A. 40% B. 50% C. 35% D. 60%

二、多项选择题

1. 下列各项中，属于资源税应税产品的有（ ）。
   A. 石灰石 B. 煤矿瓦斯 C. 井矿盐 D. 进口原油

2. 下列各项中，符合资源税纳税义务人发生时间规定的有（ ）。
   A. 采取分期收款结算方式的为实际收到款项的当天

B. 采取预收货款结算方式的为发出应税产品的当天

C. 自产自用应税产品的为移送使用应税产品的当天

D. 采取其他结算方式的为收讫销售款或取得索取销售款凭据的当天

3. 下列资源中，采用幅度比例税率计算资源税的有（   ）。

　　A. 原油　　　　　B. 天然气　　　　　C. 煤炭　　　　　D. 盐

4. 计算土地增值税时，准予从收入总额中扣除的费用有（   ）。

　　A. 地价款和契税　　　　　　　　B. 房地产开发成本

　　C. 企业实际发生的房地产开发费用　　D. 与转让房地产有关的税金

5. 下列各项中，不属于土地增值税征税范围的有（   ）。

　　A. 房地产的继承　　　　　　　　B. 存量房地产的买卖

　　C. 房地产的抵押期间　　　　　　D. 国有土地使用权出让

6. 下列各项中，应征收耕地占用税的有（   ）。

　　A. 铁路线路占用耕地　　　　　　B. 学校占用耕地

　　C. 公路线路占用耕地　　　　　　D. 军事设施占用耕地

7. 土地增值税的征税范围包括（   ）。

　　A. 转让国有土地使用权

　　B. 出让国有土地使用权

　　C. 地上建筑物及其附着物连同国有土地使用权一并转让

　　D. 以赠与方式转让房地产的

三、计算题

1. 某盐场系增值税一般纳税人，主要生产液体盐和固体盐。2019年有关业务如下。

（1）销售固体盐75万吨。在生产固体盐过程中耗用自产液体盐200万吨、外购液体盐50万吨。

（2）用自产的固体盐加工的精盐15万吨，全部销售。

要求：计算该盐场2019年应纳的资源税税额。

2. 某油田2019年8月出口开采的原油100吨，出口离岸价格为7 000元/吨（不含增值税）。已知该油田在境内销售开采的原油不含税售价为6 500元/吨，原油适用的资源税税率为5%，则该油田出口原油应缴纳资源税多少万元？

3. 某企业2019年实际占用面积2 000平方米，2019年5月该企业为扩大生产，根据有关部门批准，新征用非耕地3 000平方米。该企业所处地段适用年税额5元/平方米。

要求：

计算该企业2019年应缴纳的城镇土地使用税税额。

4. 某房地产公司与某单位于2019年2月正式签署了一份写字楼转让合同，取得转让收入15 000万元，公司按税法规定缴纳了有关税金。已知该公司为取得土地使用权而支付的地价款和按国家统一规定缴纳的有关费用共3 000万元；投入房地产开发成本为4 000万元；房地产开发费用中的利息支出为 1 200 万元（不能按转让房地产项目计算分摊利息支出，也不能提供金融机构证明）。另知该公司所在省人民政府规定的房地产开发费用的计算扣除比例为 10%。

要求：

计算该公司转让此楼应纳的土地增值税税额。

5. 甲公司（非房地产开发企业）为增值税一般纳税人，2017 年 3 月转让一栋 2 000 年自建的办公楼，取得含税收入 900 万元，已按规定缴纳转让环节的有关税金，并取得完税凭证。该办公楼造价为 800 万元，其中包含为取得土地使用权支付的地价款 300 万元，契税 9 万元以及按国家统一缴纳的其他有关费用 1 万元。经房地产评估机构评定，该办公楼重新构建价格为 5 000 万元，成新度折扣率为五成，支付房地产评估费用 10 万元，该公司的评估价格已经税务机关认定。

甲公司对于转让"营改增"之前自建的办公楼选择简易征收方式；转让该办公楼缴纳的印花税税额为 45 万元。甲公司适用的城建税税率为 7%，教育费附加征收比率为 3%。

要求：

根据以上资料，计算甲公司应纳土地增值税。

第九章

财产税法

学习目标

- 了解财产税法
- 掌握房产税、车船税和契税的纳税义务人、征税范围及应纳税额的计算方法
- 熟悉房产税、车船税和契税的征收管理办法

案例导入

居民甲有四套住房,他将一套价值120万元的别墅打折给乙某抵偿了100万元的债务;用市场价值共70万元的第二、三套两室住房与丙某交换了一套四室住房,同时取得丙某赠送的价值12万元的小轿车一辆;将第四套市场价值50万元的公寓房折成股份投入本人独资经营的企业。当地确定的契税税率为3%。试计算甲、乙、丙应缴纳的契税。

财产税法是国家以法人和自然人所拥有的财产为征税对象而征收的一类税的总称,主要包括房产税法、车船税法和契税法。

第一节 房产税法

一、房产税概述

(一)房产税的概念

房产税特点和作用是指以房屋为征税对象,按房屋的计税余值或租金收入为计税依据,向产权所有人征收的一种财产税。

房产税具有以下特点。

（1）房产税属于财产税中的个别财产税。按征税对象的范围不同，财产税可以分为一般财产税与个别财产税。一般财产税是对纳税人拥有的各类财产实行综合课征的税收。个别财产税是对纳税人拥有的土地、房屋、资本和其他财产分别课征的税收。房产税属于个别财产税，其征税对象只是房屋。

（2）征收范围限于城镇的经营性房屋。房产税在城市、县城、建制镇和工矿区范围内征收，不涉及农村。农村的房屋，大部分是农民居住用房，为了不增加农民负担，没有将坐落在农村的房屋纳入征税范围。另外，对某些拥有房屋但自身没有纳税能力的单位，如国家拨付行政经费、事业经费和国防经费的单位自用的房屋、居民个人居住用房屋，税法也通过免税的方式将这类房屋排除在征税范围之外。

（3）根据不同的房屋经营使用方式来规定征税办法，对于自用的按房产计税余值征收，对于出租、出典的房屋按租金收入征税。

开征房产税的作用如下。

（1）筹集地方财政收入。在分税制体制下，财产税是各级地方财政的主体税。我国的房产税属于地方税，征收房产税可以为地方财政筹集一部分市政建设资金，缓解地方财力的压力。

（2）调节财富分配。房屋是法人和个人拥有财富的主要形式。对房屋，尤其是对个人拥有的经营性房屋征收房产税，在调节财富分配方面可以发挥积极作用。

（3）有利于加强房产管理，配合城市住房制度改革。对房屋拥有者征收房产税，不仅可以调节单位、居民之间的财富分配，还有利于加强对房屋的管理，提高房屋的使用效益。另外，房产税规定，对个人拥有的非营业用房屋不征收房产税。

（二）房产税的纳税义务人

（1）房产税的纳税人是房屋的产权所有人。

（2）产权属国家所有的，由经营管理单位纳税；产权属集体和个人所有的，由集体单位和个人纳税。

（3）产权出典的，由承典人纳税。所谓产权出典是指产权所有人将房屋、生产资料等产权，在一定期限内典当给他人使用，而取得资金的一种融资业务。

（4）房屋产权所有人、承典人不在房屋所在地的，或者房屋产权未确定及租典纠纷未解决的，由房产代管人或者使用人纳税。

（三）房产税的征税对象

房产税的征税对象为在城市、县城、建制镇和工矿区不包括农村的房屋。

（四）房产税的税率

房产税采用比例税率，根据房产税的计税依据分为两种：依据房产计税余值计税的，税率为1.2%；依据房产租金收入计税的，税率为12%。

自2008年3月1日起，对个人出租住房，不区分用途，按4%的税率征收房产税。

（五）房产税应纳税额的计算

1. 计税依据

房产税实行从价计征和从租计征的两种计税方法，其计税依据分别为房产余值或租金收入。

（1）纳税人经营自用应税房产，采用从价计征的办法，其计税依据为房屋原值一次性减除10%~30%后的余值。具体减除幅度以及是否通过区别房屋新旧程度来确定减除幅度，由各省、自治区、直辖市人民政府规定。

（2）纳税人出租应税房产，采用从租计征的办法，其计税依据为房产的租金收入。

2. 房产税应纳税额的计算

根据税法规定，房产税的计算方法有以下两种。

（1）按房产原值一次减除规定的扣除比例后的余值计算。其计算公式为：

$$应纳税额 = 应税房产原值 \times （1-扣除比例） \times 1.2\%$$

（2）按租金收入计算，其计算公式为：

$$应纳税额 = 租金收入 \times 12\%（或4\%）$$

【例9-1】某企业经营用房原值为5 000万元，按照当地规定允许减除30%后按余值计税，适用税率为1.2%。请计算其应纳房产税税额。

【解析】应纳税额 = 5 000×（1-30%）×1.2% = 42（万元）

【例9-2】某公司出租房屋10间，年租金收入为300 000元，适用税率为12%。请计算其应纳房产税税额。

【解析】应纳税额 = 300 000×12% = 36 000（元）

二、房产税的税收优惠

以下房产免征房产税。

（1）国家机关、人民团体、军队自用的房产。但上述单位的出租房产以及非自身业务使用的生产、营业用房，不属于免税范围。

（2）由国家财政部门拨付事业经费的单位自用的房产。

（3）宗教寺庙、公园、名胜古迹自用的房产。

（4）个人所有非营业用的房产。

（5）经财政部批准免税的其他房产。

三、房产税的征收管理

（一）纳税义务发生时间

（1）纳税人将原有房产用于生产经营，从生产经营之月起缴纳房产税。

（2）纳税人自行新建房屋用于生产经营，从建成之次月起缴纳房产税。

(3) 纳税人委托施工企业建设的房屋，从办理验收手续之次月起缴纳房产税。

(4) 纳税人购置新建商品房，自房屋交付使用之次月起缴纳房产税。

(5) 纳税人购置存量房，自办理房屋权属转移、变更登记，房地产权属证书之次月起缴纳房产税。

(6) 出租、出借房产，自交付出租、出借房产之次月起计征房产税。

(7) 房地产开发企业自用、出租、出借本企业建造的商品房，自房屋使用或交付之次月起，缴纳房产税。

(8) 纳税人因房产的实物或权利状态发生变化而依法终止房产税纳税义务的，其应纳税款的计算应截止到房产的实物或权利状态发生变化的当月末。

(二) 纳税期限

房产税实行按年计算、分期缴纳的征收办法，具体纳税期限由各省、自治区、直辖市人民政府确定。

(三) 纳税地点

房产税在房产所在地缴纳。房产不在同一地方的纳税人，应按房产的坐落地点分别向房产所在地的税务机关纳税。

(四) 纳税申报

房产税的纳税申报，是房屋产权所有人或纳税人缴纳房产税必须履行的法定手续。纳税义务人应根据税法要求，将现有房屋的坐落地点、结构、面积、原值、出租收入等情况，据实向当地税务机关办理纳税申报，并按规定纳税。如果纳税人住址发生变更、产权发生转移，以及出现新建、改建、扩建、拆除房屋等情况，而引起房产原值发生变化或租金收入变化的，都要按规定及时向税务机关办理变更登记。

第二节 车船税法

一、车船税概述

(一) 车船税的概念、特点和作用

车船税是指在中华人民共和国境内，对所有人或管理人拥有的车辆、船舶（简称车船），依法征收的一种税。

车船税不仅对国内企业、单位和个人征收，同时也对外商投资企业、外国企业和外籍个人征收。

车船税具有以下特点。

(1) 车船税属于财产税类。

(2) 车船税实行有幅度的定额税率。

车船税的作用如下。

（1）筹集地方财政资金，支持交通运输事业发展。改革开放以来，我国的交通业发展迅速，运输紧张状况大为缓解，但矛盾依然存在。征收车船税，能够将分散在车船人手中的部分资金集中起来，有利于增加地方财源，增加对交通运输建设的财政投入，加快交通运输业的发展。

（2）加强对车船使用的管理，促进车船的合理配置。

随着经济发展，社会拥有车船的数量急剧增加，征收车船税后，购置、使用车船越多，应缴纳的车船税越多，可以促使纳税人加强对已有车船的管理与核算，合理使用车船，提高车船的利用效率。

（3）调节财富分配，体现社会公平。在国外，车船税属于对不动产征税的范围，这类税收除了筹集地方财政收入外，另一重要功能是对个人拥有的财产或财富（如轿车、游艇等）进行调节，缓解财富分配不公。

（二）车船税的纳税人

车船税的纳税人是在中华人民共和国境内应税车辆、船舶的所有人或者管理人，即在我国境内拥有车船的单位和个人。单位是指行政机关、事业单位、社会团体以及各类企业；个人是指我国境内的居民和外籍个人。车船的所有人或管理人未缴纳车船税的，使用人应当代为缴纳车船税。

从事机动车第三者责任强制保险业务的保险机构为机动车车船税的扣缴义务人，应当在收取保险费时依法代收车船税，并出具代收税款证明。

（三）车船税的征税对象

按照规定，车船税的征税对象是依法在公安、交通、农业等车船管理部门登记的车船，具体可分为车辆和船舶两大类。

1. 车辆

车辆主要指机动车。机动车，是指以燃料等能源为动力运行的车辆，包括乘用车、商用车、挂车、其他车辆和摩托车。

2. 船舶

船舶包括机动船舶和游艇。机动船舶是指以燃料等能源为动力运行的船舶。

车辆、船舶是指依法应当在车船管理部门登记的机动车辆和船舶；或者依法不需要在车船管理部门登记、在单位内部场所行驶或者作业的机动车辆和船舶。

拖拉机、纯电动乘用车、燃料电池乘用车、非机动车船（不包括非机动驳船）均不在车船税法规定的征税范围内，无须缴纳车船税。临时入境的外国车船和我国香港、澳门、台湾地区的车船，也不需要缴纳车船税。

（四）车船税的税率

车船税采用幅度定额税率。车辆的具体适用税额由各省、自治区、直辖市人民政府在规定的子税目税额幅度内确定。车船税税目税额如表9-1所示。

表9-1 车船税税目税额表

税目		计税单位	每年税额	备注
乘用车[按发动机汽缸容量（排气量）划分]	1.0升（含）以下的	每辆	60~360元	核定载客人数9人（含）以下
	1.0~1.6升（含）的		300~540元	
	1.6~2.0升（含）的		360~660元	
	2.0~2.5升（含）的		660~1 200元	
	2.5~3.0升（含）的		1 200~2 400元	
	3.0~4.0升（含）的		2 400~3 600元	
	4.0升以上的		3 600~5 400元	
商用车	客车	每辆	480~1 440元	核定载客人数9人以上，包括电车
	货车	整备质量每吨	16~120元	包括半挂牵引车、三轮汽车和低速载货汽车等
挂车		整备质量每吨	按货车税额的50%计算	
其他车辆	专用作业车	整备质量每吨	16~120元	不包括拖拉机
	轮式专用机械车		16~120元	
摩托车		每辆	36~180元	
船舶	机动船舶	净吨位每吨	3~6元	拖船、非机动驳船分别按照机动船舶税额50%计算
	游艇	艇身长度每米	600~2 000元	

（五）车船税应纳税额的计算

1. 计税依据

（1）乘用车、商用客车和摩托车以辆数为计税依据。

（2）商用货车、挂车、专业作业车、轮式专用机械车以整备质量吨位为计税依据。

（3）机动船舶以净吨位为计税依据。

（4）游艇长以艇身长度为计税依据。

2. 车船税的计算

（1）乘用车、商用客车和摩托车车船税的应纳税额计算公式为：

应纳税额=应税车辆数×单位税额

(2) 商用货车、挂车、专业作业车、轮式专用机械车车船税的应纳税额计算公式为：

应纳税额=整备质量吨位数×单位税额

(3) 机动船舶车船税的应纳税额计算公式为：

应纳税额=净吨位数×单位税额

(4) 游艇车船税的应纳税额计算公式为：

应纳税额=艇身长度×单位税额

【例9-3】某运输公司拥有载货汽车30辆（货车整备质量全部为10吨），乘人大客车20辆，小客车10辆。载货汽车每吨年税额80元，乘人大客车每辆年税额800元，小客车每辆年税额700元。计算该公司应纳车船税。

【解析】载货汽车应纳税额=30×10×80=24 000（元）

乘人汽车应纳税额=20×800+10×700=23 000（元）

全年应纳车船税额=24 000+23 000=47 000（元）

（六）保险机构代收代缴

(1) 从事机动车第三者责任强制保险业务的保险机构为机动车车船税的扣缴义务人，应当在收取保险费时依法代收车船税，并出具代收税款凭证。

(2) 保险机构在代收车船税时，应当在机动车交通事故责任强制保险的保险单以及保费发票上注明已收税款的信息，作为代收税款凭证。

(3) 纳税人在应当购买交通事故责任强制保险截止日期以后购买的，或以前年度没有缴纳车辆车船税的，保险机构在代收代缴税款的同时，还应代收欠缴的滞纳金。

(4) 已完税或按相关规定减税或免税的车船，纳税人应当向扣缴义务人提供登记地主管税务机关出具的减免税证明。扣缴义务人凭主管税务机关出具的减免税证明或完税凭证，依法办理相关手续。

(5) 不能提供完税凭证或减免税证明，且拒绝扣缴义务人代收代缴车船税的纳税人，扣缴义务人不得出具保单、保险标志和保费发票等，同时报告主管税务机关处理。

(6) 扣缴义务人应当及时解缴代收代缴的税款，并向地方税务机关申报。扣缴义务人向税务机关解缴税款时，应当同时报送明细的税款扣缴报告。扣缴义务人解缴税款的具体期限，由各省、自治区、直辖市地方税务机关依照法律、行政法规的规定确定。

二、车船税的税收优惠

下列车船免征车船税。

(1) 捕捞、养殖渔船。

(2) 军队、武装警察部队专用的车船。

(3) 警用车船。

(4) 悬挂应急救援专用号牌的国家综合性消防救援车辆和国家综合性消防救援专用

船舶。

（5）依照法律规定应当予以免税的外国驻华使领馆、国际组织驻华代表机构及其有关人员的车船。

对节约能源、使用新能源的车船可以减征或者免征车船税；对受严重自然灾害影响纳税困难以及有其他特殊原因确需减税、免税的，可以减征或者免征车船税。具体办法由国务院规定，并报全国人民代表大会常务委员会备案。

省、自治区、直辖市人民政府根据当地实际情况，可以对公共交通车船，农村居民拥有并主要在农村地区使用的摩托车、三轮汽车和低速载货汽车定期减征或者免征车船税。

三、车船税的征收管理

（一）纳税义务发生时间

车船税的纳税义务发生时间，为取得车船所有权或者管理权的当月。

（二）纳税期限

车船税按年申报缴纳。具体申报纳税期限由各省、自治区、直辖市人民政府确定。

（三）纳税地点

车船税的纳税地点为车船的登记地或者车船税扣缴义务人所在地。依法不需要办理登记的车船，车船税的纳税地点为车船的所有人或者管理人所在地。

《中华人民共和国契税法》于2020年8月11日通过，自2021年9月1日起施行。

第三节 契税法

一、契税概述

（一）契税的概念

契税是以在中国境内转移土地、房屋权属为征税对象，向产权承受人征收的一种财产税。

契税是以不动产的权属转移为征税对象，在财产转移环节征收，属于财产转移税，由产权承受人缴纳。

（二）契税的特点

契税与其他税种相比，具有如下特点。

1. 契税属于财产转移税

契税以发生转移的不动产，即土地和房屋为征税对象，具有财产转移课税性质。土地、房屋产权未发生转移的，不征契税。

2. 契税由财产承受人缴纳

一般税种都确定销售者为纳税人,即卖方纳税。契税则属于土地、房屋产权发生交易过程中的财产税,由承受人纳税,即买方纳税。对买方征税的主要目的,在于承认不动产转移生效,承受人纳税以后,便可拥有转移过来的不动产产权或使用权,法律保护纳税人的合法权益。

(三) 开征契税的作用

1. 广辟财源,增加地方财政收入

契税按财产转移价值征税,税源较为充足,可以弥补其他财产税的不足,为地方政府增加财政收入。随着市场经济的发展和房产交易的活跃,契税的财政作用日益明显。

2. 保护合法产权,避免产权纠纷

不动产所有权和使用权的转移,涉及转让者和承受者双方的利益。契税规定对承受人征税,有利于通过法律形式确定产权关系,维护公民合法权益,避免产权纠纷。

3. 调节财富分配,体现社会公平

土地、房屋交易本身就意味着财富的流动或分配。在土地、房屋的交易环节征收契税,可以适当调节财产取得者的收入,缓解社会分配不公的矛盾。

(四) 契税的纳税人

契税的纳税人是指在中国境内转移土地、房屋权属过程中,承受土地、房屋权属的单位和个人。所谓承受,是指以受让、购买、受赠、交换等方式取得土地、房屋权属的行为。所谓土地、房屋权属,是指土地使用权和房屋所有权。单位是指企业单位(包括外商投资企业和外国企业)、事业单位、国家机关、军事单位和社会团体以及其他组织;个人是指个体经营者及个人,包括中国公民和外籍人员。

(五) 契税的征税对象

契税的征税对象为发生土地使用权和房屋所有权权属转移的土地和房屋。具体征税范围包括土地使用权出让;土地使用权转让,包括出售、赠与和交换;房屋买卖、赠与、互换。以作价投资(入股)、偿还债务、划转、奖励等方式转移土地、房屋权属的,应当依照契税法征收契税。

(六) 契税的税率

契税实行3%~5%的幅度税率。

契税的具体适用税率,由省、自治区、直辖市人民政府在规定的税率幅度内提出,报同级人民代表大会常务委员会决定,并报全国人民代表大会常务委员会和国务院备案。

省、自治区、直辖市可以依照规定的程序对不同主体、不同地区、不同类型的住房的权属转移确定差别税率。

（七）契税应纳税额的计算

1. 计税依据

契税的计税依据为不动产的，具体计税依据如下。

（1）土地使用权出让、出售，房屋买卖，为土地、房屋权属转移合同确定的成交价格，包括应交付的货币以及实物、其他经济利益对应的价款。

（2）土地使用权互换、房屋互换，为所互换的土地使用权、房屋价格的差额。

（3）土地使用权赠与、房屋赠与以及其他没有价格的转移土地、房屋权属行为，为税务机关参照土地使用权出售、房屋买卖的市场价格依法核定的价格。

纳税人申报的成交价格、互换价格差额明显偏低且无正当理由的，由税务机关依照《中华人民共和国税收征收管理法》的规定核定。

2. 契税的计算

契税应纳税额的计算公式为：

$$契税应纳税额 = 计税依据 \times 税率$$

【例9-4】居民甲有两套住房，将一套出售给居民乙，成交价为120万元；将另一套住房与居民丙交换，并支付给丙差价款30万元。计算甲、乙、丙相关行为应缴纳的契税（假定税率为4%）。

【解析】（1）甲应缴纳契税 = 30×4% = 1.2（万元）

（2）乙应缴纳契税 = 120×4% = 4.8（万元）

（3）丙不缴纳契税

二、契税的税收优惠

（一）有下列情形之一的，免征契税

（1）国家机关、事业单位、社会团体、军事单位承受土地、房屋权属用于办公、教学、医疗、科研、军事设施。

（2）非营利性的学校、医疗机构、社会福利机构承受土地、房屋权属用于办公、教学、医疗、科研、养老、救助。

（3）承受荒山、荒地、荒滩土地使用权用于农、林、牧、渔业生产。

（4）婚姻关系存续期间夫妻之间变更土地、房屋权属。

（5）法定继承人通过继承承受土地、房屋权属。

（6）依照法律规定应当予以免税的外国驻华使馆、领事馆和国际组织驻华代表机构承受土地、房屋权属。

根据国民经济和社会发展的需要，国务院对居民住房需求保障、企业改制重组、灾后重建等情形可以规定免征或者减征契税，报全国人民代表大会常务委员会备案。

纳税人改变有关土地、房屋的用途，或者有其他不再属于本法规定的免征、减征契税情

形的，应当缴纳已经免征、减征的税款。

（二）省、自治区、直辖市可以决定对下列情形免征或者减征契税

（1）因土地、房屋被县级以上人民政府征收、征用，重新承受土地、房屋权属。

（2）因不可抗力灭失住房，重新承受住房权属。

上文所述的免征或者减征契税的具体办法，由省、自治区、直辖市人民政府提出，报同级人民代表大会常务委员会决定，并报全国人民代表大会常务委员会和国务院备案。

三、契税的征收管理

（一）纳税义务发生的时间

契税的纳税义务发生时间，为纳税人签订土地、房屋权属转移合同的当天，或者纳税人取得其他具有土地、房屋权属转移合同性质凭证的当天。

（二）纳税地点

契税的纳税地点为土地、房屋所在地。

（三）征收管理

纳税人应当在依法办理土地、房屋权属登记手续前申报缴纳契税。

纳税人办理纳税事宜后，税务机关应当开具契税完税凭证。纳税人办理土地、房屋权属登记，不动产登记机构应当查验契税完税、减免税凭证或者有关信息。未按照规定缴纳契税的，不动产登记机构不予办理土地、房屋权属登记。

在依法办理土地、房屋权属登记前，权属转移合同、权属转移合同性质凭证不生效、无效、被撤销或者被解除的，纳税人可以向税务机关申请退还已缴纳的税款，税务机关应当依法办理。

税务机关应当与相关部门建立契税涉税信息共享和工作配合机制。自然资源、住房城乡建设、民政、公安等相关部门应当及时向税务机关提供与转移土地、房屋权属有关的信息，协助税务机关加强契税征收管理。

税务机关及其工作人员对税收征收管理过程中知悉的纳税人的个人信息，应当依法予以保密，不得泄露或者非法向他人提供。

纳税人、税务机关及其工作人员违反本法规定的，依照《中华人民共和国税收征收管理法》和有关法律法规的规定追究法律责任。

本章小结

房产税，是指以房屋为征税对象，按房屋的计税余值或租金收入为计税依据，向产权所有人征收的一种财产税。房产税的征税对象为在城市、县城、建制镇和工矿区的房屋，不包括农村。房产税实行从价计征和从租计征的两种计算方法，其计税依据分别为房产余值或租金收入。

车船税,是指在中华人民共和国境内,对所有人或管理人拥有的车辆、船舶依法征收的一种税。车船税采用幅度定额税率。

契税是以在中国境内取得土地、房屋权属为征税对象,向产权承受人征收的一种财产税。

契税实行3%~5%的幅度税率。

业务实训练习

一、单项选择题

1. 纳税人购置新建商品房,自房屋交付使用（　　）其缴纳房产税。
   A. 当月　　　　B. 次月　　　　C. 次年　　　　D. 当年
2. 根据车船税的法律制度规定,下列选项中,属于乘用车计税依据的是（　　）。
   A. 排气量　　　B. 每辆　　　　C. 整备质量　　D. 购置价格
3. 下列选项不属于契税征税范围的是（　　）。
   A. 国有土地使用权出让　　　　B. 房屋出售
   C. 房屋赠与　　　　　　　　　D. 房屋出租
4. 纳税人经营用房的计税依据是（　　）。
   A. 房屋原值　　B. 房屋净值　　C. 房屋计税余值　D. 房屋现值
5. 契税的纳税地点是（　　）。
   A. 企业的核算地　B. 纳税人的居住地　C. 单位的注册地　D. 土地房屋所在地
6. 以"整备质量每吨"为计税依据缴纳车船税的是（　　）。
   A. 游艇　　　　B. 商用货车　　C. 摩托车　　　D. 商用客车
7. 土地使用权交换、房屋交换,若交换价格相等,（　　）。
   A. 由交换双方各自交纳契税　　　B. 由交换双方共同分担契税
   C. 免征契税　　　　　　　　　　D. 由双方协商一致确定纳税人
8. 下列各项中,符合房地产纳税义务人规定的是（　　）。
   A. 产权属于集体的由使用人缴纳
   B. 房屋产权出典的由出典人缴纳
   C. 产权纠纷未解决的由代管人或使用人缴纳
   D. 产权属于国家所有的不缴纳

二、多项选择题

1. 下列行政区划中,属于房产税的征税地域范围的有（　　）。
   A. 城市　　　　　　　　　　　　B. 县城
   C. 建制镇和工矿区　　　　　　　D. 农村
2. 下列车船中,属于免征车船税的有（　　）。

A. 专项作业车　　　B. 警用车船　　　C. 非机动驳船　　　D. 捕捞、养殖渔船

3. 下列各项中，应当计入房产税计税原值的有（　　）。

A. 与房屋不可分割的附属设施

B. 以房屋为载体，不可随意搬动的附属设备和配套设施

C. 需要经常更换的附属设备零配件

D. 对原有房产进行改建，增加房产的部分

4. 契税征税对象具体包括（　　）。

A. 国有土地使用权出让　　　　　　B. 农村集体土地承包经营权的转移

C. 房屋买卖　　　　　　　　　　　D. 房屋赠与

5. 下列各项中，免征或不征契税的有（　　）。

A. 国家出让国有土地使用权　　　　B. 受赠人接受他人赠与的房屋

C. 法定继承人继承土地、房屋权属　D. 承受荒山土地使用权用于林业生产

三、计算题

1. 某企业 2019 年年初拥有房产原值 8 000 万元，当年 7 月 1 日将其中原值为 2 000 万元的房产对外出租，当年取得的租赁收入为 50 万元；年初将其中原值为 1 000 万元的房产对外投资，每年取得固定收益 30 万元；年初将其中原值为 1 500 万元的房产对外投资，并与对方共担风险，且房产已过户到被投资企业名下。已知当地的扣除比例为 30%。

要求：

计算企业当年应缴纳的房产税。

2. 某国有企业 2019 年在其所在城市市区有房屋三幢，其中两幢用于本企业生产经营，房产账面原值共 400 万元；另外一幢房屋租给某私营企业，年租金收入为 20 万元（当地政府规定允许按房产原值一次扣除 30%）。计算该企业 2019 年应缴纳的房产税。

3. 某航运公司 2019 年拥有机动船 25 艘（其中净吨位为 600 吨的 12 艘，3 000 吨的 8 艘，15 000 吨的 5 艘），当地政府规定，600 吨的单位税额为 4 元，3 000 吨的单位税额为 5 元，15 000 吨的单位税额为 6 元。

要求：

计算该航运公司全年应缴纳的车船税税额。

4. 居民甲 2019 年购置了一套价值 100 万元的新住房，同时对原有的两套住房处理如下：一套出售给居民乙，成交价格为 50 万元；另一套市场价格为 80 万元的住房与居民丙进行等价交换。假定当地省政府规定的契税税率为 4%。

要求：

计算甲 2019 年应缴纳的契税。

第十章

行为税法

学习目标

- 了解行为税
- 掌握印花税、车辆购置税的纳税义务人、征税范围及应纳税额的计算方法
- 熟悉印花税、车辆购置税的征收管理办法

案例导入

1624年,荷兰政府发生经济危机,财政困难。于是,荷兰公开招标,重赏寻求新锐设计方案,谋求妙策。印花税从千万个应征者设计的方案中脱颖而出。印花税的设计者可谓独具匠心,他观察到人们在日常生活中使用契约、借贷凭证之类的单据很多,连绵不断。所以,一旦征税,税源将很大;而且,人们还有一种心理,认为凭证单据上由政府盖个印,就成为合法凭证,在诉讼时有法律保障,因而对缴纳印花税也乐于接受。正是这样,印花税被经济学家誉为税负轻微、税源畅旺、手续简便、成本低廉的"良税"。

思考:结合上述资料,谈谈你对印花税的认识。

行为税是政府为特定的社会经济目的和意图而设计征收的税种,具有征收对象单一、税源分散、收入零星的特点。我国现行行为税法包括印花税法、车辆购置税法。

第一节 印花税法

一、印花税概述

(一)印花税的概念

印花税是指对经济活动和经济交往中书立、领受的凭证征收的一种税。印花税的征税对

象是《中华人民共和国印花税暂行条例》（以下简称《印花税暂行条例》）所列举的各种凭证，由凭证的书立、领受人缴纳，是一种兼有行为性质的凭证税。

（二）印花税的特点

1. 兼有凭证税和行为税性质

印花税是对单位和个人书立、领受的应税凭证征收的一种税，具有凭证税性质。另外，任何一种应税经济凭证反映的都是某种特定的经济行为，因此，对凭证征税，实质上是对经济行为的课税。

2. 征税范围广泛

印花税的征税对象包括经济活动和经济交往中的各种应税凭证，凡书立和领受这些凭证的单位和个人都要缴纳印花税，其征税范围极其广泛。

3. 税收负担比较轻

印花税与其他税种相比，税率要低得多，其税负较轻。

4. 纳税人自行完成纳税义务

纳税人通过自行计算、购买、粘贴、注销印花税票的"四自"方法完成纳税义务，这与其他税种的缴纳方法有较大区别。

（三）印花税的作用

1. 广集财政收入

印花税税负虽轻，但征税面广，可以积少成多，为国家建设积累财政资金。同时，还有利于完善地方税体系和分税制财政体制。

2. 促进我国经济法制化建设

在各种应税经济凭证上粘贴印花税票，是完备应税经济凭证法律手续的重要方面。而且，根据印花税的规定，发放或办理各种应纳印花税凭证的单位负有监督纳税的义务。这样可以配合各种经济法规的实施，逐步提高经济合同的兑现率，促使经济交往中的各方依法办事，推进我国的经济法制建设。

3. 培养公民的依法纳税观念

印花税实行由纳税人自行完税、税务机关检查的征纳方法，可以督促纳税人养成自觉纳税的习惯。

4. 维护我国涉外经济权益

印花税是国际通行的税种。随着我国对外经济交往的日益频繁，征收印花税，有利于在对外经济交往中贯彻税收对等互惠原则，维护国家的经济权益，促进对外经济关系的发展。

5. 加强对其他税种的监督管理

经济单位或个人的应税凭证是该单位或个人经济活动的反映,通过对各种应税凭证的贴花和检查,税务机关可以掌握经济活动中的真实情况,进行印花税和其他税种的交叉稽核检查,有利于加强对其他税种的监督管理。

(四) 印花税的纳税义务人

凡在中华人民共和国境内书立、领受《印花税暂行条例》所列举凭证的单位和个人,都是印花税的纳税义务人。这里的单位和个人,是指国内各类企业、事业、机关、团体、部队以及中外合资企业、中外合作企业、外资企业、外国企业和其他经济组织及其在华机构等单位和个人。

根据书立、领受应纳税凭证的不同,其纳税人可分别称为立合同人、立据人、立账簿人、领受人和使用人。

(1) 立合同人。立合同人指合同的当事人,是对合同有直接权利义务关系的单位和个人,但不包括合同的担保人、证人、鉴定人。

(2) 立据人。立据人指书立产权转移书据的纳税人。

产权转移书据是指单位和个人产权的买卖、继承、赠与、交换、分割等所立的书据。所立书据以合同方式签订的,应由持有书据的各方分别按全额贴花。

(3) 立账簿人。立账簿人指营业账簿的纳税人,具体指设立并使用营业账簿的单位和个人。

(4) 领受人。领受人指权利许可证照的纳税人,具体指领取或接受并持有该凭证的单位和个人。

(5) 使用人。使用人指在国外书立、领受,但在国内使用的应税凭证的纳税人。

(6) 各类电子应税凭证的签订人。各类电子应税凭证的签订人是指以电子形式签订的各类应税凭证的单位和个人。

(7) 在一些代理经济业务中,由代理人代办经济凭证的,其凭证当事人的代理人,具有代理的纳税义务,为代理纳税人。代理纳税人与纳税义务人具有同等的税收义务和责任。

(五) 印花税的征税对象

(1) 购销合同。

(2) 加工承揽合同。

(3) 建设工程勘察设计合同。

(4) 建筑安装工程承包合同。

(5) 财产租赁合同。

(6) 货物运输合同。

(7) 仓储保管合同。

（8）借款合同。

（9）财产保险合同。

（10）技术合同。

（11）产权转移书据。

（12）营业账簿。

（13）权利（房屋产权证、工商营业执照、商标注册证、专利证、土地使用证）、许可证照。

（14）经财政部确定征税的其他凭证。

（六）印花税的税率

印花税的税率采用比例税率和定额税率两种形式。其中，各类合同、具有合同形式的凭证（含以电子形式签订的各类应税凭证）、产权转移书据、营业账簿中记载资金的账簿等使用比例税率；权利、许可证照以及营业账簿中的其他账簿，适用定额税率。印花税税率如表10-1所示。

表10-1 印花税税率表

税目	范围	税率	纳税义务人	说明
1. 购销合同	包括供应、预购、采购、购销结合及协作、调剂、补偿、易货等合同	按购销金额的0.3‰贴花	立合同人	
2. 加工承揽合同	包括加工、订做、修缮、修理、印刷、广告、测绘、测试等合同	按加工或承揽收入的0.5‰贴花	立合同人	
3. 建设工程勘察设计合同	包括勘察、设计合同	按收取费用的0.5‰贴花	立合同人	
4. 建筑安装工程承包合同	包括建筑、安装工程承包合同	按承包金额的0.3‰贴花	立合同人	
5. 财产租赁合同	包括租赁房屋、船舶、飞机、机动车辆、机械、器具、设备等合同	按租赁金额的1‰贴花；经计算，税额不足1元的，按1元贴花	立合同人	
6. 货物运输合同	包括民用航空运输、铁路运输、海上运输、内河运输、公路运输和联运合同	按运输费用的0.5‰贴花	立合同人	单据作为合同使用的，按合同贴花
7. 仓储保管合同	包括仓储、保管合同	按仓储保管费用的1‰贴花	立合同人	仓单或栈单作为合同使用的，按合同贴花

续表

税目	范围	税率	纳税义务人	说明
8. 借款合同	银行及其他金融组织和借款人（不包括银行同业拆借）所签订的借款合同	按借款金额的0.05‰贴花	立合同人	单据作为合同使用的，按合同贴花
9. 财产保险合同	包括财产、责任、保证、信用等保险合同	按保险费收入的1‰贴花	立合同人	单据作为合同使用的，按合同贴花
10. 技术合同	包括技术开发、转让、咨询、服务等合同	按合同所记载金额的0.3‰贴花	立合同人	
11. 产权转移书据	包括财产所有权和版权、商标专用权、专利权、专有技术使用权等转移数据，土地使用权出让合同，土地使用权转让合同，商品房销售合同	按所载金额的0.5‰贴花	立据人	
12. 营业账簿	生产、经营用账册	记载资金的账簿，按实收资本和资本公积的合计金额0.5‰贴花。其他账簿按件贴花5元	立账簿人	
13. 权利、许可证照	包括政府部门发给的房屋产权证、工商营业执照、商标注册证、专利权、土地使用证	按件贴花5元	领受人	

（七）印花税的计算

1. 印花税的计税依据

印花税根据不同的征税项目，分别实行从价计征和从量计征两种征收方式。

（1）从价计征。

实行从价计税的凭证，以凭证所载金额为计税依据，具体规定如下：

①各类经济合同，以合同上所记载的金额、收入或费用为计税依据。

购销合同的计税依据为购销金额。在商品购销活动中，采用以货换货方式进行商品交易签订的合同，按合同所载的购、销金额合计数计税贴花。合同未列明金额的，应按合同所载购、销数量，依照国家牌价或市场价格计算应纳税额。

加工承揽合同的计税依据是加工或承揽收入的金额。其中，对于由受托方提供原材料的加工、订做合同，凡在合同中分别记载加工费金额和原材料金额的，应分别按"加工承揽合同""购销合同"计税，两项税额相加数，即为合同应贴印花；若合同中未分别记载，则应就全部金额依照加工承揽合同计税贴花。

对于由委托方提供主要材料或原料，受托方只提供辅助材料的加工合同，无论加工费和辅助材料金额是否分别记载，均以辅助材料与加工费的合计数，依照加工承揽合同计税贴花。对委托方提供的主要材料或原料金额不计税贴花。

建设工程勘察设计合同的计税依据为勘察、设计收取的费用。

建筑安装工程承包合同的计税依据为承包金额。

财产租赁合同的计税依据为租赁金额（即租金收入）。

货物运输合同的计税依据为取得的运输费金额（即运费收入），不包括所运货物的金额、装卸费和保险费等。

仓储保管合同的计税依据为仓储保管的费用。

借款合同的计税依据为借款金额。

财产保险合同的计税依据为支付（收取）的保险费金额，不包括所保财产的金额。

技术合同的计税依据为合同所载的价款、报酬或使用费。为了鼓励技术研究开发，对技术开发合同，只就合同所载的报酬金额计税，研究开发经费不作为计税依据。

②产权转移书据以书据中所载的金额为计税依据。

③记载资金的营业账簿，以"实收资本"和"资本公积"两项的合计金额为计税依据。

其中，"实收资本"包括现金、实物、无形资产和材料物资。现金按实际收到或存入纳税人开户银行的金额确定。实物是指房屋、机器等，按评估确认的价值或合同、协议约定的价格确定无形资产和材料物资，按评估确认的价值确定。"资本公积"包括接受捐赠、法定财产重估增值、资本折算差额、资本溢价等。如果是实物捐赠，则按同类资产的市场价格或有关凭证确定。

（2）从量计征。

实行从量计征的其他营业账簿和权利、许可证照，以计税数量为计税依据。

2. 印花税的计算

（1）按比例税率计算应纳税额，其计算公式为：

$$应纳税额 = 计税金额 \times 适用税率$$

（2）按定额税率计算应纳税额，其计算公式为：

$$应纳税额 = 凭证数量 \times 单位税额$$

（3）计算印花税应纳税额应当注意的问题。

①按金额比例贴花的应税凭证，未标明金额的，应按照凭证所载数量及市场价格计算金额，依适用税率贴足印花。

②应税凭证所载金额为外国货币的，按凭证书立当日国家外汇管理局公布的外汇牌价折合人民币，计算应纳税额。

③同一凭证由两方或两方以上当事人签订并各执一份的，应当由各方所执的一份全额

贴花。

④已贴花的凭证，修改后所载金额增加的，其增加部分应当补贴印花税票。

⑤按比例税率计算纳税而应纳税额不足1角的，免纳印花税；应纳税额在1角以上的，其税额尾数不满5分的不计，满5分的按1角计算贴花。对财产租赁合同的应纳税额超过1角但不足1元的，按1元贴花。

【例10-1】星海公司2019年4月开业，领受房产证、工商营业执照、商标注册证、土地使用证各一件。企业营业账簿中，实收资本20 000 000元，其他账簿38本。当月企业与其他单位签订购销合同两份，购买相关设备，合同金额分别为200 000元和500 000元。建筑工程承包合同一份，工程承包金额为6 200 000元。12月末，企业经批准增加投资，实收资本增加为30 000 000元，资本公积增加5 000 000元。计算该企业4月和12月应缴纳的印花税额。

【解析】按规定，领取权利、许可证照，应按件贴花5元。该企业领受了房产证、工商营业执照、商标注册证、土地使用证，共4份。则企业对于领取的权利、许可证照应纳税额为：应纳税额=凭证数量×单位税额=4×5=20（元）

按照规定，对于企业营业账簿中的资金账簿，应按"实收资本"和"资本公积"金额的合计数计税贴花，税率为0.5‰。则资金账簿应纳税额为：应纳税额=计税金额×适用税率= 20 000 000×0.5‰= 10 000（元）

按照规定，对于营业账簿中的其他营业账簿，应按件贴花5元。则其应纳税额为：应纳税额=38×5=190（元）

按照规定，签订的购销合同，应以合同所载金额为计税依据计税贴花，税率为0.3‰，则购销合同应纳税额为：应纳税额=（200 000+500 000）×0.3‰=210（元）

按照规定，签订的工程承包合同，应以工程承包金额为计税依据计税贴花，税率为0.3‰，则工程承包合同应纳税额为：应纳税额=6 200 000×0.3‰= 1 860（元）

4月企业应当缴纳印花税为：应纳税额=20+ 10 000 +190+210+ 1 860 = 12 280（元）

12月，对于资金账簿增加金额，其应缴纳印花税为：应纳税额=（10 000 000+5 000 000）×0.5‰=7 500（元）

二、印花税的税收优惠

（1）对已缴纳印花税的凭证的副本或者抄本免税（即凭证副本或抄本是以备存查的）。以副本或者抄本视同正本使用的，则应另贴印花。

（2）财产所有人将财产赠给政府、社会福利单位、学校所立的书据免税。对此书据免税，旨在鼓励这种有利于发展文化教育事业、造福社会的捐赠行为。

（3）无息、贴息贷款合同。

（4）外国政府或国际金融组织向我国政府及国家金融机构提供优惠贷款所书立的合同。

（5）房地产管理部分与个人订立的租房合同，凡房屋属于用于生活居住的，暂免贴花。

（6）对改造安置住房经营管理单位、开发商与改造安置住房相关的印花税以及购买安置住房的个人设计的印花税予以免征。

（7）对与高校学生签订的高校学生公寓租赁合同，免征印花税。高校学生公寓是指为高校学生提供住宿服务，按照国家规定的收费标准收取住宿费的学生公寓。

（8）对公共租赁住房经营管理单位购买住房作为公共租赁住房，免征契税、印花税；对公共租赁住房租赁双方免征签订租赁协议涉及的印花税。

（9）自2018年5月1日起，对按万分之五（即0.5‰）税率贴花的资金账簿减半征收印花税，对按件贴花5元的其他账簿免征印花税。

三、印花税的征收管理

（一）印花税的缴纳方法

印花税的纳税方法较其他税种不同，是由纳税人根据税法规定，自行计算应纳税额，自行购买印花税票，自行贴花和画销，自行完成纳税义务。同时，对特殊情形采取特定的纳税贴花方法。

1. 自行贴花法

印花税通常由纳税人根据规定自行计算应纳税额，购买并一次贴足印花税票，完成税款缴纳。纳税人向税务机关或指定的代售单位购买印花税票，就税务机关来说，印花税票一经售出，国家即取得印花税收入。但就纳税人来说，购买了印花税票，不等于履行了纳税义务。因此，纳税人将印花税票粘贴在应税凭证后，应即行注销，注销标记应与骑缝处相交。所谓骑缝处，是指粘贴的印花税票与凭证之间的交接处。

对国家政策性银行记载资金的账簿，一次贴花数额较大、难以承担的，经当地税务机关核准，可在3年内分次贴足印花。

对已贴花的凭证，修改后所载金额增加的，其增加部分应当补贴印花税票。凡多贴印花税票者，不得申请退税或抵用。

2. 汇贴或按期汇总缴纳印花税的方法

汇贴或汇总缴纳印花税的方法一般用于应纳税额较大或贴花次数频繁的纳税人。

一份凭证的应纳税额超过500元的，应向当地税务机关申请填写缴款书或完税凭证，将其中一联粘贴在凭证上，或由税务机关在凭证上加注完税标记代替贴花，即通常所说的汇贴法。

同一种类应纳税凭证需要频繁贴花的，纳税人可向当地税务机关申请按期汇总缴纳印花税。经税务机关核准发给许可证后，按税务机关确定的限期（最长不超过1个月）汇总计算纳税。应纳税凭证在加注税务机关指定的汇缴戳记、编号，并装订成册后，纳税人应将缴款书的一联粘附册后，盖章注销，保存备查。

（二）纳税期限

印花税的纳税期限（贴花时间）根据凭证种类分别确定，各种合同应于合同正式签订时贴花;对各种产权转移书据,应于书据立据时贴花;对各种营业账簿,应于账簿正式启用时贴花;对各种权利、许可证照,应于证照领受时贴花。

(三) 纳税地点

印花税一般实行就地纳税。对于在全国性商品物资订货会(包括展销会、交易会等)上所签订合同应纳的印花税,由纳税人回其所在地后及时办理贴花完税手续;对地方主办、不涉及省际关系的订货会、展销会上所签合同的印花税,其纳税地点由各省、自治区、直辖市人民政府自行确定。

四、违章处理

印花税纳税人有下列行为之一的,由税务机关根据情节轻重予以处罚。

(1) 在应纳税凭证上未贴或少贴印花税票的,或已粘贴在应税凭证上的印花税票未注销或未画销的,由税务机关追缴其不缴或少缴的税款、滞纳金,并处不缴或少缴的税款50%以上5倍以下的罚款。

(2) 已贴用的印花税票揭下重用造成未缴或少缴印花税的,由税务机关追缴其不缴或少缴的税款、滞纳金,并处不缴或少缴的税款50%以上5倍以下的罚款;构成犯罪的,依法追究刑事责任。

(3) 伪造印花税票的,由税务机关责令改正,处以2 000元以上10 000元以下的罚款;情节严重的,处以10 000元以上50 000元以下的罚款;构成犯罪的,依法追究刑事责任。

(4) 按期汇总缴纳印花税的纳税人,超过税务机关核定的纳税期限,未缴或少缴印花税款的,由税务机关追缴其不缴或少缴的税款、滞纳金,并处不缴或少缴的税款50%以上5倍以下的罚款;情节严重的,同时撤销其汇缴许可证;构成犯罪的,依法追究刑事责任。

(5) 纳税人违反以下规定的,由税务机关责令限期改正,可处以2 000元以下的罚款;情节严重的,处2 000元以上10 000元以下的罚款。

①凡汇总缴纳印花税的凭证,应加注税务机关指定的汇缴戳记,编号并装订成册后,将已贴印花或缴款书的一联粘附册后,盖章注销,保存备查。

②纳税人对纳税凭证应妥善保存。凭证的保存期限,凡国家已有明确规定的,按规定办理;没有明确规定的其余凭证,均应在履行完毕后保存1年。

第二节 车辆购置税法

一、车辆购置税概述

(一) 车辆购置税的概念

车辆购置税是以在中国境内购置规定车辆为课税对象、在特定环节向车辆购置者征收的一种税。

(二) 车辆购置税的特点

1. 征收范围单一

车辆购置税以购置的特定车辆为征税对象，而不是对所有的财产或消费财产征税，范围窄，是一种特种财产税。

2. 征收环节单一

车辆购置税实行一次性课征制，它不是在生产、经营和消费的每个环节道道征收，而是在消费领域中的特定环节一次征收。

3. 征税具有特定目的

车辆购置税为中央税，它取之于应税车辆，用之于交通建设，其征税具有专门用途，由中央财政根据国家交通建设投资计划，统筹安排。

4. 价外征收，不转嫁税负

征收车辆购置税的商品价格中不含车辆购置税税额，车辆购置税是附加在价格之外的，且税收的缴纳者即为最终的税收负担者，税负没有转嫁性。

(三) 车辆购置税的纳税义务人

车辆购置税的纳税义务人，是指在中华人民共和国境内购置应税车辆的单位和个人。购置是指以购买、进口、自产、受赠、获奖或者其他方式取得并自用应税车辆的行为。

(四) 车辆购置税的征税对象

车辆购置税以列举的车辆作为征税对象，未列举的车辆不纳税，基征税范围包括汽车、有轨电车、汽车挂车、排气量超过150毫升的摩托车。

(五) 车辆购置税应纳税额的计算

1. 计税依据

车辆购置税实行从价定率、价外征收的方法计算应纳税额。应税车辆的价格即计税价格，为车辆购置税的计税依据。具体情况如下。

(1) 纳税人购买自用的应税车辆的计税价格，为纳税人购买应税车辆而支付给销售者的全部价款和价外费用，不包括增值税税款。

(2) 纳税人进口自用的应税车辆以组成计税价格为计税价格。计税价格的计算公式为：

$$计税价格 = 关税完税价格 + 关税 + 消费税$$

或

$$计税价格 = (关税完税价格 + 关税) / (1-消费税税率)$$

(3) 纳税人自产自用应税车辆的计税价格，按照纳税人生产的同类应税车辆的销售价格确定，不包括增值税税款。

(4) 纳税人受赠、获奖或者以其他方式取得并自用的应税车辆的计税价格，按照购置应税车辆时相关凭证载明的价格确定,不包括增值税税款。

2. 车辆购置税的计算

车辆购置税实行从价定率征收的办法计算应纳税额。

其计算公式为:

$$应税税额 = 计税价格 \times 税率$$

车辆购置税实行统一的比例税率,税率为10%。

【例10-2】王某于1月购置了一辆排气量为1.6升的乘用车,支付的全部价款(含增值税)为169 500元,包括车辆装饰费5 500元。计算王某应缴纳的车辆购置税。

【解析】应纳车辆购置税 = 169 500 ÷ (1+13%) ×10% = 15 000(元)

【例10-3】某公司5月进口12辆小轿车,海关审定的关税完税价格为每辆25万元,关税税率为25%。当月销售8辆,取得含税销售额240万元;2辆企业自用;2辆用于抵偿债务,合同约定的含税价格为30万元。该型号汽车的消费税税率为9%。计算该公司应缴纳的车辆购置税。

【解析】应缴纳的车辆购置税 = 2×(250 000 + 250 000×25%)÷(1-9%)×10% = 68 681.32(元)

【例10-4】A公司10月接受捐赠小汽车10辆并自用,经税务机关审核,国家税务总局规定的同类型应税车辆的最低计税价格为每辆100 000元,小汽车的成本为每辆80 000元,成本利润率为8%,小汽车的消费税税率是9%。计算该公司应缴纳的车辆购置税。

【解析】应缴纳的车辆购置税 = 100 000×10×10% = 100 000(元)

二、车辆购置税的税收优惠

下列车辆免征车辆购置税:

(1)依照法律规定应当予以免税的外国驻华使馆、领事馆和国际组织驻华机构及其有关人员自用的车辆;

(2)中国人民解放军和中国人民武装警察部队列入军队武器装备订货计划的车辆;

(3)悬挂应急救援专用号牌的国家综合性消防救援车辆;

(4)设有固定装置的非运输专用作业车辆;

(5)城市公交企业购置的公共汽电车辆。

根据国民经济和社会发展的需要,国务院可以规定减征或其他免征车辆购置税的情形,报全国人民代表大会常务委员会备案。

三、车辆购置税的征收管理

(一)纳税义务发生的时间

车辆购置税的纳税义务发生时间为纳税人购置应税车辆的当日。纳税人应当自纳税义务发生之日起60日内申报缴纳车辆购置税。

（二）纳税地点

纳税人购置应税车辆，应当向车辆注册登记地的主管税务机关申报纳税；购置不需要办理车辆登记注册手续的应税车辆，应当向纳税人所在地主管税务机关申报纳税。车辆注册登记地是指车辆的上牌落籍地或落户地。

（三）纳税环节

纳税人应当在向公安机关交通管理部门办理车辆注册登记前，公安机关交通管理部门办理车辆注册登记，应当根据税务机关提供的应税车辆完税或免税电子信息对纳税人申请登记的车辆信息进行核对，核对无误后依法办理车辆注册登记。

车辆购置税选择单一环节，实行一次课征制度。购置已征车辆购置税的车辆，不再征收车辆购置税。但免税、减税车辆因转让、改变用途等原因不再属于免税、减税范围的，纳税人应当在办理车辆转移登记或变更登记前缴纳车辆购置税。

本章小结

印花税，是指对经济活动和经济交往中书立、领受的凭证征收的一种税。根据书立、领受应纳税凭证的不同，其纳税人可分别称为立合同人、立据人、立账簿人、领受人和使用人。印花税根据不同的征税项目，分别实行从价计征和从量计征两种征收方式。车辆购置税是以在中国境内购置规定车辆为课税对象、在特定环节向车辆购置者征收的一种税。其征税范围包括汽车、有轨电车、汽车挂车、排气量超过150毫升的摩托车。

业务实训练习

一、单项选择题

1. 关于印花税的下列说法中错误的是（　　）。
   A. 印花税分别实行从价计征和从量计征
   B. 印花税只实行从价计征
   C. 印花税当中各类经济合同的纳税人是合同的当事人
   D. 印花税是由纳税人自行纳税

2. 张某与王某签订房屋租赁合同，租赁期为半年，月租金800元，双方应各自贴印花税票（　　）元。
   A. 1　　　　　B. 0.8　　　　　C. 4.8　　　　　D. 5

3. 车辆购置税的征税范围不包括（　　）。
   A. 大卡车　　　B. 摩托车　　　C. 无轨电车　　　D. 自行车

二、多项选择题

1. 关于印花税的下列说法中正确的是（　　）。
   A. 印花税分别实行从价计征和从量计征

B. 印花税由纳税人自行纳税

C. 印花税税率低、税负轻

D. 印花税是由我国创建的

2. 下列属于车辆购置税的纳税义务人的是（　　）。

A. 应税车辆的销售者　　　　　　B. 应税车辆的购买者

C. 应税车辆的馈赠者　　　　　　D. 应税车辆的受赠者

三、计算题

1. 某建筑公司与甲企业签订一份建筑承包合同，合同金额 5 000 万元。施工期间，该建筑公司将其中 1 000 万元的安装工程转包给乙企业，并签订了转包合同。计算该建筑公司应缴纳的印花税税额。

2. 某外贸公司从 A 国进口某型号小轿车 10 辆。报关地海关确定的关税完税价格为 20 万元人民币，关税税率10%，消费税税率5%。该公司将其中 2 辆进口小轿车留作本单位自己使用。计算该公司应缴纳的车辆购置税。

参 考 文 献

[1] 中国注册会计师协会. 税法 [M]. 北京：中国财政经济出版社，2020.
[2] 边琳丽，杨洋. 税法 [M]. 北京：中国商务出版社，2018.
[3] 王晓秋. 新编税法 [M]. 北京：中国商业出版社，2016.
[4] 范亚东，石泓. 税法 [M]. 北京：中国人民大学出版社，2016.
[5] 陈红梅. 税法 [M]. 3版. 哈尔滨：哈尔滨工业大学出版社，2016.
[6] 郭兰英，刘捷. 税法学习指导与习题 [M]. 北京：清华大学出版社，2016.
[7] 王瑶，赵迎春. 税法 [M]. 3版. 上海：立信会计出版社，2016.
[8] 王曙光. 税法 [M]. 7版. 大连：东北财经大学出版社有限责任公司，2016.
[9] 徐丽，单莹，李艳. 税法 [M]. 北京：清华大学出版社，2016.
[10] 郝琳琳，刘影. 税收法律实务 [M]. 4版. 北京：北京大学出版社，2015.
[11] 徐孟洲，徐阳光. 税法 [M]. 5版. 北京：中国人民大学出版社，2015.
[12] 徐孟洲. 税法练习题集 [M]. 3版. 北京：中国人民大学出版社，2015.
[13] 高桂林，张秋华. 税法 [M]. 北京：中国人民大学出版社，2014.
[14] 刘剑文. 税法学 [M]. 4版. 北京：北京大学出版社，2010.
[15] 张守文. 税法原理 [M]. 6版. 北京：北京大学出版社，2012.

参考文献